城市公共汽电车管理概论

交通运输部科学研究院 编

人民交通出版社
北京

内 容 提 要

本书共分为综合篇、行业篇和企业篇。综合篇简要介绍了城市公共汽电车相关的基本知识，总结回顾了我国城市公共汽电车发展历程，并对我国城市公共汽电车发展取得的成绩、存在的问题以及公共汽电车管理的主要经验进行了系统梳理和归纳分析；行业篇围绕贯彻落实公共交通优先发展战略的总体思路，重点对城市公共交通规划、城市公共汽电车基础设施建设管理、运营管理、服务评价、运营安全与应急管理、票制票价与补贴等行业管理的核心问题进行了探讨和分析；企业篇重点围绕加强城市公共汽电车运营企业战略规划管理、运营调度管理、服务质量管理、安全管理、车辆技术管理、财务管理、人力资源管理等核心工作，从技术、方法、制度、规范等方面进行了系统梳理和归纳，并对我国城市公共汽电车运营企业在经营管理实践中积累的典型做法、成功经验进行了总结。

本书旨在为政府部门制定城市公共汽电车发展政策、加强行业管理，为有关企业、科研单位参与城市公共汽电车发展的相关工作提供参考和帮助，也可供交通运输相关专业师生参考。

图书在版编目（CIP）数据

城市公共汽电车管理概论 / 交通运输部科学研究院编 . — 北京：人民交通出版社股份有限公司，2025.5.
ISBN 978-7-114-20404-3
Ⅰ . U491
中国国家版本馆 CIP 数据核字第 2025KP7280 号

Chengshi Gonggong Qi-Dianche Guanli Gailun

书　名	城市公共汽电车管理概论
著　作　者	交通运输部科学研究院
责任编辑	何　亮　刘捃梁
责任校对	赵媛媛
责任印制	张　凯
出版发行	人民交通出版社
地　　址	(100011) 北京市朝阳区安定门外外馆斜街 3 号
网　　址	http://www.ccpcl.com.cn
销售电话	(010)85285857
总 经 销	人民交通出版社发行部
经　销	各地新华书店
印　刷	北京虎彩文化传播有限公司
开　本	720×960　1/16
印　张	15.5
字　数	255 千
版　次	2025 年 5 月　第 1 版
印　次	2025 年 5 月　第 1 次印刷
书　号	ISBN 978-7-114-20404-3
定　价	58.00 元

（有印刷、装订质量问题的图书，由本社负责调换）

交通运输部科学研究院城市交通与轨道交通研究中心

  政策室：安　晶　杜云柯　赵　屾　周　康
  轨道室：胡雪霏　吴　可　王　洋
  智能室：刘向龙　李　成　王寒松　钱贞国　穆　凯
  规划室：尹怡晓　郝　萌　魏领红　崔占伟

枣庄市交通运输事业服务中心：邢　利
呼和浩特市交通运输综合行政执法支队：王　健
武汉市交通运输局客运事业发展中心：张慧妍
辽宁省交通事业发展中心：潘宇飞
南阳市交通运输综合行政执法支队：靳李楠
哈尔滨市公共交通和出租汽车事业发展中心：李勇慧　高绿茵

前言

城市公共交通在现代城市发展中发挥着基础性、战略性、全局性作用,对于转变城市交通发展方式、保障人民群众基本出行、缓解城市交通拥堵、建设韧性城市等具有重要意义。2008年国务院机构改革后,指导城市客运职责整合划入交通运输部,为了给城市客运行业管理和企业运营提供参考,交通运输部道路运输司于2011年组织相关机构和人员编写了《城市公共交通管理概论》,书籍出版以来,深受广大读者的欢迎和好评,而且先后被很多交通院校遴选为专业课教材,成为城市公共交通行业管理、企业发展和院校教学的重要参考书籍。

近些年来,随着我国城镇化和机动化进程不断推进,城市、城乡、城际一体化发展日趋加快,联系愈加紧密,再加上新技术广泛应用、新模式不断创新、新业态不断涌现,给城市公共交通发展目标、体系架构、服务供给、运营模式、管理方式等带来新的变化和挑战。为进一步贯彻落实习近平总书记关于"发展公共交通是现代城市发展的方向"的重要指示精神,为深入推进城市公共交通高质量发展、建设人民满意的城市公共交通系统提供支撑,我们结合近些年优先发展城市公共交通实际和专业教学需求,充分吸纳读者的意见和建议,对本书进行修订再版,并更名为《城市公共汽电车管理概论》。

本次修订保持《城市公共交通管理概论》原有的体系结构和语言风格,吸收最新的政策制度、理论技术和实践案例,修改完善知识内容,仔细校正全书文字,以体现书籍内容的科学性、时代性。主要修订内容如下:

一是依据《城市公共交通条例》《交通强国建设纲要》《国家综合立体交通网规划纲要》等,完善了城市公共汽电车规划功能定位,增加了关于规划评价、基础设施建设管理、从业人员保障等有关内容。

二是依据《城市公共交通条例》等，更新了城市公共汽电车经营权管理的内容，结合国家标准《城市公共交通发展水平评价指标》和《国家公交都市评价指标体系》等更新了城市公共汽电车相关评价指标。

三是更新了北京、上海公共汽电车票价及优惠政策，增加了城市公共汽电车定价成本监审工作现状，调整了城市公共汽电车运营企业成本科目表述，新增深圳、贵阳公共汽电车运营补贴案例，增加了城市公共汽电车运营企业降本增效建议。

四是更新了近年来"城市公共交通智能化应用示范工程"等方面的工程建设与应用现状，围绕规划建设、服务监管、安全应急、票价补贴提出了更加全面的智能公共交通系统功能需求，展望了未来新技术、新模式在城市公共交通行业的发展方向和趋势，突出针对性和适用性。

五是增加了城市公共汽电车适老化和无障碍、综合开发等相关内容。

六是删除了城市轨道交通运营管理相关内容，如需了解相关内容，可参考人民交通出版社出版的《城市轨道交通管理概论》和《城市轨道交通运营管理实务》。

由于编写人员水平有限，本书在内容和结构编排上的不足之处在所难免，恳请读者批评指正。

编者
2024年11月

第一篇 综合篇

第一章 城市公共汽电车简述 ……………………………………………………… 3
    第一节 城市公共汽电车的定义和分类 ………………………………………… 3
    第二节 城市公共汽电车特征 …………………………………………………… 5
    第三节 城市公共汽电车的地位和作用 ………………………………………… 7
    第四节 城市公共汽电车主要指标 ……………………………………………… 9

第二章 我国城市公共汽电车发展概况 ……………………………………………… 14
    第一节 我国城市公共汽电车发展历程 ………………………………………… 14
    第二节 我国城市公共汽电车发展现状 ………………………………………… 20
    第三节 国内外城市公共交通管理经验及启示 ………………………………… 21

第三章 我国城市公共汽电车发展趋势 ……………………………………………… 25
    第一节 我国城市公共汽电车面临的形势与需求 ……………………………… 25
    第二节 我国城市公共汽电车发展方向 ………………………………………… 28
    第三节 我国城市公共汽电车政策措施 ………………………………………… 31

第二篇 行业篇

第四章 城市公共交通规划 ……………………………………………………………… 37
    第一节 城市公共交通规划的内涵与定位 ……………………………………… 37

第二节　城市公共交通规划编制体系 ……………………………………… 41
　　　第三节　城市公共交通规划编制方法 ……………………………………… 47
　　　第四节　城市公共交通规划评价 …………………………………………… 59
　　　第五节　城市公共交通规划保障 …………………………………………… 60
第五章　城市公共汽电车基础设施建设管理 …………………………………………… 64
　　　第一节　城市公共交通基础设施分类 ……………………………………… 64
　　　第二节　城市公共汽电车基础设施建设程序 ……………………………… 66
　　　第三节　城市公共汽电车基础设施建设管理典型模式 …………………… 70
　　　第四节　城市公共汽电车基础设施竣工验收管理 ………………………… 77
　　　第五节　城市公共汽电车基础设施运营管理与维护 ……………………… 78
　　　第六节　城市公共汽电车场站综合开发 …………………………………… 81
第六章　城市公共汽电车运营管理 ……………………………………………………… 88
　　　第一节　城市公共汽电车运营管理内容 …………………………………… 88
　　　第二节　城市公共汽电车运营体制模式 …………………………………… 95
　　　第三节　我国城市公共汽电车市场运营格局 ……………………………… 96
　　　第四节　城市公共汽电车运营管理信息化应用与发展 …………………… 98
第七章　城市公共汽电车服务评价 …………………………………………………… 106
　　　第一节　城市公共汽电车服务评价指标 ………………………………… 106
　　　第二节　城市公共汽电车服务评价方法 ………………………………… 109
　　　第三节　城市公共汽电车服务评价实施机制 …………………………… 111
第八章　城市公共汽电车运营安全与应急管理 ……………………………………… 115
　　　第一节　城市公共汽电车运营安全与应急管理职责 …………………… 115
　　　第二节　城市公共汽电车运营日常安全监管 …………………………… 117
　　　第三节　城市公共汽电车运营应急管理 ………………………………… 121
第九章　城市公共汽电车票制票价与补贴 …………………………………………… 128
　　　第一节　城市公共汽电车票制 …………………………………………… 128
　　　第二节　城市公共汽电车票价 …………………………………………… 133
　　　第三节　城市公共汽电车成本核算 ……………………………………… 137
　　　第四节　城市公共汽电车补贴机制 ……………………………………… 140

第三篇 企 业 篇

第十章 企业战略规划管理 …………………………………………………… 149
第一节 战略规划管理的含义和内容 ………………………………… 149
第二节 战略规划管理的关键步骤 …………………………………… 150
第三节 城市公共汽电车运营企业战略规划实践 …………………… 151

第十一章 企业运营调度管理 ……………………………………………… 154
第一节 运营调度管理的含义和内容 ………………………………… 154
第二节 运营调度管理的基本流程 …………………………………… 155
第三节 城市公共汽电车运营企业调度管理实践 …………………… 157

第十二章 企业服务质量管理 ……………………………………………… 161
第一节 服务质量管理的含义和内容 ………………………………… 161
第二节 服务质量的监控管理 ………………………………………… 162
第三节 城市公共汽电车运营企业服务质量管理实践 ……………… 163

第十三章 企业安全管理 …………………………………………………… 173
第一节 安全管理的含义和内容 ……………………………………… 173
第二节 城市公共汽电车运营企业安全管理的主要指标 …………… 174
第三节 城市公共汽电车运营安全管理重点 ………………………… 175
第四节 城市公共汽电车运营企业安全管理实践 …………………… 177

第十四章 企业车辆技术管理 ……………………………………………… 179
第一节 车辆技术管理的含义和内容 ………………………………… 179
第二节 车辆的全过程管理 …………………………………………… 180
第三节 车辆技术管理的定额与计算方法 …………………………… 181
第四节 城市公共汽电车运营企业车辆技术管理实践 ……………… 183

第十五章 企业财务管理 …………………………………………………… 189
第一节 财务管理的含义和内容 ……………………………………… 189
第二节 城市公共汽电车运营企业财务管理目标 …………………… 192
第三节 城市公共汽电车运营企业财务管理实践 …………………… 193

第十六章　企业人力资源管理 198
　　第一节　人力资源管理的含义和内容 198
　　第二节　城市公共汽电车运营企业人力资源管理目标 199
　　第三节　城市公共汽电车运营企业人力资源管理实践 200
　　第四节　加强企业文化建设与员工思想管理 206
　　第五节　加强驾驶员安全运营教育 208
附录　国内部分城市公共交通优先发展政策、制度选编 209
参考文献 234

第一篇 综合篇

本篇概述

当前,我国城市公共汽电车发展正处于关键历史时期,既面临着难得的发展机遇,也面临着许多新的需求和压力,如何满足新时期经济社会发展新要求和人民群众日益增长的出行需求,是我国城市公共汽电车发展面临的一项紧迫任务。本书综合篇共包括城市公共汽电车简述、我国城市公共汽电车发展概况和发展趋势三章内容,总结回顾了我国城市公共汽电车发展历程,对我国城市公共汽电车发展取得的成绩、存在的问题以及城市公共汽电车管理的主要经验进行了系统梳理和归纳分析,旨在为各级政府行业管理部门和城市公共汽电车运营企业管理者加强管理工作提供参考,并为广大城市公共汽电车从业人员及相关人士了解和认识我国城市公共汽电车行业发展现状、发展形势以及行业发展方向提供借鉴。

在此基础上,本篇结合当前我国经济社会发展的新形势,深入分析了城市公共汽电车发展面临的需求和压力,提出了新时期城市公共汽电车发展的总体思路和行业发展的重点任务,围绕推进城市公共交通优先发展战略的落实,从法规建设、规划编制、资金投入、体制改革、科技支撑等方面,提出了相应的保障措施和建议。

第一章　城市公共汽电车简述

第一节　城市公共汽电车的定义和分类

根据《城市公共交通条例》，城市公共交通是指在城市人民政府确定的区域内，利用公共汽电车、城市轨道交通车辆等公共交通工具和有关系统、设施，按照核定的线路、站点、时间、票价等运营，为公众提供基本出行服务。

城市公共交通主要分为三大类：分别是城市公共汽电车交通、城市轨道交通、城市客运轮渡。按照系统运营特点分成若干中类，按照运载工具分成小类。城市公共交通的分类体系如图1-1所示。

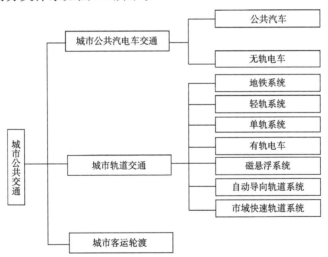

图1-1　城市公共交通的分类体系

城市公共汽电车交通是以公共汽车、无轨电车为运载工具的公共交通方式，是目前我国城市公共交通系统的主体，指在城市人民政府确定的区域内，运用符合国家有关标准和规定的公共汽电车车辆和城市公共汽电车客运服务设施，按照核定的线路、站点、时间和票价运营，为社会公众提供基本出行服务的活动。

1. 公共汽车

公共汽车是按照指定线路行驶在城市道路上、在固定站点停靠、按班次运行的公共交通服务，一般也称为常规公交。公共汽车是使用最为广泛的公共交通服务，具有机动灵活、设施投资小、适应性强的特点。但是公共汽车易受其他交通工具干扰，道路交通较为拥堵时，运营速度低、可靠性较差。一条公共汽车线路的单向客运能力一般为0.8万~1.2万人次/h，运营速度在理想条件下可达到25km/h，一般条件下为15km/h。

快速公共汽车交通系统（BRT）也称为快速公交系统，是公共汽电车的一种特殊形式，指以大容量、高性能公共汽电车沿专用车道运行，有专用站台，实现站外售检票、乘客水平乘降，并配备智能调度系统、优先通行信号系统和乘客信息服务系统的快速公共交通方式。快速公交系统是20世纪后期新兴起的一种城市公共交通方式，国际上对快速公交系统的定义有多种描述。美国联邦公共交通管理局（FTA）将其定义为"结合轨道交通系统的品质和地面公共交通的灵活性，行驶在公交专用车道上、高乘载车辆专用道（HOV）、快速道路和一般道路上，结合使用智能交通技术、公交优先技术、低污染低噪声车辆以及快速便利的收费系统，同时结合公交导向土地开发利用政策的客运系统"；国际运输发展政策中心（ITDP）称之为"乘客导向的高品质公共交通运输，提供快速、舒适、低成本的都市运输服务系统"。

快速公交系统的特征要素主要包括专用车道、专用站台、新型公交车辆、车外售票、智能交通应用、优质服务。快速公交系统具有投资少、建设周期短、运营灵活等特点，与轨道交通合理配合能够解决当前的客流出行需求，起到强大的客流集散作用，同时为未来轨道交通培育客流和预留空间。快速公交系统的运输服务具有快速性、可靠性、经济性、环保性、运量大等特点。

2. 无轨电车

无轨电车是指用于城市公共交通服务，由直流线网提供电源，并由电力驱动以轮胎在路面上行驶的客车。无轨电车系统设施由无轨电车车辆及其相匹配的牵引供电系统、相对固定的运营线路、相应等级和规模的起点站、中途站、终点站和停车站场、维护修理场地所组成。无轨电车的客运能力以及运营速度，基本与公共汽车相同。

第二节　城市公共汽电车特征

城市公共汽电车和城市轨道交通均拥有城市公共交通的共性特征，主要体现在功能特征、需求特征、服务特征以及运营与管理特征等方面。

1. 功能特征

从交通运行功能方面看，与小汽车❶等其他交通方式相比，城市公共汽电车具有占道少、运量大、能耗低、资源占用少、社会公平性强等特点。具体体现在：

(1) 从道路资源利用情况看，公共汽电车与小汽车相比，所占土地资源优势明显，运送相同数量的乘客，小汽车占用的道路资源是公共汽电车的23倍。

(2) 从能源消耗情况看，公共汽电车每人每公里通行所消耗能源优势明显，若采用BRT等大运量城市公共交通工具，节能效果更加明显。

(3) 从交通安全水平来看，每亿人公里死亡率公共汽电车为0.07，城市轨道交通为0.035，小汽车为0.7，摩托车为14。

(4) 从全成本核算角度看，根据相关研究成果，不同交通工具使用者实际支付的费用与其运营过程中所产生的全部成本（包括环境污染成本、拥堵时间成本、资源占用成本等）的比例存在较大差异，私人交通工具使用者的出行成本中有很大一部分由社会公共资源所承担。因此，优先发展城市公共交通对于促进社会公平性具有重要意义。

2. 需求特征

"衣食住行"是人民群众最基本的生活需求，而城市公共交通解决的则是最广大人民群众的基本出行需求，是居民生活的必需品，是城市功能正常运转的基础支撑。城市居民对公共交通服务具有很大程度上的依赖性和使用"惯性"，要求公共交通服务必须体现稳定性、可靠性、普惠性及公平性，要能够满足不同收入、不同年龄、不同职业以及残疾人等各群体的多元化的出行需求。城市公交具有基本公共服务属性，属于重要的民生工程，在全国范围内，绝大多数城市执行低票价制度，城市公共交通在绝大多数城市已经成为保障广大中低收入群体基本出行需求的重要方式。

---

❶ 指中华人民共和国国家标准《汽车、挂车及汽车列车的术语和定义　第1部分：类型》(GB/T 3730.1—2022)中定义的轿车。

3. 服务特征

公共交通服务是一种典型的公共服务,涵盖了多方面的特性,对其服务特征应从交通工程角度、服务业角度和公共产品角度进行分析。

(1)交通工程角度:①服务对象的广泛性。公共交通是城市客运的主体,公共交通线路和各种服务设施遍布城市的各个区域,为各种职业、各个层次的居民提供普遍的客运服务。②服务方式的开放性。公共交通依靠每一名驾驶员、乘务员和其他服务人员在站台、车内,直接、面对面地为乘客服务,整个服务过程公开、透明,直接置于乘客的监督之下。③服务作业的分散性。公共交通的运营服务主要依靠单车作业,每辆公交车在道路上也是各自行驶,是流动、分散的。④服务的规定性。这是由公共交通的服务方式决定的,公共交通的主要任务是在规定的线路、规定的时间把乘客运送到规定的地点,不能根据任何个人的意愿随意运行。

(2)服务业角度:①直接服务于乘客本身。公共交通直接服务对象是乘客,乘客参与并影响着公共交通服务的全过程,公交服务的舒适性、安全性、工作人员的服务态度等因素直接影响乘客自身的感受。②服务人员与服务对象接触的随机性。不同乘客乘坐不同公交车辆,所遇到的服务人员都有可能不同,因此,每次服务质量的优劣都直接影响乘客对公共交通的评价和感受。③高峰时刻服务强度大。由于不同类型乘客的上下班、上下学等时间相对比较集中,造成高峰时刻的需求量巨大,公交服务强度大。④劳动密集程度较高。⑤乘客品牌消费取向较弱。公共交通乘客选择公交服务主要考虑的是便利、快速等服务质量,对服务提供者的品牌等因素考虑相对较弱。

(3)公共产品角度:①公共交通具有公用性和公益性的特征。其产品和服务是针对所有城市居民的,并不像普通产品的销售都有特定的消费群体,而且往往还需承担一些社会公益义务。②投资大、回收期长,市场化程度低。尤其是地铁建设成本巨大。另外,还具有天然的垄断性,其市场化和竞争程度较低。③价格机制不灵活。公共交通服务具有长期性和普遍性,其价格的形成和调整涉及大多数居民的利益,不可能随行就市,完全按照供求规律行事。④政府和社会舆论干预。由于涉及大多数市民利益,各类消费群体的利益诉求不同,政府和社会舆论常常会对公共交通企业进行"道义上的说服"或行政上的干预。

4. 运营与管理特征

由于城市公共交通提供的是广大群众的基本出行需求,公共交通服务具有较强的社会公益性,需要政府对城市公共交通行业从价格、准入、服务、安全等方面进行管制。国内外城市公共交通发展实践表明,公共交通线路经营权作为重要的公共资源,必须坚持政府主导的发展方向,不宜作为市场资源进行过度的市场化经营,否则极易影响公共交通基本公共服务功能的发挥。另外,城市公共交通庞大的投资需求与价格管制特性,要求政府必须赋予公共交通企业一定的资金扶持政策,以维护企业的可持续发展能力。在公益性低票价政策下,财政补贴资金是城市公共交通企业生存及稳定发展、提升交通出行基本服务供给能力的重要支撑和保障。

第三节　城市公共汽电车的地位和作用

由城市公共汽电车和城市轨道交通等共同组成的城市公共交通是满足人民群众基本出行需求的社会公益性事业,是交通运输服务业的重要组成部分,与人民群众生产生活息息相关,与城市经济运行和社会发展密不可分,是城市重要的基础设施和重大的民生工程。与国外城市相比,我国城市具有人口基数大、人口密度高、低收入群体多、老龄化趋势明显等特点,城市交通需求总量大、需求层次多、经济敏感度高,由此决定了我国城市的健康发展必须以公共交通为支撑。

1. 支撑城市功能正常运转

公共交通是城市经济发展的"动脉",是联系社会生产、流通和人民生活的纽带,是提升城市综合竞争力的关键环节,是城市功能正常运转的基础支撑。我国经济已由高速增长阶段转向高质量发展阶段,这是由我国经济发展阶段、经济增长规律所决定的。而高质量的城市公共交通服务供给是实现城市交通高质量发展,以满足人民群众更高质量出行需求的重要内容。城市公共交通作为城市重要的基础设施和城市交通系统的核心,关系国计民生等重大事业,被誉为社会生产的第一道工序,城市公益事业的第一要件,是国际大城市交通可持续发展的共同选择。发达的城市公共交通系统不仅能够方便居民出行,而且可以促进城市国民经济和社会事业的发展,保障城市交通健康有序运行,对于维护城市的正常运转、满足人民群众日益增长的出行需求、促进城市经济社会的全面发展具有重要意义。世界各国的经验表明,优先发展城市公共交通是实现城市交通可持续发展的必然选择。我国城市和城市交通发展的现状特点决定了我国城市交通发展必须走以公共交通为主导的集约化发展道路。随着我国经济社会的快速发展和各项社会事业的稳步推进，城市交通需求日益旺盛，要求城市公共交通必须加快优先发展步伐，发挥基础支撑作用。

2. 引导城市功能布局和城市形态发展

城市交通的服务水平直接影响城市土地的价值和土地的开发强度，进一步影响了城市的功能布局和城市发展形态。一方面，城市交通系统的空间布局对城市土地利用的发展方向具有重要的引导作用，进而影响到城市土地利用空间结构的变化。公共交通运量大、成本低的特点能满足高密度开发地区大量普通居民的出行需求，大容量公共交通系统能够支撑较高强度的土地开发，特别是准时、快速和大容量的交通特征，能引导沿线的土地开发向高密度、高强度、集约化方向发展。国际城市交通发展水平较高的城市，如东京、新加坡、我国香港特别行政区等，均建立了完善的城市公共交通系统，来引导城市功能布局和产业结构调整，实现城市交通与土地利用的协调发展；另一方面，不同区域的交通结构影响着居民的生活方式，而生活方式的改变直接影响着城市的用地布局形态，可达性高的地区相对可达性低的地区能够吸引更多的人流和信息流。发达、便利的公共交通系统对于城市商业中心、金融中心等功能区的培育和发展具有重要的引领作用。

3. 推动绿色低碳城市建设

我国城市土地资源稀缺，城市人口密集，居民收入水平总体不高。城市公共交通具有容量大、效率高、能耗低、污染小等优势，优先发展公共交通最契合我国城市发展和交通发展的实际需求，是减少环境污染、降低能源消耗、实现城市低碳发展、可持续发展的重要途径，是建设节约型社会的重要举措。《中共中央国务院关于完整准确全面贯彻新发展理念做好碳达峰碳中和工作的意见》中明确，要积极引导低碳出行，加快城市轨道交通、公交专用车道、快速公交系统等大容量公共交通基础设施建设，进一步体现了城市公共交通对于实现碳达峰碳中和目标的重要作用。此外，发展城市公共交通能够有效降低交通运输的社会成本，提高交通设施综合效益，符合国家可持续发展、社会经济集约化发展的具体要求。在我国城镇化、机动化进程快速发展、城市交通拥堵和资源环境压力日益加剧的新形势下，迫切需要加快转变城市交通发展方式，不断提高公共交通的竞争力和吸引力，减少公众对小汽车的依赖，加快公交信息化、智能化建设，不断提高运营效率,加大节能减排力度,缓解交通拥堵和资源环境压力,更加注重科学发展,走资源节约型、环境友好型发展道路,推动建设绿色低碳城市。

4.体现"以人民为中心"和社会公平性

交通出行是广大人民群众最基本的生活需求之一。城市公共交通为所有居民提供普惠性的社会公共出行服务,为城市的社会生产和再生产提供最一般的物质条件,是重要的民生工程,是政府应当提供的基本公共服务。发展城市公共交通体现了最广大人民群众的根本利益,特别是为低收入阶层提供了优先享有交通出行的权益。因此,"公交优先"体现了以人民为中心的发展理念,是人民优先的具体体现,有利于实现社会公平正义。通过优先发展公共交通,确立公共交通在城市交通中的主体地位,引导群众选择公共交通作为主要出行方式,为广大人民群众提供安全、方便、舒适、快捷、经济的出行服务,是实现我国城市可持续发展的客观需求,也是体现社会公平正义,构建和谐社会的重要内容。

第四节　城市公共汽电车主要指标

1.发展水平指标

1)城市公共汽电车出行分担率

指标解释:居民选择城市公共汽电车方式出行的出行量/城市居民总出行量×100%。

指标说明:是衡量城市公共汽电车发展水平的核心指标。目前城市公共汽电车出行分担率的测算方法主要有三种:一是以城市公共汽电车出行量占全方式居民出行量(含机动化出行与自行车、步行等非机动化出行)的比例来表示;二是以城市公共汽电车出行量占居民机动化出行总量的比例表示;三是以城市公共汽电车出行量占不含步行的城市居民出行量的比例来表示。城市公共交通(包含城市公共汽电车和城市轨道交通等)分担率反映了城市公共交通在城市交通体系中的地位和作用,是交通方式结构中的核心指标,可以在很大程度上反映城市公共交通的发展水平与吸引力。

单位:%。

2)单位运营里程载客量

指标解释:城市公共汽电车运行单位里程平均运送的旅客人数。

指标说明:是体现城市公共汽电车运行效率的关键指标。城市公共汽电车是集约化的出行方式,其运行成本与车辆运营里程相关,而运营效果和票款收入与客运量相关。该指标是考虑了车辆利用率、客流波动、运营车速、服务时间及拥挤程度后的综合指标。该指标过高说明乘车体验不佳,过度拥挤;该指标过低则说明单位运营成本高,运营效率较低。

单位:人次/km。

3)城市公共汽电车固定资产投资率

指标解释:城市公共汽电车固定资产投资额/城市交通固定资产投资额×100%。

指标说明:评价城市政府对城市公共汽电车发展的财政支持力度。

单位:%。

2.设施设备指标

1)城市公共汽电车车辆万人保有量

指标解释:截至统计期末,按城区人口计算,每万人平均拥有的城市公共汽电车车辆标准运营车数。

指标说明:是衡量城市公共汽电车基础设施的重要指标。

单位:标台/万人。

2)城市公共汽电车站点覆盖率

指标解释:截至统计期末,城市一定区域范围内,所有城市公共汽电车站点一定半径范围覆盖的区域面积,占适宜设置城市公共汽电车站点的区域总面积的比例。

指标说明:是反映城市居民使用城市公共汽电车便捷程度的重要指标。城市公共汽电车站点覆盖率的统计口径可分为:城区范围内城市公共汽电车站点500m半径覆盖率、中心城区范围内城市公共汽电车站点300m半径覆盖率。

单位:%。

3)公共汽电车进场率

指标解释:统计期内,公共汽电车运营车辆夜间进场停放的车辆数(含在公交专用停车场停放及在公交首末站、保养场或枢纽站停放的车辆数)与总运营车辆数的比率。

指标说明:部分城市公共汽电车运营企业反映城市规划部门虽然保障了城

市公共汽电车站场用地,但划拨给公共汽电车站场的建设用地往往地理位置不尽合理,导致出现公共交通企业不愿意进场停车的现象。因此,该指标可较为客观反映公共交通进场停车情况,且能够一定程度地反映城市公共汽电车站场地理位置的合理程度。

单位:%。

3.线网指标

1)线路长度

指标解释:城市公共汽电车线路总长度。

指标说明:线路长度与城市面积、平均乘距等有一定的比例关系。规范线路长度有利于运营管理,既便于制定票价,特别是推行一票制,也便于运行调度、控制线路的服务水平。

公交线路平均长度与居民公交平均出行长度有关,线路长度大致是平均乘距的2.0~2.5倍。根据线路营运经济性和管理要求,除短驳线外,一般公共汽车线路长度不小于5km,线路最大长度值 L_{max} 的计算式为:

$$L_{max} = V \times T_{max}$$

式中:V——公共交通车辆平均营运车速;

T_{max}——城市95%居民的平均出行时间。

具体线路长度的设计以客流需求为准则,兼顾起终点站的位置和设置条件。新辟线路还应考虑换乘的便利。一般情况下,市区线路长度为10~15km。通常根据城市特点、客运系统结构和客流特征,可以将城市公共汽电车线路分成三类。

(1)骨干线路。在有轨道系统的城市,城市公共汽电车骨干线路定义为中运量的快捷线路,作为城市轨道交通的补充,承担部分中长距离的客流。在没有轨道系统的城市,骨干线路在城市主要客运通道上提供快速、可靠的城市公共汽电车服务。通过专用车道、车站、车辆、运营调度等的整合设计,还可以将部分骨干线路提升为快速公交系统(快线)。

为了保证运营车速,骨干线路应尽量在公交专用道上行驶。骨干线路要求有相对独立的道路空间、配套的信号控制优化系统和车辆运行监控系统,运营车速达到20km/h以上,其主要功能是提高城市公共汽电车服务的可靠性与竞争力。

(2)区域线路。区域线路连通城市轨道交通线网和城市公共汽电车骨干线网,构成地面公交线网的主体。区域线路主要承担中短距离的出行,要求密度高、覆盖广,保障公共交通的出行便利,并随区域开发及时延伸。

(3)驳运线路。驳运线路为城市公共汽电车骨干线路和城市轨道交通提供接驳服务。驳运线路既可以设置在大型住宅区或公共活动中心,收集零星客流,并驳运到最近的区域城市公共汽电车枢纽或城市轨道交通站;也可以深入生活居住区、学校、商业区、公共活动中心,提供一端到门的短途客流服务。

驳运线路起到减少步行到站距离、提高城市公共汽电车服务质量的作用。驳运线路可以采用比较灵活的运行方式、运行时段、线路走向与票制,根据客流强度选择车型。

表1-1为不同类型城市公共汽电车线路的设计与运行要求。

不同类型公共交通线路的设计与运行要求　　　　表1-1

特性	参数	快线	骨干线	区域线	驳运线
空间特性	联系区域	城市组团之间	城市组团之间	城市组团内	城市组团内
	非直线系数	<1.1	<1.1	1.1~1.3	允许环行
	线路长度(km)	不限	15~20	8~13	较短
服务特性	车速(km/h)	>25	>20	12~18	10~15
	车间隔	大	中等	小	中等
	步行到站距离(m)	<800	<600	<400	<300
	车型	大型	大型	大型	小型
	站距(m)	—	500~800	300~500	200~300
	票制	多级计价	多级计价	一票制	一票制
衔接特性	城市轨道交通	—	便利	便利	便利
	枢纽	大型枢纽	大、中型枢纽	中型枢纽	区域枢纽
	其他线路	便利	便利	便利	非常便利

2)网络密度

指标解释:所有城市公共汽电车运营线路的实际道路长度/城市建设用地面积。

指标说明:城市公共汽电车网络密度有两种算法,一是城市公共汽电车路网密度,指每平方公里的城市建设用地面积上有城市公共汽电车线路经过的道路中心线长度;二是城市公共汽电车线网密度。

单位:km/km^2。

$$城市公共汽电车路网密度=\frac{有城市公共汽电车线路经过的道路中心线总长度}{城市建设用地面积}$$

$$城市公共汽电车线网密度=\frac{城市公共汽电车运营线路总长度}{城市建设用地面积}$$

4.运输服务指标

1)换乘距离

指标解释:从一条线路换乘到另一条线路或者从一种交通方式换乘到另一种交通方式的移动距离。

指标说明:可用长度或时间来表示。

城市公共汽电车车站间换乘,在路段上同向换乘距离不应大于50m,异向换乘距离不应大于100m;在道路平面交叉口和立体交叉口上设置的车站,换乘距离不宜大于150m;枢纽内垂直换乘步行距离不宜大于100m;综合枢纽内各交通方式之间的换乘距离不宜大于250m。

单位:m。

2)平均换乘系数

指标解释:城市公共汽电车总乘次占城市公共汽电车出行总人次的比例。

指标说明:是衡量乘客直达程度、方便程度的指标。总乘次是所有城市公共汽电车载客人次的总和,按出行定义,一次出行如果需要换乘城市公共汽电车线路,就包含了一个以上的乘次。平均换乘系数体现城市公共汽电车出行的一次通达性。大城市应为1.5以下,宜控制在1.3左右。

$$平均换乘系数=\frac{城市公共汽电车出行总人数+换乘人数}{公共交通出行总人数}$$

3)城市公共汽电车乘客满意度

指标解释:统计期内,城市公共汽电车乘客对城市公共汽电车服务的可得性、安全性、可靠性、便捷性及舒适性等方面的满意程度。具体是指所有有效调查问卷的得分之和与所有有效调查问卷满分之和的比例。

指标说明:乘客满意度是反映城市公共汽电车服务水平是否能够满足乘客出行需求的重要指标。该项指标越高,反映城市公共汽电车服务越好。城市公共汽电车乘客满意度一般通过调查获取。

单位:%。

第二章 我国城市公共汽电车发展概况

第一节 我国城市公共汽电车发展历程

我国是世界上最早出现城市和城市公共交通的国家之一。早在隋朝,首都洛阳就有作为公共交通方式营运的船只出现。到唐朝,首都长安的轿乘成为当时主要的城市公共交通工具。鸦片战争后,马车在通商口岸风行,成为代替轿乘的公共交通工具,随后人力黄包车也逐步发展起来。1904年香港首先建立起有轨电车运营线路,之后天津、上海、大连等通商口岸也相继建设了有轨电车交通线路,标志着我国进入了以机动化交通工具为代表的近代城市公共交通发展阶段。1922年,上海运营了我国第一条公共汽车线路。新中国成立以前,我国城市公共汽电车运营企业通常以官办或商办为主,规模小、车辆旧、服务能力低,城市公共交通总体发展十分缓慢。

1. 恢复发展阶段(1949—1978年)

1949—1978年,我国处于社会主义计划经济体制时期。在计划经济体制下,我国城市公共汽电车行业一直倾向于实行由政府直接投资、国有企业垄断经营的政府统包经营的管理体制。典型的表现形式是:领导由政府委派,价格由政府制定,资金由政府划拨,企业由政府管理,企业盈亏由政府统一负责,不存在任何经营风险,是一种典型的政企合一的管理体制。在这种机制下,政府是提供城市公共汽电车服务的唯一主体,直接控制城市公共汽电车的发展规划,直接进行投资建设和运营管理,以低价格提供城市公共汽电车服务,服务水平相对较低。本阶段城市公共汽电车发展的问题主要有:

(1)行业管理低效。国家统包统管的体制必然形成企业经营的依赖性,由此带来管理意识的淡化,加上管理技术的落后,导致城市公共汽电车运力利用低效和企业经济效益低下,城市公共汽电车总体运力短缺与运力资源调配不均衡,城市公共汽电车企业资金短缺与资金使用不合理等问题,造成公众乘车不便,企业发展陷入困境。

（2）企业经营困难。这一时期,我国对城市公共汽电车实行低投入、低补贴、低票价的管理政策,但是由于经济实力有限,政府对城市公共汽电车投入严重不足,城市公共汽电车运营企业经营十分困难,连简单再生产也难以维持,服务质量难以保证。

（3）企业经营劳动密集。由于普遍就业的指导思想以及城市公共汽电车技术的落后,造成我国城市公共汽电车运营企业采取了劳动密集型经营模式,过多的人员队伍给企业经营造成沉重的压力,使城市公共汽电车运营企业不堪重负,发展乏力。

2.探索发展阶段（1979—2004年）

20世纪70~80年代以来,公共服务改革、公共部门私营化已成为全球发展的趋势。在社会主义市场经济体制改革的推动下,我国城市公共汽电车进入探索发展阶段。公共服务市场化改革在西方国家和我国的实践直接带动了我国城市公共汽电车行业的市场化改革进程。

城市公共汽电车行业的市场化改革最早可追溯到20世纪80年代。当时,交通紧张状况在一些大城市开始显现,我国城市交通也由此跨入了以"公交乘车难"为特征的"城市交通紧张初生期"。"乘车难"及由此反映出的城市公共交通经营体制、票价、企业亏损等主要问题引起了政府的重视。1985年国务院以国发59号文的方式批转了城乡建设环境保护部《关于改革城市公共交通工作报告的通知》,提出了"以国营为主,发展集体和个体经营"的经济结构,改变城市公共交通独家经营的体制。在经营方式上提出"可以实行全民所有制下的个人承包"。与以前一味强调城市公共汽电车运营企业的公益性不同,国发59号文提出"企业经营完全实行独立核算,自负盈亏",肯定了企业的经营性质和双重属性的定位。在其影响下,各城市在财政资源相对有限、公众需求增加的情况下,开始逐步放开城市公共汽电车行业的准入门槛,实行市场化改革。概括起来城市公共汽电车行业的市场化方式可以分为承包经营、租赁经营、线路特许权经营和企业股份化四类,如图2-1所示。

这一时期,根据社会资金参与城市公共汽电车行业的程度不同,城市公共汽电车运营企业运营模式可分为以下六种:

（1）国有公司。国有公司是按照政府规定的线路、时间、班次、票价运营,原则上政策性亏损部分由政府财政补偿。国有公司模式在城市具有重要的特殊作用,是政府保证城市公共汽电车运营效率的重要方式,需要政府财政给予大力支持。

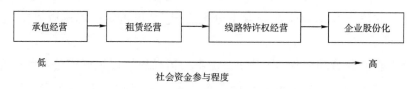

图2-1 社会资金参与城市公共汽电车行业的程度

(2)车队—分公司—公司三级承包责任制。这是大城市公共汽电车运营企业经营的主要模式之一。车队向分公司承包、分公司向公司承包、公司向政府管理部门承包,承包的内容主要是:包死基数、收支合流、超亏不补、减亏全留、以服务指标控制;严格控制承包,对燃料、配件、劳动力及企业管理费进行分项重点控制;完善服务指标,实行经理任期目标责任制考核,确定以车辆出场时间、高峰出车率、首末班车时间、低谷最大间隔、运能配备、乘客投诉、车况车貌和重大安全事故等为制约的服务指标。这种模式实质上是运营机制由计划经济向市场经济转换的过渡阶段。这个阶段职工的积极性在一定程度上被调动起来,服务水平有所提高,但局限性很大,企业的亏损面和亏损程度不断加大,服务水平难以从机制和设施上得到提高。

(3)联营公司。这类公司中,出资或提供车辆的一方只是参与利润分红,并不参与经营服务,车辆的产权关系不变。这种由若干班车组成的联营公司,一般是由国有公共汽车公司牵头组织管理,规定线路、运营时间、班次、票价,在高峰时间运营,票款收入一般全归联营单位,不需纳税。联营单位之间不发生利益关系,各司其职,各得利益,风险自担。这种模式实质上是公共交通企业车辆数量不足,利用社会车辆补充运力的一种手段。

(4)外资和合资企业。外方提供全部或部分资金,中外双方共同或单独经营,自负盈亏。这种模式在公共交通企业转换机制、建立市场经济运营机制初期,无疑起到了十分重要的作用,尤其是对建立票价调整机制具有推动作用。

(5)股份制公司。最初许多小公共汽电车运营企业内部实行股份合作制模式,此后一些城市公共汽电车运营企业也改制成股份制公司经营模式,有的还组建成上市公司。这种模式将城市公共汽电车运营企业全面推向市场。

(6)有限责任公司。在线路特许经营权制度下,实行独立经营、自负盈亏,独立承担有限经济责任。

由于城市公共交通的公益性与市场化的关系尚未完全处理好,当时没有明确的公共交通优先发展政策和城市公共汽电车市场化运营机制,城市公共汽电车在市场化改革过程中出现了一些问题,影响了城市公共交通整体效率的发挥。伴随我国经济的快速增长、城镇化进程的加快,这一阶段各大城市面临小汽车交通的挑战,城市交通不断恶化,但城市公共交通行业未建立良性循环发展机制,城市公共交通的效能没有充分发挥。该阶段存在的问题主要有:

(1)城市公共汽电车管理体制分割。城市公共汽电车和道路客运由多部门管理,各自发牌发证,职责互相交叉,城市公共汽电车管理较为混乱,不利于城市公共汽电车行业的发展。

(2)城市公共汽电车发展政策滞后。城市公共汽电车的性质定位不清晰,尚未形成一套明确的公共交通优先和扶持政策,这与城市公共汽电车作为国民经济发展全局性、先导性影响产业的地位不相适应,致使我国大多数城市公共汽电车运营企业经营困难。

(3)片面强调经营管理市场化。城市公共汽电车运营企业的特殊性质决定了不宜在这一行业内开展过度竞争。这一时期,由于大多数城市公共汽电车行业管理部门采取了由多家企业共同经营的管理方式,虽然对促进城市公共汽电车运营企业提高经济效益起到了一定作用,但城市公共汽电车的服务水平受到了较大的影响。

(4)交通发展规划不协调。城市公共交通规划与城市规划、城市土地利用等规划不适应,相互之间协调衔接不足问题较为突出。各种公共交通方式之间的运力配置、网络布局、换乘体系等方面,缺乏整合规划。重视运力规划,忽视运输组织与服务规划。既有公共交通线网的调整往往倾向于城市公共汽电车运营企业自身的经营利益。

3.优先发展阶段(2005年至今)

党中央、国务院高度重视城市公共交通发展。2005年9月,国务院办公厅转发建设部等6部门《关于优先发展城市公共交通意见的通知》(国办发〔2005〕46号),就实施城市公共交通优先发展战略进行了总体部署。公共交通优先发展战略的提出,标志着我国城市公共交通进入新的发展时期。

2006年,建设部、国家发改委、财政部、劳动和社会保障部联合发布了《关于优先发展城市公共交通若干经济政策的意见》(建城〔2006〕288号),要求加大城市公共交通投入,建立低票价补贴机制,认真落实燃油补助及其他各项补贴,规范专项经济补偿,维护职工合法权益,稳定职工队伍,加强领导,落实责任,确保行业稳定等,并对城市公共交通的财税和投资做出了相应规定。

国家确立"公共交通优先"发展战略以来,各城市人民政府贯彻实施优先发展城市公共交通的方针政策,持续加大对城市公共交通发展的支持力度,公共交通基础设施逐步改善、线网密度不断加大、科技进步成效明显、服务水平和保障能力稳步提高,为改善人民群众基本出行、缓解城市交通拥堵、改善城市人居环境、促进城市经济社会可持续发展发挥了重要的支撑作用。

2008年,国务院机构改革方案将指导城市客运行业管理职责交由交通运输部,从国家体制上实现了对城乡客运的统筹管理。这是国家大部制改革的重大突破,为构建现代综合运输体系提供了基础保障,为解决城乡客运二元体制问题,实现城乡客运一体化提供了强大动力。国家大部制改革以后,各地方政府也积极推进交通运输大部门体制改革。目前在省级层面,全国31个省(自治区、直辖市)已经全部将城市公共交通管理职能划归交通运输部门管理;在地市层面,全国绝大部分省、自治区所辖城市(含计划单列市、地区、自治州、盟等)已经明确由交通运输部门管理城市公共交通,为推进城市公交优先发展和城乡道路客运公共服务均等化提供了重要的体制保障。城市公共交通发展迎来了前所未有的发展机遇。

2012年,《国务院关于城市优先发展公共交通的指导意见》(国发〔2012〕64号)出台,这是新中国成立以来第一个以国务院名义印发的城市公交综合性意见。该文件强化了公交优先理念,明确了一系列重大政策制度,标志着我国城市公交发展进入了新的历史发展时期。为了贯彻落实国发〔2012〕64号文件,推动落实公交优先发展战略,交通运输部于2013年印发了《关于贯彻落实〈国务院关于城市优先发展公共交通的指导意见〉的实施意见》(交运发〔2013〕368号)。各地也着力践行公交优先发展战略,围绕公交优先理念,注重以政策制度创新激发城市公交发展内生动力,结合各自实际,积极探索,推动公交优先发展政策的出台和落地实施,政策保障力度不断加大。

2017年,交通运输部颁布实施了大部门体制改革以来公交行业的首个部门规章《城市公共汽车和电车客运管理规定》（交通运输部令2017年第5号），从规划建设、运营管理、运营服务等方面明确了城市公共汽电车的基本制度。

为贯彻落实城市优先发展公共交通国家战略，提升城市公共交通运营效率和服务品质，2011年4月，交通运输部印发《交通运输"十二五"发展规划》（交规划发〔2011〕191号），提出"十二五"时期实施国家公交都市建设示范工程（以下简称示范工程）。2017年2月，国务院出台《关于印发"十三五"现代综合交通运输体系发展规划的通知》（国发〔2017〕11号），提出"十三五"时期在地市级及以上城市推进公交都市建设，全面提升城市公共交通服务效率和品质。2019年9月，中共中央、国务院印发《交通强国建设纲要》，明确优先发展城市公共交通，推进城市公共交通设施建设，鼓励引导绿色公交出行，合理引导个体机动化出行。2021年2月，中共中央、国务院印发《国家综合立体交通网规划纲要》，明确深入实施公交优先发展战略，构建以城市轨道交通为骨干、常规公交为主体的城市公共交通系统，推进以公共交通为导向的城市土地开发模式，提高城市绿色交通分担率。

"十二五""十三五""十四五"时期，经城市人民政府申请、省级交通运输主管部门推荐和专家评审等程序，交通运输部先后确定北京、石家庄、太原等117个城市为示范工程创建城市。截至2023年底，经交通运输部组织验收，已有北京、天津等74个城市达到示范工程创建预期目标并通过验收，被授予"国家公交都市建设示范城市"称号。自2011年示范工程创建开展以来，交通运输部组织开展了建立健全政策制度体系、督导交流、考核验收等一系列工作。各地按照示范工程创建工作部署，建立健全实施制度机制，强化政策保障，扎实推进示范工程创建工作。经过十年创建，公交都市创建取得显著成效，城市公共交通基础设施建设取得新进展，城市公共交通服务水平全面提升，城市公共交通安全保障能力显著增强，城市公共交通绿色发展水平取得新突破，城市公共交通可持续发展能力不断增强。2021年11月，交通运输部印发《综合运输服务"十四五"发展规划》，从体制机制、规划建设、设施设备、服务能力等方面详细规划了"十四五"期间城市公共交通发展的主要目标和任务。2021年12月，《国务院关于印发"十四五"现代综合交通运输体系发展规划的通知》（国发〔2021〕27号）提出深入实施公交优先发展战略，持续深化国家公交都市建设。超大特大城市构建以轨道交通为骨干的快速公交网络，科学有序发展城市轨道交通，推动轨道交通、常规公交、慢行交通网络融合发展。大城市形成以地面公交为主体的城市公共交通系统，发展重要客流走廊快速公交。中小城市提高城区公共交通运营效率，逐步提升站点覆盖率和服务水平。推广城市道路交通信号灯联动控制，保障公交优先通行；推动在电子公交站牌、互联网信息平台等发布公共交通实时运营信息，优化换乘引导标识，普及交通一卡通、移动支付等服务，提高公共交通吸引力。2023年10月，《关于推进城市公共交通健康可持续发展的若干意见》（交运发〔2023〕144号）从完善城市公共交通支持政策、夯实城市公共交通发展基础、加快落实城市公共交通用地综合开发政策、加强从业人员权益保障、加强组织实施保障等五方面提出15项政策举措。进一步加强对城市公共交通发展的政策支持，促进城市公共交通服务提质增效，保障从业人员合法权益，推进城市公共交通健康可持续发展。为了推动城市公共交通高质量发展，提升城市公共交通服务水平，保障城市公共交通安全，更好满足公众基本出行需求，促进城市现代化建设，2024年10月17日国务院发布《城市公共交通条例》，坚持城市公共交通公益属性，进一步明确了城市公共交通优先发展战略，重点围绕城市公共交通发展中的突出问题，提出了城市公共交通发展基本制度，包括发展保障、运营服务、安全管理等制度性规定，覆盖了城市公共交通发展的重要领域。

第二节 我国城市公共汽电车发展现状

国家提出公交优先发展战略以来，我国城市公共汽电车发展速度明显加快，服务能力和服务质量不断提升，为城市经济和社会快速发展提供了有力支撑，取得的成绩主要体现在以下方面：

一是基础设施保障不断加强。截至2023年底，全国公共汽电车运营车辆数达68.25万辆，较"十二五"期末增长21.4%；公共汽电车运营线路达7.98万条，线路长度达173.39万km，分别增长了63.2%、93.9%，公共汽电车场站面积达到11290.5万m^2，增长61.5%，公交专用车道长度达到20275.7km，增长136.6%。

二是车辆装备提质升级。截至2023年底，全国城市公共汽电车运营车辆中新能源车辆达到55.44万辆，占比达81.2%，较"十二五"期末增长了5.4倍；纯电动车47.39万辆，占公共汽电车比重为69.4%；国Ⅳ及以下排放标准运营车辆占比11.0%。

三是出行结构不断变化。2023年全国城市公共汽电车运营里程310.84亿

km,较"十二五"期末下降了11.8%;公共汽电车城市客运量380.50亿人次,较"十二五"期末下降了50.3%。公共汽电车城市客运量占比为37.7%,较2015年下降了21个百分点。

四是科技创新能力显著增强。公交智能化信息采集与处理、IC卡系统、卫星定位(GPS)、智能公共交通调度与信号控制、可视化查询系统、应急救援等新技术和科技创新成果在城市公共交通领域得到应用。截至2023年12月底,全国336个地级以上城市实现交通一卡通互联互通,大部分地级以上城市实现了公共交通非现金支付。部分城市还建立了智能化公共交通运营调度和监控系统。此外,新能源、新燃料、高标准的节能环保型车辆也日益受到各级政府的关注,加速了公交车辆的升级换代,有效提升了城市公共交通的服务质量和可持续发展水平。

第三节 国内外城市公共交通管理经验及启示

国内外许多城市在公共交通(含城市公共汽电车和城市轨道交通)发展方面采取了许多卓有成效的政策措施,有力促进了城市公共交通的健康、快速发展,积累了丰富经验。综合分析国内外城市公共交通发展实践,主要管理经验及启示体现在以下方面:

1. 属性定位

城市公共交通的属性定位是制定公共交通发展政策的基本出发点,关系到行业管理的基本思路,决定了政府对公共交通发展的资金投入、票制票价、运营管理等方面的基本政策导向。城市公共交通解决的是广大人民群众的基本出行需求,与基本医疗、义务教育等一样,是政府重要的社会责任,是政府应当向社会提供的基本公共服务,与城市经济运行和社会发展密不可分,具有很强的社会公益性。以前,我国部分城市对公共交通的属性定位不明确,将公共汽电车线路作为市场资源进行经营,通过拍卖、转让等有偿手段选择公共汽电车线路经营者,偏离了城市公共交通的公益性定位,导致恶性竞争和有限公共资源利用不合理,影响了城市公共交通基本服务功能的发挥,造成一定社会影响,近年来政府不得不通过回购、资产置换等形式进行整合和改造,走了很大弯路。进一步明确和坚持城市公共交通的社会公益性定位是贯彻落实党中央、国务院关于民生问题重大决策的具体体现,是统一行业思想认识,改善城市公共交通发展环境,加快推进城市公交优先战略的必要条件。

2. 政府作用

许多发达国家城市都通过立法将发展公共交通作为政府的重要职责予以明确,规定政府在公共交通线路经营权配置、设施建设、服务监管、安全应急等方面承担主要责任,逐步建立起规范的政府购买公共交通服务制度,确保城市公共交通服务质量不断提升。目前,我国各级政府及城市公共交通行业管理部门对国家提出的公共交通优先发展战略的认识基本趋同,但是从各地落实情况来看,效果还不理想,核心问题是政府在公共交通优先发展中的主体责任没有充分发挥,公共交通发展资金、税费、补贴、用地等方面的配套政策措施落实不到位,公共交通企业经营压力大,可持续发展能力不足,服务质量难以保证。为此,必须以贯彻落实公共交通优先发展战略为核心,进一步明确各级政府及城市公共交通行业管理部门在城市公共交通发展中的责任和义务,加大政府关注和投入力度,从公共交通发展的规划编制、财政保障、税费扶持、服务监管、考核评价等方面制定完善的政策措施,充分发挥政府在公共交通发展中的主体作用,为公共交通优先发展战略的实施营造良好氛围,提供基础保障。

3. 发展方向

城市公共交通是直接关系公共利益和公共安全的社会公益性行业,其经营者应当具有向所有社会公众提供快捷、安全、经济和普遍公共服务的能力,因此不宜实行过度开放的市场化经营机制。另外在我国公共交通票价受到政府严格管制的条件下,城市公共交通运营企业的盈利空间往往十分有限,实行市场化经营的基础条件并不完备。过去一段时间,国内一些城市对城市公共交通进行充分市场化的改革,将城市公共交通线路授予多家企业进行经营,有的甚至将同一条线路授予不同的运营企业,许多城市出现几十家甚至上百家的经营主体,造成"热线抢着跑,冷线无人问"的尴尬局面,导致恶性竞争和公共资源的浪费,同时给公交线网优化、行业监管和服务质量管理带来严重影响,背离了城市公共交通向社会提供基本公共服务的初衷。

4. 城市发展模式

在经历了私人机动化交通高速发展导致的城市交通拥堵等问题之后,许多发达国家城市越来越重视城市公共交通的发展,逐步探索确定了以城市公共交通为主导的城市发展模式(TOD)。通过科学编制和实施公共交通规划,建立了以公共交通为主体的城市交通体系,充分发挥城市公共交通对城市发展的引领和带动作用,实现了城市公共交通与土地开发的良性互动。通过一体化规划和综合开发建设,积极构建以大容量交通方式为骨干,以公共汽电车为主体的立体交通网络,加快综合运输枢纽建设,实现城市交通与城际交通的便捷换乘,为公众提供快捷、安全、方便、舒适的公共交通服务,大大提高了城市公共交通系统的吸引力和竞争力,降低了私人小汽车的出行需求和使用频率,提高了城市交通的运行效率。

城市交通系统,特别是大运量的公共交通系统对城市土地开发具有重要的引导和支撑作用,切实落实以公共交通为导向的城市发展政策,并实现城市公共交通与土地利用的协调与整合,是缓解城市交通压力、促进城市可持续发展的根本途径。与之相反,鼓励或放任小汽车等个体化机动交通工具的过度使用,往往会促使城市土地利用向低密度、蔓延、扩张式的方向发展,导致城市发展呈现"摊大饼"式的发展态势,并使城市陷入"车多了修路、路多了车更多"的恶性循环怪圈,带来城市交通拥堵、环境污染等诸多问题。因此,我国城市在发展过程中必须坚持以公共交通为导向的城市发展模式,通过科学规划和同步建设,扭转城市公共交通被动适应土地开发的局面,实现以公共交通引领城市发展,促进公共交通网络与城市土地开发建设相互适应、协调发展,从根本上降低城市交通压力。

5. 公共交通服务

许多国际城市都通过加快基础设施建设,实行路权和信号优先策略,加快车辆装备改造,加大信息技术应用等措施,不断提高公共交通服务质量,以增强公共交通系统的吸引力,让更多的人享受高质量、人性化的公共交通服务。通过优化城市公共交通线网结构,不断提高公共交通的通达深度和覆盖面;通过建设功能完备的公共交通综合换乘枢纽,方便群众换乘;通过提高公共交通车辆技术装备水平,加快车辆改造升级,推行节能环保、智能化、人性化的车辆装备,改善车辆的主动安全性和乘车环境;通过完善城市公共交通无障碍设施,保障老人、残疾人等特殊群体的公共交通出行需求。

6. 管理体制和法规体系

实现城市公共交通的法制化也是国际城市的共同经验。许多国家和地区均建立了完善的交通管理法律、法规体系。通过立法,明确了各级政府、企业及有关机构在提供公共交通服务方面的责任和义务,以及城市公共交通发展资金投入来源和投入结构。立法同时保障了公共交通发展在规划建设、税费扶持、路权和信号优先、运营管理等方面的重大政策能落实到位,促进城市公共交通发展的制度化和规范化。另一方面,发达国家城市普遍建立了综合的城市交通管理体制,对城市公共交通实行一体化的综合管理,通过充分整合城市交通管理资源、完善协调机制,实现城市交通管理综合化、规划决策科学化、职责分工明确化、管理职能法制化和执法监督高效化,提高了城市交通的管理效率和服务质量。同时,也使市场配置资源的基础性作用得到充分发挥,政府行政行为相对规范和高效。

7. 交通需求管理

许多国际城市在优先发展城市公共交通的同时,十分注意通过有效的交通需求管理措施,合理调节公众的出行行为,引导私人小汽车的合理使用。长期以来,国际城市探索实施了许多成效显著的交通需求管理措施,包括控制交通拥堵区域内小汽车停车位的供应数量,提高城市中心区域小汽车停车费和使用费,征收小汽车车位费、牌照费、燃油附加费和道路使用费等,对抑制私家车的购买和使用,降低公众对小汽车的依赖起到了重要作用,也为城市公共交通发展创造了良好环境。一些城市还规定将小汽车管理收费获得的收入专项用于城市公共交通发展,取得了一举多得的效果。

第三章　我国城市公共汽电车发展趋势

第一节　我国城市公共汽电车面临的形势与需求

《中华人民共和国国民经济和社会发展第十四个五年规划纲要和2035年远景目标纲要》指出:"十四五"时期是我国全面建成小康社会、实现第一个百年奋斗目标之后,乘势而上开启全面建设社会主义现代化国家新征程、向第二个百年奋斗目标进军的第一个五年。"当前及今后一段时期,我国进入新发展阶段,发展基础更加坚实,发展条件深刻变化,进一步发展面临新的机遇和挑战。经济社会快速发展,经济结构加速调整,对外开放日益扩大,城乡、区域一体化进程迅速推进,城镇化和机动化进程逐步加快,将是我国城市交通加快发展和迅速转型的关键时期,也是加快落实"公交优先"战略,提升公共交通发展水平,促进城市经济社会可持续发展的重要机遇期,城市公共汽电车发展面临着许多新的机遇和挑战。

1. 领导更加重视

党的十八大以来,习近平总书记高度重视综合交通运输发展,多次作出重要论述。习近平总书记2013年初到北京慰问城市轨道交通施工现场坚守岗位的一线劳动者时,对北京市和施工单位的负责同志表示,"发展公共交通是现代城市发展的方向。前一段出现的雾霾天气,对市民工作和生活造成了较大影响。治理雾霾天气要多管齐下,发展公共交通、减少汽车尾气排放就是其中很重要的一个举措。"[1]2015年中央城市工作会议强调,要着力解决城市病等突出问题,不断提升城市环境质量、人民生活质量、城市竞争力,建设和谐宜居、富有活力、各具特色的现代化城市。2017年3月,习近平总书记在参加十二届全国人大五次会议上海代表团审议时强调,"走出一条符合超大城市特点和规律的社会治理新路子,是关系上海发展的大问题。要持续用力、不断深化,提升社会治理能力,增强社会

---

[1] 引自《人民日报》电子版(2013年2月10日)。

发展活力"❶。2019年1月,习近平总书记在中央政法工作会议上强调,"要加大关系群众切身利益的重点领域执法司法力度,让天更蓝、水更清、空气更清新、食品更安全、交通更顺畅、社会更和谐有序"❷。2021年10月,习近平总书记在第二届联合国全球可持续交通大会开幕式上的主旨讲话中指出,"要加快形成绿色低碳交通运输方式,加强绿色基础设施建设,推广新能源、智能化、数字化、轻量化交通装备,鼓励引导绿色出行,让交通更加环保、出行更加低碳"❸。习近平总书记的谆谆教诲、殷切鼓舞,为我们进一步指明了城市交通工作的方向。

2. 服务经济社会快速发展

当前,我国正处于全面建设小康社会、加快经济发展方式转变的重点时期,城市交通需求旺盛。一方面,城镇化进程稳步推进,城市公共交通需求总量持续增长。国家已将推进城镇化发展作为促进城乡协调发展和拉动内需增长的战略举措,城镇化率持续快速增长,必将带动大规模人员、物资交流。而我国城市交通服务水平与人民日益增长的美好生活需要还有一定差距,综合、绿色、安全、智能的立体化现代化城市交通系统仍待完善,城市交通总体供给水平还不平衡、不充分,必须下大力气解决。

2019年9月,党中央、国务院印发了《交通强国建设纲要》。建设交通强国是以习近平同志为核心的党中央立足国情、着眼全局、面向未来作出的重大战略决策,是新时代做好交通工作的总抓手。《交通强国建设纲要》明确提出的发展目标是到2020年,完成决胜全面建成小康社会交通建设任务和"十三五"现代综合交通运输体系发展规划各项任务;到2035年,基本建成交通强国,智能、平安、绿色、共享交通发展水平明显提高,城市交通拥堵基本缓解,无障碍出行服务体系基本完善。

同时,在城市交通领域,《交通强国建设纲要》还明确了包括"加强城市交通拥堵综合治理,优先发展公共交通,鼓励引导绿色公交出行,合理引导个体机动化出行""推进城市公共交通设施建设,完善城市步行和非机动车交通系统,提升步行、自行车等出行品质,完善无障碍设施。科学规划建设城市停车设施,加强充电、加氢、加气和公交站点等设施建设。全面提升城市交通基础设施智能化水平"

---

❶ 引自《人民日报》(2017年3月6日第1版)。
❷ 引自《人民日报》(2019年9月26日第1版)。
❸ 引自《人民日报》(2021年10月15日第1版)。

"开展绿色出行行动,倡导绿色低碳出行理念""大力发展共享交通,打造基于移动智能终端技术的服务系统,实现出行即服务""推动城市公共交通工具和城市物流配送车辆全部实现电动化、新能源化和清洁化"等一系列重点任务。

《国家综合立体交通网规划纲要》也提出到2035年,基本建成便捷顺畅、经济高效、绿色集约、智能先进、安全可靠的现代化高质量国家综合立体交通网,实现国际国内互联互通、全国主要城市立体畅达、县级节点有效覆盖,有力支撑"全国123出行交通圈"(都市区1小时通勤、城市群2小时通达、全国主要城市3小时覆盖)。交通基础设施质量、智能化与绿色化水平居世界前列。交通运输全面适应人民日益增长的美好生活需要,有力保障国家安全,支撑我国基本实现社会主义现代化。《综合运输服务"十四五"发展规划》要求在"十四五"期间,公共交通在城市交通中的主体地位更加稳固,城市公交新能源汽车占比达到72%,并明确提出深入实施公交优先发展战略,倡导以公共交通为导向的城市发展模式,大力提升城市公共交通服务品质,强化交通需求管理,让城市交通更顺畅、群众出行体验更舒适。因此,"十四五"期间城市公共交通服务能力水平的提高,对加快建设便捷顺畅、经济高效的现代综合运输服务体系,做好全面建设社会主义现代化国家"先行官"具有重要的意义。

3. 改善民生

党的十九大报告指出,保障和改善民生要抓住人民最关心最直接最现实的利益问题,要使人民获得感、幸福感、安全感更加充实、更有保障、更可持续。城市公共交通是为社会公众提供基本出行服务的公益性事业,是关系人民群众"衣食住行"的重大民生工程。党的二十大报告指出,坚持以人民为中心的发展思想,维护人民根本利益,增进民生福祉,不断实现发展为了人民、发展依靠人民、发展成果由人民共享,让现代化建设成果更多更公平惠及全体人民。这要求我们坚持以人民为中心的发展思想,坚持服务为先,牢牢把握建设人民满意交通这个核心目标,既要加大公交基础设施建设,更要注重改进和提升群众出行的服务体验,注重一体化运输服务水平的提升,不断增强人民群众对运输服务的获得感、幸福感和安全感。

当前,积极应对人口老龄化已成为我国的国家战略。2023年9月1日起正式实施的《中华人民共和国无障碍环境建设法》提出,"国家采取措施推进无障碍环境建设,为残疾人、老年人自主安全地通行道路、出入建筑物以及使用其附属设施、搭乘公共交通运输工具，获取、使用和交流信息，获得社会服务等提供便利。"为积极落实国家战略，贯彻法律要求，亟需推进城市交通无障碍环境建设，保障老年人、残疾人、儿童、孕妇等各类有无障碍需求的群体安全、便捷、舒适出行，维护各类群体平等出行权利，提升城市交通系统的包容性。

4.缓解城市交通拥堵

随着我国城镇化、机动化进程的快速发展，居民出行需求持续增长，城市交通拥堵不断加剧，拥堵时段不断延长，拥堵路段不断增加，并快速由大中城市向中小城市蔓延，严重影响了人民群众的生活质量和城市经济社会发展，成为大中城市特别是特大城市普遍面临的社会各界广泛关注的突出问题。

如何在能源、环境、土地、资金等诸多制约条件下实现城市交通系统的可持续发展，是摆在我国政府面前的一个严峻挑战。为此，必须加快推进城市公共交通优先发展战略，不断提高公共交通的竞争力和吸引力，减少公众出行对小汽车的依赖，降低城市交通压力，缓解日益严重的交通拥堵和资源环境压力。同时要转变城市公共交通发展方式，不断提高公共交通行业的节能环保水平。

第二节 我国城市公共汽电车发展方向

1.我国城市公共交通发展思路

公共交通是城市交通的主体，也是碳排放强度最低的机动化出行方式。推动绿色出行发展，必须把公共交通发展摆在首要位置，统筹发展各种绿色出行方式，用好示范创建活动载体，全面落实城市公共交通优先发展战略，加快调整城市公共交通结构，转变公共交通发展方式，建设以公共交通为主体的城市交通体系，推进以公共交通为导向的城市发展模式，提高公共交通运输能力和服务质量，让广大人民群众愿意乘公交、更多乘公交，为促进城市经济社会可持续发展提供基础支撑。

2.我国城市公共交通发展重点

1)深入推进公共交通优先发展

坚持公共交通在城市交通发展中的首要位置，深入贯彻落实《城市公共交通条例》和《国务院关于城市优先发展公共交通的指导意见》，加快构建以公共交通为主体的城市绿色出行体系。进一步完善公共交通优先发展的政策法规，落实公共交通在资金投入、路权优先、用地安排、设施建设等方面的配套政策措施,完善安全运营、服务监管、设施装备等相关的标准规范。在确保城市公交公益属性的前提下,建立科学合理的定价调价机制等扶持政策,推进城市公交企业可持续发展。

同时,以试点示范工程为载体,以点带面、示范带动,全力推进城市公交体制机制创新和发展方式转变,加快提升城市公交引导城市发展能力、服务保障能力、可持续发展能力和综合治理能力,更好满足人民群众美好出行需要。

2)加强规划引领和调控作用

优先发展公共交通,规划是重中之重。科学编制和落实城市空间规划,强化土地节约、集约利用和紧凑布局,促进城市"理性增长",避免城市过快扩展和无序蔓延,提升城市交通资源环境承载力。在城市群、都市圈和大城市推行以公共交通为导向的空间发展战略,着力在人口密集地区科学规划城市公共交通走廊、枢纽场站和网络布局,实现区域交通廊道引导空间布局。将城市建设项目交通影响评价制度纳入空间规划建设管理体系,并作为大型新建或改扩建项目规划建设阶段的强制要求,促进城市建设与交通发展相互协调。要统筹各类出行方式发展,不断优化城市交通出行结构,大力发展城市公共交通、步行和自行车交通系统等绿色出行方式,提高绿色出行比例。坚持优先发展公共交通,满足公众基本出行需要。

3)加大城市公共交通基础设施建设力度

公交场站、枢纽等基础设施是城市公共交通系统的重要组成部分,是公共交通正常运营的基本依托。目前我国城市公共交通基础设施建设滞后的问题十分普遍,严重影响了公共交通企业的安全高效运营和公共交通服务质量的提升。为此,需要加快完善城市公共交通基础设施建设投融资模式,建立以政府投入为主、社会融资为辅的投融资体制,积极扩展建设资金来源渠道,加大公共交通枢纽、站场、公交专用车道建设,建立一体化、高覆盖率、换乘便捷的基础设施系统。要重点建设综合换乘枢纽及配套服务设施、快速公交系统(BRT)、智能调度中心、停车场、保养场、首末站、换乘站、乘客信息服务系统等,加快解决停车场严重不足、大量车辆在场外停放的问题。要不断提高城市公共交通线网密度、站点覆盖率和车辆的进场率,为大众乘坐公共交通提供更多便利,也为公共交通行业发展提供保障。大力发展大容量地面公共交通系统,优化城市公共交通线网。加快充电站等服务设施建设。加快建立公共交通优先通行网络,提升管理水平,提高公共交通运行速度和准点率。

4)加快智能交通技术推广应用

城市公共交通智能化建设是新时期国际城市公共交通发展的热点领域和显著特征,在提高公共交通运营效率、改善公共交通服务质量、保障公共交通运行安全和提升公共交通应急水平等方面正发挥着越来越重要的作用。随着移动互联网、大数据、车联网等智能交通技术迅速发展,城市交通出行信息越来越高效便捷,城市公交信息化建设应围绕为公众出行服务、为企业运营管理服务、为政府行业管理服务三方面开展工作。提升城市道路及交通管理设施的规范化、数字化、智能化应用水平,推进智能信号配时等应用。加大数据挖掘分析力度,研判城市交通运行规律和特点,用数据实现城市交通精准治理。同时,应推广利用互联网、车联网等技术,提升城市交通数字化水平。建立面向公众、企业和行业等不同维度的信息系统,推进各系统间的信息共享和互联互通。提高可视化智能引导标识布设密度,建设多元化、全方位的综合交通枢纽、城市及进出城交通、停车、充电设施等信息引导系统,优化和改善城市交通出行信息服务,引导公众合理选择出行时间、方式和路径。

5)提高城市公共交通服务质量

提高公共交通服务质量、提升服务水平是公共交通优先战略的基本出发点和落脚点。我国城市公共交通行业牢固树立服务至上的发展理念,以提升乘客满意度为目标,不断加强服务质量管理和服务能力建设,为公众提供安全、便捷、舒适、人性化等高品质的出行服务。更加注重对老年人、残疾人的人文关怀。针对残疾人及其他特殊群体的出行需求,建设无障碍服务设施,让更多的群众享受普惠性的公共交通服务。不断丰富公共交通服务形式,针对上学、就医、旅游、购物、偏远地区居民等的出行需求,积极发展定制公交、接驳公交、旅游专线公交等特色公交产品,发展多种形式的公共交通特色服务。

6)加强安全监管,提高安全保障能力

城市公共汽电车具有运营站点多、运营线路长、服务面广、载客量大、客源成分复杂等特点,加之公共汽电车大多穿梭运行于城市人流密集地段,道路交通条件较为复杂。近年来,我国城市公共交通安全事故时有发生,给人民群众的生命财产安全造成严重危害,引起社会各界的高度关注。当前,我国城市公共交通的安全防范和应急工作面临着巨大的压力和挑战,加强城市公共交通安全管理,全面提升城市公共交通行业的安全保障水平,是必须长期关注的一项重要工作。

保障城市公共交通安全需要落实企业、政府和各有关部门的责任。加强驾驶员的安全教育,提高乘客的安全防范意识,建立公共交通安全工作责任制,加大安全投入。要健全公共交通设施建设、运营管理、车辆性能检测等环节的安全监管制度和标准规范,对各相关主体的安全管理责任和安全工作要求、车辆状况,以及应急预案的制订等问题进行明确规定,建立源头管理、动态监管和应急处置相结合的安全防控体系,从制度上优化安全政策体系。

7) 完善公众参与机制,推进社会协同治理

公共交通优先发展,离不开全社会的统一共识。充分发挥各类媒体、行业协会、公益组织的积极作用,倡导公众优先选择绿色出行方式,实施"135行动"(即1km以内步行,3km以内骑自行车,5km以内乘坐公共交通),大力推广"每周少开一天车,每天步行一万步"的出行理念,加快推动形成绿色生活方式。通过加强城市交通综合治理的舆论宣传,合理引导公众预期。通过网络、电视、广播等多种途径和传播手段,不断推进宣传手段、活动形式和服务方式创新,对城市交通综合治理工作进行立体化、全方位、针对性宣传。同时,还应广泛吸纳居民社区、社团、志愿者等各方力量,全面推行公共交通乘客委员会和志愿者服务队伍建设。鼓励公众通过多种方式积极参与出行环境、服务品质等方面的测评和监督。

第三节　我国城市公共汽电车政策措施

1. 法规保障

法规体系不健全是制约我国城市公共交通健康发展的重大障碍。我国城市公共交通发展迫切需要加快立法进程,通过建立以《城市公共交通条例》为龙头,以配套规章为基础,以地方性法规、规章为补充的法规体系,为城市公共交通规划、建设、运营、管理、安全、应急和政策扶持等提供法制保障。根据城市公共交通相关法规,各地应因地制宜研究制定地方公共交通管理规定、管理办法和实施细则等,将优先发展公共交通纳入规范化、法制化轨道。

此外,要进一步完善城市公共交通技术标准和规范体系。建立健全公共交通发展规划、设施建设、车辆配备与更新、服务监管、票制票价、补贴补偿等方面的

标准规范体系,研究制定贯彻落实城市公交优先发展的政策措施,争取地方政府支持,在财政政策、城市规划、用地保障、设施建设、交通管理等方面建立完善配套制度,支持城市公共交通优先发展。

2. 体制保障

科学、高效的管理体制和运行机制是实现城市交通可持续发展的重要保障,是提高交通系统总体运行效率,构建现代综合运输体系的基础条件。目前,虽然通过持续的政府机构改革,各地已逐步将城市客运管理职能交由交通运输部门负责,初步实现了城乡客运统筹管理,但是与城市客运相关的一些重要职能,如城市客运基础设施建设,城市公交专用车道和公共交通优先信号设置,城市交通监控设施的规划、建设等,仍然分散在住建、城管、公安及其他各相关部门,职能交叉、职责不清的问题仍然比较突出,还不能充分适应城乡交通一体化发展和综合运输体系建设的需求。迫切需要按照精简、统一、高效的原则,进一步推进综合交通管理体制改革。

为此,要进一步加大对城市交通管理体制改革的指导和协调力度,利用地方政府机构改革的机会,加快大部门管理体制改革进程,进一步理顺城市公共交通管理体制。通过改革,强化交通运输主管部门在宏观决策、公共服务、市场监管、综合协调等方面的职能,推进"政令畅通、运转协调、执行顺畅、监督有力"的城市交通管理体制。在每个城市整合成立综合的交通行政管理机构,全面履行城市交通、城乡交通、城际交通等各方面的综合管理职能,建立真正意义上的"一城一交"的综合管理模式,为推动城市公交优先战略的落实、加快现代综合运输体系建设、推进城乡公共服务均等化提供体制保障。

3. 规划保障

规划是城市公共交通发展的先导。科学编制和实施城市公共交通规划是政府落实公交优先发展战略、对城市公共交通市场实施宏观调控、保证多种交通运输方式协调发展的基本手段和重要载体,对于调整城市用地结构、完善城市功能布局、缓解城市交通拥堵、促进城市健康发展具有十分重要的作用。目前,我国许多城市没有编制公共交通发展规划,有的虽然编制了规划,但是没有协调好与国土空间总体规划和控制性详细规划的关系,导致公共交通规划确定的设施建设、线网布局等在城市总体规划和控制性详细规划中未能体现,在城市土地开发和基础设施建设中无法落实。另外,由于缺乏对规划实施过程的监管制度,规划落实不到位,造成公共交通设施用地不足、设施建设滞后,制约了城市公共交通的发展。为此,迫切需要加强城市公共交通发展规划的编制和实施等工作。

要通过科学编制和严格实施公共交通规划,落实公共交通优先发展战略,推进以公共交通为导向的城市发展模式。一是城市人民政府根据实际情况和需要组织编制城市公共交通规划,根据相关规划以及城市发展和公众出行需求情况,合理确定城市公共交通线路,布局公共交通场站等设施,提高公共交通覆盖率。二是城市综合交通体系规划应当明确公共交通优先发展原则,统筹城市交通基础设施建设,合理配置和利用各种交通资源,强化各种交通方式的衔接协调。城市综合交通体系规划、城市公共交通规划、城市轨道交通线网规划应当与国土空间规划相衔接,将涉及土地和空间使用的合理需求纳入国土空间规划实施监督并系统统筹保障。三是要做好城市公共交通规划的落实工作。争取政府和有关部门的支持,将城市公共交通基础设施和重点项目纳入国民经济和社会发展规划,防止随意变更规划。城市公共交通整体规划确定的停车场、保养场、首末站、调度中心、换乘枢纽等公共交通基础设施用地,城市人民政府应当依法保障。城市公共交通基础设施用地符合规定条件的,可以以划拨、协议出让等方式供给,并严格监管,禁止侵占、挪用或转让。在符合国土空间规划和用途管制要求且不影响城市公共交通功能和规模的前提下,对城市公共交通基础设施用地可以按照国家有关规定实施综合开发,支持城市公共交通发展。

4.资源保障

公共交通健康发展,必须落实公共交通在资金投入、路权优先、用地安排、设施建设等方面的配套政策措施,将优先发展公共交通作为城市交通发展的长期策略,并纳入基本公共服务体系。进一步完善资金、路权、用地、设施、价格、服务等方面的配套措施,加大投入和支持力度,系统改善公共交通发展环境。鼓励城区内快速路设置公交专用车道。坚持"越堵越设",加快构建公交专用车道网络,推进实施公共交通信号优先控制,在确保城市公共交通公益属性的前提下,建立科学合理的定价调价机制等扶持政策,推进城市公共交通企业可持续发展。

5.人力资源保障

城市公共汽电车运营企业职工,包括驾驶员、调度员等是城市公共汽电车服务的直接提供者,决定着城市公共汽电车系统的安全保障能力和服务水平。提高公共交通行业的人员素质和技术水平对于促进城市交通健康发展具有重要作用。一方面，要加快健全公共交通企业职工权益保障制度。城市公共交通主管部门应争取城市人民政府制定出台公共交通职工收入的相关管理规定，建立公共交通企业职工工资与其产生的社会效益相联系、与劳动力市场价格相适应的稳定增长机制，规范驾驶员、乘务员的作息时间和职工的劳动报酬，维护职工合法权益，确保队伍稳定。另一方面，要提高从业人员素质。按照专业化管理的要求，加强城市公共交通行业的人力资源管理，创新人才选拔机制。加大对从业人员的培训、考核等工作力度，实行岗前培训、持证上岗、优胜劣汰的用人机制，不断提高城市公共交通从业人员素质。

6.科技保障

城市公共交通发展水平的提升离不开先进科技的支撑。要加快新技术、新方法在城市公共交通领域的推广应用，不断提高行业科技含量和服务水平。一是加强技术储备和前瞻性研究。开展城市公共交通关键技术的研究攻关，组织开展重大科技专项研究，支持开展对城市公共交通规划、运营、管理、安全应急、信息服务等领域新技术、新方法，以及新能源、新材料的科技研发和推广应用工作。二是城市公共汽电车运营企业应加大科技投入力度。加大城市公共交通智能化建设力度，提高公共交通运营服务、安全监控和应急处置的智能化水平。三是加快新技术的推广应用。积极推进物联网、大数据、云计算、自动驾驶等技术在城市公共交通领域的应用，切实发挥科技创新对优先发展城市公共交通的支撑作用，不断提升公共交通服务水平。

第二篇

行业篇

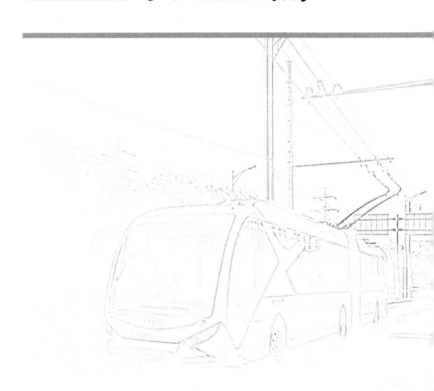

本篇概述

城市公共交通是城市重要的公共服务和社会公益性事业,我国城市公共交通正处于加快发展的关键时期,如何真正将国家提出的公共交通优先发展战略落到实处,不断提升城市公共交通服务水平,缓解日益严重的交通拥堵问题是各级政府面临的新的压力和挑战。行业篇重点从加强和改善行业管理的角度,围绕贯彻落实公交优先发展战略的总体思路,针对制约我国城市公共交通发展的突出问题,着重对城市公共交通发展规划、基础设施建设、运营管理、服务评价、运营安全与应急、票制票价与补贴等行业管理的核心问题进行了深入探讨和理论分析,并列举了我国城市公共交通发展中涌现出的典型案例,以期为各级政府公共交通管理部门加强城市公共交通行业管理、制定相关政策法规提供决策支持。

第四章　城市公共交通规划

城市公共交通规划是根据城市社会经济发展、用地布局和道路网布局等,并参考其他相关规划,确定不同类型公共交通方式的适用条件、功能定位、服务对象和服务水平,统筹安排各层次、各类型城市公共交通方式在城市空间的布局和合理衔接。城市公共交通规划是保障城市公共交通科学发展的重要前提,城市公共交通规划对于优化城市公共交通系统结构与功能,提高城市公共交通系统效率、促进城市土地利用与交通的协调发展、整合城市功能、提升城市品位和整体形象具有重要意义,城市公共交通规划的重要性将随着城市扩建和城市化率提高而愈加明显。

第一节　城市公共交通规划的内涵与定位

1. 内涵与特征

20世纪80年代,随着我国城市综合交通规划理论和方法雏形逐步形成,城市公共交通规划的理论与方法也逐步受到各界的关注和研究,公共交通规划理论和方法也逐步趋于完善。综合参考各种文献,城市公共交通规划内涵和主要特征如下。

1)定义

编制城市公共交通规划是一项基础性的工作,其最终目的是建立便捷、完整、均衡、协调、统一的公共交通系统。广义的城市公共交通规划包括确定公共交通系统目标及达到该目标的策略,并考虑城市公共交通系统与城市综合交通、土地利用及整个城市发展的关系。狭义的城市公共交通规划是指城市交通规划中的公共交通专项规划,按照公共交通系统组成来看,狭义的城市公共交通规划又可以细分为常规公交线网规划、快速公交系统线网规划、公共交通场站规划等。《城市公共交通条例》规定,城市人民政府根据实际情况和需要组织编制城市公共交通规划。建设城市轨道交通系统的城市应当按照国家有关规定编制城市轨道交通线网规划和建设规划。

2）层次

从规划时间跨度来看,城市公共交通规划可以分为战略规划、远期规划和近期规划。战略规划主要目的是深入分析各种不同的城市交通发展模式并推荐最适宜的发展模式。战略规划中需要较多地考虑土地使用与交通模式之间的协调关系,考虑未来20年或更远时期规划方案的社会、经济与环境效应;远期规划一般研究10~15年内的公共交通系统是采用新系统还是改进现有系统,确定系统内部结构,进行较完整的方案设计(包括线网、枢纽与场站的布局及车辆发展等);中期规划(宜5~10年)和近期规划(宜5年)主要研究5~10年内对现有系统的调整和优化,找出问题、分析原因并提出相应的措施。

3）目标

城市公共交通系统规划的目标包括:解决目前城市公共交通发展存在的问题,满足不同阶段城市发展对城市公共交通的需要,指导建设可持续的城市公共交通系统;推动建立以公共交通为主体的城市交通发展格局,实现城市公共交通资源的优化配置,提升城市公共交通发展质量和服务水平。规划的目标与规划的期限是紧密相连的,城市公共交通近期规划、中期规划、远期规划和战略规划对应不同的研究范围、规划内容和规划程式,也就对应不同的规划目标。

4）发展形势

2019年,我国全面实施"多规合一"的国土空间规划体系,城市公共交通规划应与国土空间规划、城市综合交通体系规划同步开展、协同发展,而不是从国土空间规划到城市综合交通体系规划,再到城市公共交通规划的自上而下的规划模式。考虑到我国正处于城市系统—城市交通系统—城市公共交通系统的快速发展时期,围绕城市公共交通建设"公交都市"已经成为城市系统可持续发展的重要途径之一,虽然城市公共交通规划位于国土空间规划和城市综合交通体系规划之下,但是其对国土空间规划和城市综合交通体系规划的主导作用越来越明显。

2. 功能定位

2019年5月9日,中共中央、国务院正式印发《关于建立国土空间规划体系并监督实施的若干意见》(中发〔2019〕18号),明确将主体功能区规划、土地利用规划、城乡规划等空间规划融合为统一的国土空间规划，实现"多规合一"，强化国土空间规划对各专项规划的指导约束作用。

国土空间规划是对一定区域国土空间开发保护在空间和时间上作出的安排，规划体系分为"五级三类"。"五级"体现在规划层级上，由国家级、省级、市级、县级、乡镇级组成五级国土空间规划，城市公共交通主要与市县级国土空间规划相互协同；"三类"体现在规划类型上，包括总体规划、详细规划、相关专项规划三种类型。国土空间规划是详细规划的依据、相关专项规划的基础；相关专项规划要相互协同，并与详细规划做好衔接。

1）总体规划

总体规划是对一定区域内的国土空间，在保护开发利用修复方面，在时间和空间上作出的总体部署和安排，是各类开发保护建设活动的基本依据，强调综合性。

2）详细规划

详细规划是对具体地块用途和开发建设强度等作出的实施性安排，是开展国土空间开发保护活动、实施国土空间用途管制、核发城乡建设项目规划许可、进行各项建设等的法定依据，强调可操作性，一般在市县及以下编制。

3）专项规划

相关专项规划是指在特定区域（流域）、特定领域，为体现特定功能，对空间开发保护利用作出的专门安排，是涉及空间利用的专项规划，强调专门性，如交通、能源、水利、公共服务、生态环境保护、林业草原等专项规划。相关专项规划要遵循总体规划，不得违背总体规划强制性内容；要与详细规划做好衔接，主要内容纳入详细规划；同时，相关专项规划之间也要互相协同。

4）城市综合交通体系规划

城市综合交通体系规划是国土空间规划的重要组成部分，是政府实施城市综合交通体系建设，调控交通资源，倡导绿色交通，引导区域交通、城市对外交通、市区交通协调发展，统筹城市交通各子系统关系，支撑城市经济与社会发展的战略性专项规划，是编制城市对外交通、客运枢纽、城市公共交通、步行与非机动车交通、城市货运交通、城市道路、停车场与公共加油加气站等单项专业规划的依据。

城市综合交通体系规划可作为国土空间总体规划主要内容编制，也可作为国土空间专项规划单独编制,范围和年限应与国土空间规划一致。应以国家和省级国土空间规划、经济社会发展规划以及相关综合交通专业规划为依据,指导城市内部的分区和详细规划。城市综合交通体系规划对城市公共交通规划具有指导作用。

5)城市公共交通规划

城市公共交通规划统筹公共交通系统设施安排和网络布局,主要内容有城市公共交通系统构成和客运系统总体布局框架,具体包括:

(1)确定城市公共交通发展模式,明确与城市交通承载力相适应的城市公共交通系统方式构成及各方式功能定位。

(2)确定快速公交系统(BRT)网络,提出线位控制原则及控制要求,以及停车场、保养场规划布局和用地规模控制标准。

(3)确定常规公共交通线网发展规模和线网结构,提出不同层级公共交通线网和运力配置标准和要求。

(4)确定公共汽电车停车场、保养场规划布局和用地控制规模标准,提出首末站规划布局原则。

(5)确定公交专用车道设置原则和技术要求,规划公交专用车道网络布局方案,提出港湾式公共交通站点的设置原则和规划建议。

(6)确定公共交通一体化规划方案,提出城市交通各子系统及其他交通方式在线网、设施和运营等方面融合的控制原则及技术要求。

(7)确定公共交通智能化建设范围、内容和规模。

(8)确定保障城市公共交通建设、管理和运营等相关配置政策制定的建议。

城市公共交通规划作为国土空间规划和城市综合交通体系规划的重要组成部分,应该与国土空间规划和城市综合交通体系规划同步编制,可作为其主要内容编制,也可作城市综合交通体系规划单项专业规划单独编制,编制范围和年限与其保持一致。城市公共交通规划涉及空间利用的相关内容统筹落实到国土空间规划"一张图"实施管控,确保城市公共交通网络布局与国土空间总体规划所确定的空间布局优化安排相一致。城市公共交通规划在明确城市发展方向、用地规模与用地布局的基础上,科学安排城市重大交通基础设施布局,使城市公共交通网络与城市相关功能相吻合,从而对缓解城市交通问题起到积极作用。

国土空间规划和城市综合交通体系规划是城市公共交通规划编制的依据,为了保障城市公共交通优先的适应性,国土空间规划提出城市发展控制及引导要求时,应围绕公共交通优先发展统筹城市空间发展,并指导下层次规划的编制,建立以公共交通为导向的城市开发模式和以城市发展目标为导向的城市交通发展战略。城市公共交通规划以发展公共交通与城市土地使用协调为核心,

辅以交通需求管理,同时优化城市道路建设。具体关系见图4-1。

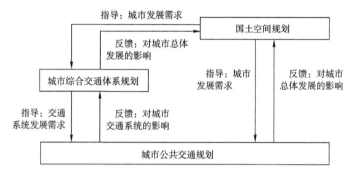

图4-1 国土空间规划、城市综合交通体系规划和城市公共交通规划之间的关系

第二节 城市公共交通规划编制体系

1.总体要求

1)编制目的

编制城市公共交通规划应当统筹城市发展与城市公共交通发展,在总结城市公共交通发展现状、研判发展形势、分析公众出行需求的基础上,确定发展战略、发展目标、发展任务和保障措施,推动建立城市公共交通支撑和引导城市发展的规划模式,实现城市公共交通资源的优化配置,提升城市公共交通服务能力和服务水平,最大限度保障公众基本出行需求。

2)编制原则

(1)协调性原则。编制城市公共交通规划应当综合考虑城市交通发展与土地利用的关系,与国土空间规划和城市综合交通体系规划相协调。城市公共交通规划确定的设施用地应当统筹纳入国土空间详细规划。

(2)系统性原则。编制城市公共交通规划应当综合考虑城市交通基础设施、

发展条件、公众出行需求和政策体系等因素,按照统筹城乡道路客运和区域交通协调发展的要求,系统规划各种公共交通方式的线网和场站,并加强城市公共交通与其他客运方式、慢行交通之间的衔接融合,提高一体化出行服务水平。

(3)适用性原则。编制城市公共交通规划应当综合考虑城市自然地理条件、人口规模和经济社会发展状况,结合城市交通发展特点,并充分考虑用地条件、投资能力等因素,因地制宜地制定科学合理、切实可行、适度超前的规划方案。

(4)开放性原则。编制城市公共交通规划应当广泛征求社会公众、行业专家和相关部门的意见,充分采纳意见建议,认真研究论证,形成规划方案。

3)规划范围

城市公共交通规划的规划范围和年限应与国土空间规划、城市综合交通体系规划保持一致。根据城市公共交通服务需求和城乡客运发展实际情况,规划空间范围可适当进行调整。规划年限一般可分为近期(5年)、中期(6~10年)和远期(10年以上)。

2.编制内容

2014年,交通运输部发布了《城市公共交通规划编制指南》,明确了城市公共交通规划应当全面评价城市公共交通发展现状,分析发展需求,明确指导思想和基本原则,制定发展目标,对城市公共交通线网和枢纽场站、运营组织、支持系统等进行规划,确定实施安排,评估规划实施预期效果,并提出保障措施等。完整的城市公共交通规划包括规划总论、发展现状与交通调查分析、城市公共交通发展趋势分析、城市公共交通规划方案、方案评价和方案实施等方面。

1)规划总论

规划总论一般包括规划背景、规划依据、规划范围、规划年限、指导思想与原则、规划目标与规划内容、规划技术路线等。

2)调研分析

对规划对象区域的公共交通现状、需求特性及其相关联设施、公共交通流量等进行调查,是制定科学合理的交通规划的基本前提和极其重要的环节。调研分析包括基础资料调研和公共交通调查。

(1)城市公共交通系统调查的基础资料包括社会经济和土地利用基础资料。

(2)公共交通调查主要包括城市居民出行OD调查、城市流动人口出行OD调查、城市公共交通现状调查、城市机动车出行OD调查、城市道路流量调查、道路交通设施调查等。

3）发展背景与现状分析

（1）城市公共交通发展背景分析。分析城市经济社会、城市综合交通运输发展现状及其对城市公共交通发展的影响,为城市公共交通规划的研究和编制提供基础。

（2）城市公共交通发展现状分析。总结城市公共交通发展历程,分析其发展现状,在居民出行调查、城市公共交通运行状况调查等专项调查的基础上,根据相关标准建立指标体系,对城市公共交通发展现状进行评价,并分析城市公共交通发展存在的问题及成因。

公共交通发展现状分析应包括以下内容:基础设施、客流特征、运营服务、支持系统、政策及保障措施。

4）发展战略分析

根据城市社会经济发展和城市发展目标,分析城市公共交通发展的外部环境和发展条件,分析城市公共交通发展方向和发展趋势,确定城市公共交通规划的指导思想、基本原则,明确城市公共交通功能定位、发展模式、战略任务和总体目标。

5）发展需求预测

国民经济和社会发展规划、国土空间规划以及城市综合交通体系规划所确定的城市发展及交通发展各项经济技术指标是城市公共交通发展需求预测的基础和依据。

城市公共交通发展需求预测主要包括城市公共交通需求分析、城市公共交通客流预测、城市公共交通主要发展指标确定和城市公共交通预测主要结论。其中,城市公共交通主要发展指标包括运营服务指标、线网指标、场站指标、运力指标等方面。

6）规划内容

城市公共交通规划主要包括城市公共交通线网规划、公共交通枢纽及场站布局、公共交通运营组织、公共交通支持系统建设等。各项子规划之间相互衔接和影响,形成一个有机的规划体系(图4-2)。

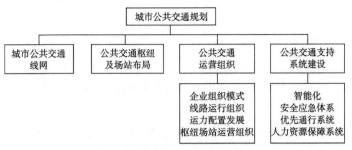

图4-2 城市公共交通规划主要内容

专栏4-1：城市公共交通一体化融合的城市实践

近年来，随着城市轨道交通逐步成网以及共享单车快速发展，北上广深等超大城市及多数大城市正积极构建"以轨道交通为骨干、常规公交为主体、慢行交通为补充"的多层次、一体化公共交通出行体系，制定出台了有关轨道与公交两网融合、轨道与公交和慢行三网融合的标准规范和规划方案，通过完善设施、优化线路、实施运营协同策略等措施开展轨道、公交和慢行交通融合衔接，提高城市公共交通一体化运行效率。

两网融合方面：北京在2015年发布《轨道交通接驳设施设计技术指南》，明确了轨道交通与行人、非机动车、公交、出租汽车和小汽车接驳的具体要求。青岛在2017年发布《青岛市常规公交与轨道交通衔接导则》地方标准，明确常规公交与轨道交通在线网和场站设施衔接及评价的规定要求。

三网融合方面：深圳在2017年探索利用多源数据推进慢行交通与轨道、常规公交接驳优化及一体化设计。2022年制定《深入实施交通强国战略建设更高质量国家公交都市示范城市三年行动方案》，推进轨道、公交和慢行交通三网融合。上海在2019年开展"三网融合"规划研究，通过体制融合、设施融合、网络融合、服务融合的综合手段推进三网融合。成都在2021年发布《实施幸福美好生活十大工程的意见》，明确打造"轨道、公交、慢行交通"三网融合的绿色交通出行体系。厦门在2023年发布《轨道站点与常规公交、慢行交通一体化规划导则》，作为轨道交通站点周边一体化交通接驳设施规划设计的引导。江苏省在2023年印发《江苏省城市轨道、公共汽电车和慢行交通网络融合服务指南》,指导各地推进"轨道、公交、慢行交通"深度融合工程。

7)实施安排

根据城市公共交通发展实际及阶段性需求,明确城市公共交通规划实施的重点任务、实施序列安排及资金需求测算。

8)预期效果评估

对规划方案实施后城市公共交通服务水平、技术水平、经济影响、社会影响、环境影响等方面的预期效果进行综合评价,为规划方案的优化调整提供依据。

9)规划实施保障措施

为推进城市公共交通规划的顺利实施,从组织保障、资金保障、用地保障、科技支撑、票价与补贴、绿色出行文化建设等方面提出相应的配套政策与保障措施。

3. 编制成果

城市公共交通规划成果应包括规划文本、规划图集、规划研究报告、专项调查报告和基础资料汇编等。此外,可根据实际需要,编制规划简本、规划表册和专题报告等。

4. 编制流程

1)前期筹备

(1)研究确定编制城市公共交通规划的依据和规划组织系统;

(2)拟定规划编制的技术路线和工作大纲;

(3)提出规划的重点研究内容;

(4)制订规划工作计划。

2)现状调研与分析

(1)通过多种方式收集城市经济社会发展的现状和规划资料;

(2)走访相关部门,听取规划设想和建议;

(3)根据规划需要,开展相应的交通调查,并进行分析;

(4)分析城市发展中存在的主要交通问题,尤其是与公共交通相关的问题;

(5)针对影响城市公共交通发展的重大技术和政策问题组织开展研究,一般应包括公共交通发展趋势、城市公共交通发展战略与政策、重大交通基础设施布局、公共交通系统组织等;

(6)论证城市公共交通系统发展的趋势和需求;

(7)提出城市公共交通系统发展战略、确定城市公共交通系统总体发展目标和规划目标。

3)规划成果编制

(1)与国土空间规划和城市综合交通体系规划用地布局相结合,确定城市交通设施布局方案,应包括城市公共交通线路、公共交通场站和首末站、交通换乘枢纽等内容;

(2)提出对城市公共交通规划的指导意见和要求;

(3)提出城市公共交通规划建设的策略与建议。

4)规划审查报批

广泛征求社会公众、行业专家和相关部门对规划成果的意见,认真研究并充分采纳相关意见及建议,形成规划最终成果,按规定程序审查报批。

城市公共交通规划流程如图4-3所示。

5.编制管理

1)技术审查

城市公共交通系统规划编制完成后,需要进行技术审查。规划成果在技术审查前,应当采取多种形式征求社会公众和相关部门意见。

2)规划修编

城市公共交通系统规划修改与国土空间规划和城市综合交通体系规划中内容相冲突的,需向原技术审查机关提出修改报告,经同意后进行修改。修改后,应经原技术审查机关审查同意。

3)程序审批

经技术审查后的城市公共交通系统规划成果,应纳入国土空间规划规定的程序进行审批。

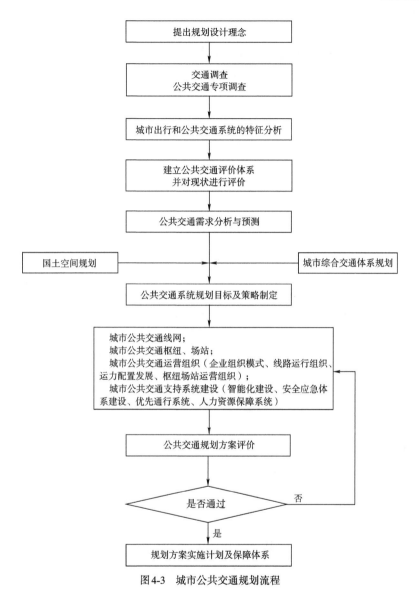

图 4-3　城市公共交通规划流程

第三节　城市公共交通规划编制方法

　　城市公共交通规划中各专项子规划的规划原则、方法和内容均有不同,其中公共交通线网规划、枢纽规划和场站规划是最基本的3项专项规划。

1.线网规划方法

1)城市公共交通线网规划的影响因素

影响城市公共交通规划的因素是多方面的,一般情况下,在进行城市公共交通线网规划时应主要考虑以下几个方面的因素。

(1)城市客运交通需求。城市客运交通需求包括城市客运数量、分布和出行路径的选择,是影响公交线网规划的首要因素。在一定的服务水平要求下,客运需求量大的区域,要求布置的公交线网客运能力较大。理想的公交线网布局应满足大多数交通需求,具有服务范围广、非直线系数小、出行时间短、直达率高(换乘率低)、可达性高(步行距离短)等特点。

(2)道路条件。对于常规公共交通线网来说,道路网是公共交通网络的基础,但并非所有的道路都适合公共交通车辆行驶,要考虑道路几何线型、路面条件和容量限制因素。若道路条件较差,如转弯半径过小、坡度陡长、路宽不足时,就不适合公共交通车辆行驶。可以将所有适合于公共交通车辆行驶的道路定义为公交线网规划的"基础道路网"。当"基础道路网"中有较大空白区时,应对道路网络规划提出反馈意见,以保证"基础道路网"能满足公共交通网络布设的要求。

(3)场站条件。首末站可以作为公共交通线网规划的约束条件,也可在线路优化后,根据路线配置的车辆确定首末站及其规模;一般的公共交通车站可以在线路确定后,根据最优站距和车站长度的限制等情况确定。

(4)车辆条件。影响线网规划的车辆条件包括车辆物理特性(长、宽、高、重等)、操作性能(车速、加速能力、转弯半径等)、载客指标(座位数、站位数、额定载客量等)和车辆数。考虑其中物理特性和操作性能与道路条件的协调,可以确定公共交通线网规划的"基础道路网"。

由车辆总数、车辆的载客能力和路线的配车数可决定路线总数。车辆总数可作为线网规划的限制条件,也可先规划线网,根据线路配置车辆,得到所需的总车辆数,再考虑数量的限制。

(5)效率因素。效率因素指公共交通线网单位投入(如每公里,每班次等)获得的服务效益,反映路线效益的指标有:每月行驶车公里数、每车公里载客人数、每车公里收入、运营成本效益比等。它不仅反映路线的运营状况,还反映路线经过地区的客运需求量和线路的服务吸引能力,因而在规划中,应特别考虑线路/线网效益因素。

(6)政策因素。城市公共交通系统与交通管理政策(如车辆管制与优先、服务水平管理、票价管理等)、社会公平保障政策(如照顾边远地带居民出行、城乡一体化发展等)、土地发展政策(如通过开辟公共交通线路诱导出行,促进沿途地带的发展)有关。

2)城市公共交通线网规划的一般方法

(1)现状调查。主要包括城市人口、出行次数、出行方式等情况调查;还应进行城市居民出行起讫点OD调查、城市流动人口出行OD调查等工作。此外,还必须了解城市的国土空间规划及城市综合交通体系规划。

(2)公共交通客运OD分布预测的主要内容包括:

①出行发生和吸引量预测。一般采用以家庭为基本单元的出行生成预测方法预测出行生成率,进而预测各交通小区的出行生成量。

得到现状出行生成率后,根据城市总体规划、人口的发展趋势,进而得出规划年的小区出行发生和吸引量。

②交通出行的分布预测。根据居民出行现状的OD矩阵及规划年各交通小区的出行产生和吸引量,通过一定的数学方法,得到规划年的OD分布。在交通分布预测方法的选择上,比较有代表性的是福莱特法和双约束重力模型法。福莱特法是增长率法中的一种双约束增长系数法,该方法的主要特点是增长系数由小区的相对吸引力调整得到,并作为参数应用到交通分布模型中。双约束重力模型法是根据牛顿万有引力的原理研究区域间分布交通量的方法,是一种同时引进约束系数和列约束系数的双约束引力模型。

③居民选择公共交通方式的出行量预测。进行公共交通方式的出行量预测即交通出行分担预测的交通方式选择模型可以分为两类:一类是以统计学为基础的集计方法,是对交通分区中的个人或家庭的调查数据进行统计处理,标定方式选择模型中的参数;另一类是以概率论为基础的非集计方法,是将个体的原始资料不加任何处理直接用来构造模型。

综合交通调查得到的居民现状出行方式选择,确定未来年居民出行方式的选择,由此得到公共交通预测客流OD分布。

(3)公共交通线网规划布局方案的优化。根据城市公共交通需求OD矩阵,综合考虑各种影响因素,结合解优法和证优法两种模式,使用逐条布设、优化成网的方法进行线网规划布局,促进城市公共交通系统线网层面的衔接融合、强化常规公交与城市轨道交通或快速公交线网的接驳,避免重复。首先,进行各个线网片区内部的公交线网布局,重点放在主体片区;然后,进行各个线网片区之间的衔接线路规划,重点研究各个片区与主体片区的联系;最后,进行综合平衡、调整优化,形成整个城市的公共交通线网布局规划方案。

规划采用"逐层布设、逐步成网"的布设方法,将公交线网划分为5个层次:快线、干线、支线、微线和多样化线路,根据各层次线网功能定位明确优化方向,逐层、逐步地完成线网的布设。

①快线。快线主要服务于长距离的组团间出行和跨区出行,连接城市各主要组团、城市功能节点和主要交通节点,实现城市各主要组团、大型客流集散点和大型枢纽之间的快速联系。

②干线。干线主要服务于区内出行或中、长距离的跨区出行,辅助承担中距离的组团间出行,实现跨区和区内主要客流集散点、大型枢纽之间的贯通。

③支线。支线主要服务于各分区和组团的边缘地区或公共汽电车线路稀疏区域的中、短距离出行,填补公共汽电车空白,增加线网覆盖率,并承担与快线和干线的接驳作用。

④微线。微线主要服务于较小范围内区域性出行,可以作为城市轨道交通站点接驳线路、片区公共汽电车的运营方式,线路较短,运营方式灵活。

⑤多样化线路。多样化线路主要服务于一些特殊时段和特殊出行目的的公共汽电车出行需求,在运营模式上采用一些较为特殊的方式。

3)快速公交系统(BRT)规划方法

首先通过客流分析,识别城市客流走廊,即确定BRT主干线;其次,根据BRT的功能定位和发展目标,制订BRT线网规划方案,其中包括:基于城市客流走廊的分析,兼顾网络结构的完整性,确定BRT骨干线网方案;基于次级区域性客流走廊的分析,从网络功能层次的完整性出发,确定BRT补充线网方案。最后,以BRT网络的总体发展规模为约束,进一步分析改善规划方案,进而提出BRT线网推荐方案。BRT规划流程见图4-4。

为了保证BRT线网规划能够适合城市发展,需要采取以下四条规划实施策略:一是与客流发展趋势相适应,为保证BRT系统的社会效益,先期实施方案应尽可能与现状和近期客流分布形态相适应。二是先发展后提高,城市新区快速发展,公共交通发展相对滞后,急需公共交通的覆盖与服务,应优先考虑;而高度发展的旧城区公共交通网络相对较为完善,可根据实施条件进行考虑。三是先易后难,可根据工程实施难度的顺序,由易至难逐步推广,利用改造投资少见效快的方案,在基本不影响市民正常出行的情况下,尽快提升BRT系统在市民中的认知度。四是先示范后推广,市民认可BRT是推广实施的前提,BRT系统的实施应本着谨慎的原则,通过选取具有鲜明特征的线路(如途经商业中心、城市地标类建筑、观光景区以及典型公共交通主干线等)先期实施,得到市民认可后再进行推广。

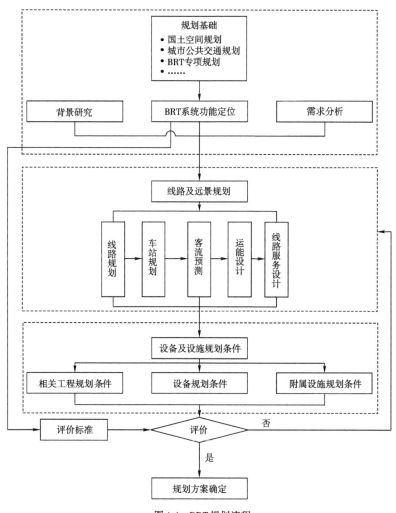

图4-4　BRT规划流程

4）城市公交专用车道规划方法

公交专用车道规划总体目标是保障公共交通对道路资源的专用或优先使用，提高公共交通系统的竞争力和吸引力。具体包括以下两方面：一是通过建立完善的公交专用车道系统，保障公共交通对道路资源的专用或优先使用，使公共交通运行速度得以提高，公共交通系统的竞争力和吸引力有明显提高。二是促进道路资源合理利用，提高道路设施运输效率。通过设置公交专用车道，对道路资源进行合理分配，使道路客流运送能力提高。

（1）公交专用车道设置一般条件。客流需求。一般认为，道路上公共交通客运需求量≥2500人次/单向高峰小时，或单向机动车道数≥2，已形成"公交走廊"的城市干道，可考虑设置公交专用车道。

道路条件。一般准则是，以主次干道为主，车行道总宽在22m以上的比较适合布设公交专用车道。当道路条件不满足，可考虑设置公交专用路或者高峰时段公交专用车道。

道路交通拥挤程度。对于道路交通较为拥挤，对公共交通运行产生明显影响，车辆行驶速度（<18km/h）较低的道路，应考虑设置公交专用车道，以保障公共交通的优先通行权。

公交专用车道的布设应当重点考虑两个方面因素：一是形成公共汽电车交通与其他方式，尤其是城市轨道交通、快速公交系统、公路客运站和铁路客运站之间的快速连接通道。二是实现公交专用车道的网络化，发挥网络综合效率。

（2）公交专用车道布设。从布设的位置来看，公交专用车道可以布置在道路两侧，也可以布设在道路中央。前者可以有效减少出行距离，后者可以有效减少干扰，提高专用道的客流运送能力。从设置颜色来看，可以采用彩色公交专用车道，也可以设置双黄线作为分割，前者强调公共交通车辆对于该车道专用性，既可警示占用公交专用车道的违规行为，又能吸引公众的注意力，有利于提升公交专用车道的系统形象，提高公共交通的吸引力；后者则方便实施，成本较低。

2. 枢纽规划方法

从组合形式来看，城市公共交通枢纽主要包括两种类型，第一种是不同城市公共交通方式之间的换乘枢纽，例如：公共汽电车交通与城市轨道交通，公共汽电车交通不同线路间；第二种是广义不同交通方式之间的换乘枢纽，例如：不同公共交通方式与公路枢纽、铁路枢纽和民航之间形成的综合客运枢纽。

1)公共交通枢纽布局模式分析

国内外大城市的发展经验表明,目前城市空间的扩展有两大趋势:一是城市由同心圆环状向外扩展模式转变为沿轴向发展模式;二是城市由单中心发展模式转向多中心发展模式。从土地利用与城市交通的有效整合角度出发,公共交通枢纽网络布局模式可概括为"枢纽分级、线路分类、服务分区"。

(1)枢纽分级的主要内容。根据枢纽所处的区位特征及其具备的服务功能与客流特征,首先将公交枢纽划分为三个等级:一级枢纽、二级枢纽及三级枢纽。其次选择不同级别和功能的枢纽作为网络轴心,每个轴心枢纽有其各自的服务辐射范围。高等级枢纽与低等级枢纽间存在着"侍服"关系("侍服"关系是指高等级的枢纽是低等级枢纽客流的集散地;而低等级枢纽是高等级枢纽的客流来源点)。

一级枢纽为整个网络的结构性重要枢纽,具有统领各级枢纽发展的核心作用,处于线网中枢地位,其服务影响范围覆盖整个市域。

二级枢纽是一级枢纽的接驳枢纽,主要服务于城市地区级客流发生吸引源,起到连接卫星城、城市新开发区与市区的作用。

三级枢纽是一级、二级公共交通枢纽的客流来源点,主要提供某一区域客流的集散与中转换乘服务,以进一步扩展公共交通系统的服务覆盖范围。

(2)与线路分类的配合。不同级别的公交枢纽连接不同类别公交线路的对应关系,如表4-1所示。

公交线路分类 表4-1

衔接方式	一级枢纽	二级枢纽	三级枢纽	发生点/吸引点
一级枢纽	快线	干线	支线	支线
二级枢纽	干线	干线	支线	支线
三级枢纽	支线	支线	支线	支线

(3)服务分区。与不同等级的枢纽相对应,对于特定的城市而言,可依据地理与行政区划将研究区域分为三个等级:一级服务子区、二级服务子区和三级服务子区。各等级服务子区的划分数目与该等级的枢纽数量相一致,每个级别的服务子区中只允许设置一个与该级别相对应的枢纽。

2)枢纽选址布局理论方法

主要的枢纽选址理论为中枢网络结构理论。中枢网络结构理论实质上是以管理者宏观行为引导出行者的出行路径选择问题,博弈论等基础理论已被应用于中枢网络枢纽位置的研究。

中枢网络枢纽区位布局模型可分为两种类型:①单一配置枢纽模型,即每个节点只能与一个枢纽连接;②多重配置枢纽模型,即每个节点可与一个以上的枢纽连接。多重配置枢纽模型虽然增加了网络中的链路数量,但是减少了个体运输时间,降低了网络成本。

目前枢纽布局选址的方法主要有三种:简单的数学解析法、运筹学模型以及交通配流法。按照以上方法计算出来的结果是数学上枢纽最优点的位置。在实际的枢纽布局规划时,只能以上述计算结果为依据,结合实际的地形、地貌以及用地进行调整,最终确定枢纽的布局。

3)城市公共交通枢纽客流特征分析

枢纽的客流主要分为三种类型:城际客流、枢纽周边直接影响地区送达客流和市内换乘客流。

对城市公共交通枢纽客流进行分析与预测时,应以枢纽的总体功能定位为指导,综合考虑枢纽周边的土地开发模式与地块功能,并将枢纽周边的道路交通等外部交通环境作为约束条件,利用容量限制法等进行交通需求预测。

4)规划方案的确定

根据枢纽布局规划影响因素的综合分析,对理论结果进行必要调整,提出具体规划方案。

5)对多个方案进行评价比较,选出最优方案

布局规划方案的最后形成一般由枢纽及场站布设数量、规模和选址两部分组成,受这两部分动态影响,整个方案的确定是不断反馈、调整的过程。

3.场站规划方法

城市公共交通场站包含各种公共交通方式的场站,具有供车辆停放、换乘等功能,主要包括停车保养场、换乘枢纽站、公共交通首末站和中途停靠站等,应结合国土空间总体规划合理布局,满足城市公共交通系统高效、有序、经济、合理运行的要求。

公共交通场站规划的主要任务是根据公共交通运营生产的特点和居民出行

的便利性要求确定公共交通各种场站的位置及用地规模。公共交通场站位置一般结合国土空间详细规划用地实际情况、人口发展规模与分布情况，以站点覆盖率、服务半径、公共交通换乘系数、站间距等指标来选取。公共交通场站用地规模一般按所服务线路的运营车辆数并结合有关标准来确定。在符合国土空间详细规划、不改变用地性质、优先保障场站交通服务基本功能的前提下，实施城市公共交通场站综合开发的，将相关设施规划建设需求纳入土地供应条件。

1) 公共交通场站用地需求分析

公共交通场站用地需求分析就是从总量上控制公共交通场站用地需求。在进行需求分析之前必须进行公共交通客流需求预测。公共交通场站主要是用来进行公共交通运营组织、调度和客流集散的。所以，公共交通车辆是公共交通场站用地的直接需求者，公共交通场站的用地必须首先满足公共交通车辆的发展需求。

确定公共交通场站用地规模的核心工作就是未来年公共交通配车规模的预测。其具体过程如下：

(1) 公共交通配车规模预测。

① 计算车辆生产率。公共交通车辆的生产率高低将直接决定所需公共交通车辆数目的多少，其值取决于公共交通车辆的核定载客量、满载率、平均运行速度和车辆运营时间。

② 计算日乘客周转量。公共交通车辆的配置是为了满足居民公共交通出行的需求，所以要进行公共交通配车规模预测，必须掌握居民公共交通出行的客流量。

③ 计算理论配车辆数。根据计算得到的日乘客周转量和车辆生产率来计算理论配车数目。

④ 计算实际配车辆数。为保证公共交通车辆的日常维修、应急使用，实际配车数量往往要高于理论配车数量。此处计算得到的实际配车数量，均为标准公共交通车辆数量。

⑤ 公共交通配车规模校核。对计算得到的理论配车数目应该进行校核和检验，以保证公共交通运行的可行性。

(2) 公共交通场站用地分析。公共交通场站用地必须要满足公共交通车辆的夜间停放、维护修理、车辆充电、公共交通运行与调度需求。公共交通场站因为功能不同，每标准公共交通车辆对各类场站的用地需求也不同，进行公共交通场站用地规模需求分析，要根据相关规范确定每辆标准公共交通车辆对场站的用地需求。

2）公共汽车首末站和中途站点规划

公交汽车的首末站及中途站点的位置、间距、设计和管理对公共交通系统作用的发挥有着很大影响。站间距是影响车辆运营速度和调度计划的重要因素。

（1）公共汽车首末站规划。公共汽车首末站的主要功能是为线路上的公共交通车辆在开始和结束营运、等候调度以及下班后提供合理的停放场地。它既是公共交通站点的一部分，也可以兼具车辆停放和小规模保养的用途。对首末站的规划主要包括首末站的位置选择、规模的确定以及出入口道路的设置等内容，规划时应遵循以下原则：

①首末站的设置应与城市道路网的建设及发展相协调，宜选择在紧靠客流集散点和道路客流主要方向的同侧。

②首末站的选址宜靠近人口比较集中、客流集散量较大而且周围留有一定空地的位置，如居住区、火车站、码头、公园、文化体育中心等，使大部分乘客处在以该站点为中心的服务半径范围内（通常为350m），最大距离不超过700~800m。

③首末站的规模应按所服务的公共交通线路所配运营车辆的总数来确定。一般配车总数（折算为标准车）大于50辆的为大型站点；26~50辆的为中型站点；小于26辆的为小型站点。

④首末站是车辆掉头之处，要有可供回转掉头的地方，并应设在城市道路之外的用地上。与首末站相连的出入口道应设置在道路使用面积较为富余、服务水平良好的道路上，尽量避免接近道路平面交叉口，必要时出入口可设置信号灯控制，以减少对周边道路交通的干扰。

⑤首末站的设置不要经常变动，若城市用地扩张，首末站用地仍可保留，并通过延伸老线路或增设新线路以扩大服务面。

（2）公共汽车中途站点规划。公共汽车中途站点规划在公共交通车辆的首末站及线路走向确定以后进行，规划的原则为：

①中途站点应设置在公共交通线路沿途所经过的各主要客流集散点上。

②中途站点应沿街布置，站址宜选在能按要求完成车辆停和行两项任务的地方，应提高港湾式公交站点设置比例；微循环公交、定制公交等停靠站点应灵

活设置。

③交叉口附近设置中途站点时，一般设在过交叉口50m以外处，在大城市车辆较多的主干道上，宜设在100m以外处。

④中途站点的站距受到乘客出行需求、公交车辆的运营管理、道路系统、交叉口间距和安全等多种因素的影响，应合理选择，平均站距在500~600m，市中心区站距宜选择下限值，城市边缘地区和郊区的站距宜选择上限值；百万人口以上的特大城市，站距可大于上限值。

中途站点布局规划方法，主要对公共交通中途站距、站址以及停靠站布设线路优化进行分析：

①站距。较长的车站间距可提高公共交通车辆的平均运营速度，并减少乘客因停车造成的不适；但乘客从出行起点（终点）到上（下）车站的步行距离增大，并给换乘出行带来不便；站间距缩短则反之。最优站间距规划的目标是使所有乘客的"门到门"出行时间最短。

②站址。中途站点主要解决两个问题，一是能停，以便乘客上下车；二是能通，以便车辆载客通过。因此，站址选择的核心问题是站点的通行能力。

③停靠站布设线路数的优化。目前很多城市公共交通进出站秩序混乱、排队严重，影响了公共交通系统资源的利用，其中主要的原因是站台布设的线路过多，超过了站台线路数上限，通过优化公共交通站台、优化公共交通线网、优化公共交通到达方式可改变上述情况。

3) 公共交通车场规划

(1) 规划原则。公共交通车场主要包括停车场、保养场和修理厂，一般占地规模都比较大。停车场是为线路营运车辆下班后提供合理停放空间的必要设施，并按规定对车辆进行低级保养和重点小修作业，是公共交通车场中用地需求最大的。

保养场主要承担车辆的高级保养和检修任务及相应的配件加工、材料和燃料的储存、分发等工作，是用来保证公共交通车辆高效、安全运行的。公共交通车辆保养场和停车场站的布局规划，主要涉及规模的合理确定和场址的正确选择，确定其合理规模的主要原则如下：

①在近期内，车辆保养工作量与保养维修能力基本平衡。

②高级保养作业要相对集中，低级保养作业要相对分散，以便能提高保养装备的水平和综合维修的能力，又便于及时、就地进行车辆的日常维护和检查，同

时还可以节省一次性投资和经营费用。

正确选址的原则，需在车辆行驶里程最小的前提下，综合考虑以下条件：

①根据国土空间详细规划，公共交通线网规划及保养场、停车场的规模，在市区中间地带提供多个可供选择的场地，以便择优确定。

②场址应远离居民生活区，避免公共汽车噪声、尾气污染对居民的直接影响。

③场址要避开城市主要干线和铁路线，避免与繁忙交通线交叉，以保证车辆保养场、停车场出入口的顺畅。

④被选地段最好有两条以上的城市道路与其相通，保证在道路阻塞或发生其他意外事件时，公共交通车辆能进出公共交通场站，完成紧急疏散工作。

⑤被选地块的用地面积要为其后续发展留有余地，同时又不至于对附近街区未来发展有影响。

(2)车场选址方法。

①重心法选址模型即用重力模型进行车场选址，是将公共交通系统的交通小区看成是分布在某一平面范围内的物体系统，将各小区的出行吸引量和发生量看成是物体的重量，假设公共交通网络的重心为公共交通枢纽的最佳设置点，以该假设地点作为枢纽地址初始值，通过迭代法，利用确定物体重心的方法来确定公共交通枢纽的位置。

②客流决定法选址模型基于模型构建，主要考虑两方面的枢纽选址影响因素：公共交通客流、用地及周围环境条件。公共交通客流是影响公共交通枢纽选址和规模的最主要因素，另外，公共交通枢纽的布局规划要求占用一定的城市空间，并且与之相连的道路交通条件和服务水平较好。

(3)公共交通车场规模确定模型。在确定公共交通车场的选址之后，对其用地规模进行分析。

①公共交通停车场用地规模：公共交通停车场主要为公共交通车辆提供夜间停车服务。其规模为公共交通停车场服务线路运营车辆数、停放在公共交通停车场中的比例、每标准公共交通车辆对停车场的用地需求与用地规模修正系数的乘积。

②公共交通保养场用地规模主要取决于公共交通车辆的保养率。其规模为公共交通保养场车辆数、公共交通车辆保养率、每标准公共交通车辆对保养场的

用地需求与用地规模修正系数的乘积。

③公共交通维修厂用地规模主要取决于公共交通车辆平均故障率。其规模为公共交通维修厂车辆数、公共交通车辆平均故障率、每标准公共交通车辆对维修厂的用地需求与用地规模修正系数的乘积。

第四节　城市公共交通规划评价

城市公共交通规划对城市土地利用、发展格局及城市化进程起着重要的作用，因而城市公共交通规划的评价至关重要，应与国土空间规划体检评估同步发展，为规划编制管理提供依据。

城市公共交通规划评价是就公共交通系统本身的好坏做出评估，包括设施水平评价和效益水平评价两部分内容。设施水平评价是从规划的公共交通系统提供服务的能力（包括公共交通线路、枢纽场站、车辆及其配套设施）等来检验规划好坏；效益水平评价是从规划的公共交通系统的社会影响和其自身运营生产所获得的经济效益两个角度来检验规划方案的好坏。结合这两部分的评价，对规划方案进行反馈，最终达到以最少的投入来获得公共交通规划最大效益的目的。

建立科学、合理、客观的评价指标体系是判定"最优满意"方案的必要条件。城市公共交通规划评价内容见图4-5。

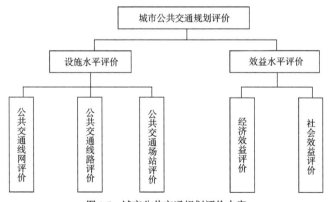

图4-5　城市公共交通规划评价内容

(1)公共交通线网评价以线网密度和线网覆盖率来体现。

(2)公共交通线路评价主要包括三个指标：线路的非直线系数、线路长度和线路重复系数。

(3) 公共交通场站评价的主要指标为站点覆盖率。

(4) 经济效益评价的主要指标为企业运营成本的减少。

(5) 社会效益评价指标主要从乘客出行时间的节约、城市公共交通规划与城市各相关规划的协调程度两方面来体现。城市公共交通规划与城市各相关规划的协调程度可反映出公共交通规划方案对客流生成大的各种城市用地的覆盖程度,是考核公共交通对城市土地利用适应性的指标。

建立评价指标体系后,就要选择公共交通规划评价方法,目前对综合评价所采用的方法多种多样,有层次分析法、单纯矩阵法、模糊综合评判法、价值分析法等。其中应用最为广泛的是层次分析法,层次分析法的基本方法与步骤如下:①递阶层次结构的建立;②构造两两比较判断矩阵;③单一准则下元素相对权重的计算;④计算各层元素的组合权重。最终计算获取递阶层次结构中每一层次中所有元素相对于总目标的相对权重,综合评价值最高者效果最佳。此外,也可以采用区间分级评定规划效果,例如划分五个级别,之后判定评价结果落入哪个级别,最终获得公共交通规划水平。

第五节 城市公共交通规划保障

城市公共交通具有投资费用大、开发时间长、维护管理复杂等特点。因此对于城市公共交通规划的实施,政府应给予相应的支持和保障,主要包括政策保障、体制保障及决策支持保障等。

1. 政策保障

政府应给予城市公共交通规划一定的政策支持和保障。行政政策虽然不具有法律效力,但与法律制度一样具有强力的调控及引导作用,主要包括财税收支政策、人才引入政策、土地利用政策、环境保护政策等方面。通过政策的制定,来激励或约束政府投入的强度与方向、交通人才的培养与引入、生态环境的保护与利用等方面,从而间接促进和保障城市公共交通规划的顺利实施。具体包括以下几部分。

1) 投资优先政策

对促进城市公共交通发展规划实施所需的资金,在投资来源上以政府财政为主,政府给予低息贷款为辅,筹集社会资金和利用外资。在社会集资上可以采取发行股票、募捐资金、盘活企业资产等措施,同时还应积极开辟其他低成本融资渠道。

2)环境保护政策

在实施城市公共交通发展规划的过程中,应该兼顾环境保护,营造良好的城市生态环境,保证居民的生活及出行利益,促进城市的可持续发展,进而间接推动和保障城市交通规划的实施。

3)协调城区土地利用与各种公共交通方式的换乘衔接

协调国土空间规划,在国土空间详细规划中统筹落实城市公共交通场站用地需求,调整城市用地布局,保证公共交通设施用地;根据公共交通枢纽的规划和城市交通客流的发展情况,注意新建与扩建城市客运枢纽,进一步完善城市内各种交通方式的协调性。同时,进一步完善交通影响评估制度,促进城市公共交通发展规划全面实施。

2. 体制保障

高效统一的管理体制和相关的职责保障,是城市公共交通规划实施的保障。城市公共交通规划特别是城市轨道交通等大运量公共交通方式相应规划的实施,决定了城市的交通体系要发生较大的变化,由此产生的新问题需要通过健全的管理体制加以解决。因此,应本着坚持统一领导和专业管理相结合的原则,建设协调、统一、有效的交通管理体制,保证城市公共交通规划目标的实现。为保证城市公共交通规划的有效实施,应重点落实以下保障措施。

(1)尽快设立由计划、规划、建设、运输、投资、管理等涉及交通的政府有关职能部门领导组成的城市交通协调机制,统筹推进统一的公共交通规划、交通政策和交通发展白皮书,加强对城市公共交通重大项目的管理及各交通管理部门之间的工作协调,并推进城市公共交通白皮书的组织实施。

(2)进一步加强城市公共交通枢纽管理与衔接、交通监测等专业分工,加强其职能。

(3)成立专门的机构负责城市公共交通规划的实施,明确各部门职责,制订年度计划,严格考核,并定期向城市交通协调领导小组汇报。

(4)每隔一段时间(例如3~5年)对城市公共交通规划进行适当的编制修订,以适应城市交通快速发展的需要和公共交通项目的实施。

3. 决策支持保障

1)公共交通基础信息决策支持

信息的采集、分析、处理和综合利用是城市公共交通规划的重要工作内容和规划编制的基础性参考，为了保证规划的可持续性和动态调整工作的顺利开展，需要建立一个公共交通基础信息数据库，并且要形成一个长效机制。

(1)实时、自动的信息采集。

①利用视频采集、红外线检测等手段，实时自动采集公共交通车辆客流量。

②利用IC卡、移动支付、银联卡支付等非现金支付收费终端获取公共交通客流量数据。

③采用线圈、视频等检测手段，实时、自动地采集道路交通的流量信息。

④采集城市快速路、主要出入通道的交通事故、交通拥堵、交通违法及交通流量等异常交通事件信息。

⑤通过有线、无线通信系统将有价值的信息传输至公共交通调度指挥中心，为分析和决策提供准确、翔实的依据。

(2)智能化的信息分析处理。

①对通过交通科技系统采集的信息、其他部门交换的信息，以及广泛收集的如道路网络、公共交通、对外交通相关信息，融合交警已有的数据信息，进行规范、分类、整理和保存。

②利用城市交通地理信息系统，实现路面实时动态公共交通状况分析，为规划提供规律性交通状态特征。

③对拥有的信息进行深度分析、挖掘与提炼，提供公共交通现状分析、规划方案制订、决策的支撑。

2)公众参与机制

公众参与是城市公共交通规划以及国土空间规划体系本身的重大改革。2008年施行的《中华人民共和国城乡规划法》对城乡规划的公众参与做了一系列重要的明确规定。其中，将采取听证会、论证会和其他方式听取公众意见作为规划的必要程序，这是城乡规划民主化、科学化的重大进步，也是我国公众参与民主形式法制化、程序化的重要进展。规划制订的公众参与可以采取多种途径实现。

(1) 建立群众参与规划的组织机构。

成立由城市人大和城市政协牵头,人员包括人大代表、政协委员以及有代表性的群众等人员组成的"群众参与规划委员会",来负责组织群众参与规划工作,同时也作为人大、政协评议城市规划工作的重要依据。

(2) 充分利用现代化的通信工具。

借助电子信箱、电视、电台直播、咨询电话、报纸和网站、微博、公众号等互联网媒体等,利用规划座谈会等各种手段随时把城市公共交通规划的情况告知市民,与群众方便地沟通规划思想,还可在各个街道(镇)、村(居)委员会内聘请有责任心的群众担任城市规划监督员。

(3) 定期召开规划会议或者创建规划论坛。

定期召开规划会议,建立讨论规划的各种论坛,各种团体组织和关注城市规划建设的群众,可以通过论坛讨论当地的城市规划,发表自己的观点。对于他们提出的规划建议和意见,哪些已经被接受,哪些不能被接受,理由何在,都应一一给予反馈。

总之,群众参与城市规划是一种集思广益的好举措,它不仅可以提高城市公共交通规划与建设管理的合理性、科学性,还可以强化广大群众参与国土空间规划的意识,为城市建设献计献策,对城市的可持续发展具有深远的意义。为了保证公众参与的实际效果,还应当注意以下两个因素:一是公布一个群众参加规划、发表意见的时间表,让群众有充足时间考虑问题。二是召开由各界群众参加的规划座谈会,及时向群众介绍规划情况。如果同时有几个规划方案比较,应全部提交给群众,并说明每一个方案的优劣,并阐明其原因,请群众对规划方案进行比较讨论。

第五章　城市公共汽电车基础设施建设管理

基础设施是城市公共交通系统的重要组成部分,是公共交通正常运营的基本依托。城市公共交通基础设施主要包括枢纽、场站、信息化系统以及各类配套服务设施等。基础设施建设管理主要包括基础设施建设程序管理、项目建设管理、项目竣工验收管理以及基础设施运营管理与维护等。从审批程序来看,公共交通基础设施与其他大型公共基础设施基本相同,但是由于公共交通具有公益性和基础性的特点,使得公共交通基础设施建设管理在用地获取、资金筹措、竣工验收、运行管理与维护方面有其自身的特殊性。

第一节　城市公共交通基础设施分类

城市公共交通基础设施主要包括公共交通换乘枢纽、公共交通场站(含首末站、中途站、停车场、保养场)及其配套设施、公交专用车道及其配套设施、公共交通信息化管理与服务设施等。

1.公共汽电车基础设施

1)公共汽电车场站

公共汽电车场站为乘客提供上下车、候车、换乘等服务,并且是车辆停放、运行调度、管理维护等活动的场所和空间。公共汽电车场站主要包括首末站、枢纽站、停车场、保养场和中途站等。

2)公共汽电车首末站

公共汽电车首末站是为公交线路提供运营管理、车辆回车停车及检修清洗、后勤保障等功能的场所。其中,首站是公交线路上设有主调度的起止站,末站是公交线路上不设主调度的起止站。

3)公共汽电车枢纽站

公共汽电车枢纽站是为多条公交线路提供换乘服务并具备多种配套功能的

场所。公共汽电车枢纽站是城市交通系统的重要组成部分,对提高城市交通系统整体运营效率、衔接城市对外及市内交通、优化调整公共交通线网布局、引导客流走向、方便乘客换乘以及带动区域土地开发等都有着重要作用。

4) 公共汽电车停车场

公共汽电车停车场是供公共交通车辆集中停放、备有必要设施、能进行简单维修作业的场所。

5) 公共汽电车保养场

公共汽电车保养场是进行公共交通车辆保养及相应的配件加工、修理以及存储、发放修车材料的场所。

6) 公共汽电车中途站

公共汽电车中途站是沿公共交通线路设置的除起点站和终点站以外的停靠站。主要功能是满足车辆进站停靠需要,便于乘客候车和乘降。为了更好地保障乘客安全,降低公交车进站停靠对交通流的影响,部分中途站设置为港湾式停靠站,即在道路车行道外侧,采取局部拓宽路面的方式设置的供公共交通车辆停靠的车站。

2. 公共交通其他基础设施

1) 信息系统

信息系统是指为了提高公共汽电车系统运行效率而建设的信息化和智能化系统,包括智能调度系统、公共交通优先信号系统、公共交通电子地图、视频监控系统、乘客服务信息系统、多媒体综合查询系统、公共交通基础设施管理系统、公共交通线路显示系统、电子站牌等智能终端信息网络等。

2) 公交专用车道

公交专用车道是在规定时间内,只允许公共交通车辆通行的车道。公交专用车道在路段上的设置方法有"外侧式"和"内侧式"两种,目前国内以"外侧式"居多。设置公交专用车道是提高城市公共汽电车通行效率的重要方式之一。

3) 公共汽电车配套设施

公共汽电车配套设施是指保障公共交通车辆正常运营的轨道、停车场(站)、调度室、站台、站棚、站牌等各类设施。

第二节　城市公共汽电车基础设施建设程序

城市公共汽电车基础设施建设的一般程序主要包括项目立项、工程可行性研究、项目竣工验收等环节，每个环节的主要内容如下：

1. 项目立项

(1)调研、投资经济分析、项目建议书。了解项目所在地的地理环境，明确工程主体内容。进行投资经济分析，撰写项目建议书，为可行性研究报告做准备。

(2)委托可行性研究。由甲方出具可行性研究委托书，委托设计单位撰写可行性研究报告。

(3)可行性研究报告的审批。

(4)工程初步设计。由甲方出具工程初步设计委托书，委托设计单位进行初步设计。附件基本与可行性研究相同，除审批文件外还有以下文件：可行性研究报告批复文件、立项申请书、设计委托书、安全预评价报告及备案文件、环境影响报告书(表)及批复文件、职业卫生预评价报告及批复文件、有关协议文件、城市燃气企业资质证书、消防意见书、其他相关文件。

(5)自然资源局规划意见、土地批文。

(6)工程开工。工程开工前要有施工图设计、施工队招标、监理招标、房建许可证、设备材料的招标、开工许可证、压力管道使用许可。

(7)工程管理(由甲方监督完成)。

①质量管理。施工单位应有健全的质量管理体系，包括原材料控制、工艺流程控制、施工操作控制、每道工序质量控制、各道相关工序间的交接验收、专业工种之间的中间交接质量控制、满足施工图设计和功能要求的抽样检验制度。

②进度管理。根据工程项目的进度目标，编制经济合理的进度计划，并据以检查工程项目进度计划的执行情况，若发现实际执行情况与计划进度不一致，就及时分析原因，并采取必要的措施对原工程进度计划进行调整或修正。

③投资管理。投资管理包括投资估算和偏差分析。投资估算是在工程项目前期，根据设计、市场、有关规定估算投资总额，偏差分析是通过实际完成的工程与计划相比较，分析是否存在偏差，并找出偏差原因，以合理控制投资。

2. 工程可行性研究

可行性研究是项目建设前期工作的一项重要内容,是建设程序的组成部分,是建设项目决策和编制设计任务书的科学依据。城市公共汽电车基础设施建设工程可行性研究的目的是对工程建设的必要性、技术可行性、经济合理性、实施可能性等方面进行综合研究,推荐最佳方案,进行投资估算并作出经济评价,为建设项目的决策和审批提供科学的依据。

城市公共汽电车基础设施建设项目的工程可行性研究一般包括下列内容:

(1)概述或总论。论述建设任务依据和历史发展背景、研究范围与主要内容、研究的主要结论等。

(2)项目的规划相关性及建设必要性。

(3)场址选择。分析场址现状及场址建设条件。

(4)建设规划方案。论述项目规划设计的指导思想、项目总体规划方案、工程方案及配套设施。

(5)环境影响评估。论述项目地块环境现状、采用的环境保护标准、项目建设与运营对环境的影响以及环境保护措施。

(6)组织机构与人力资源配置。

(7)项目实施进度。包括实施工期、实施进度安排等。

(8)工程招投标。包括招标组织形式、招标方式等。

(9)投资估算及资金筹措。包括主要工程数量、工程建设与拆迁、单价拟定、投资估算及资金筹措等。

(10)社会评价。包括项目对社会影响分析、项目对所在地的互适性分析、社会风险分析。

根据上述研究结果,通过综合分析评价,提出技术先进、投资少、效益好的最优建设方案。

在城市公共汽电车基础设施的建设过程中,城市公共汽电车基础设施的交通影响评价和环境影响评价是两项重要的内容。

1)城市公共汽电车基础设施交通影响评价

城市公共汽电车基础设施交通影响评价的一般程序包括概论、现状交通分析、规划条件、交通需求预测、交通影响评价、改善措施、结论与建议等方面。

(1)概论主要包括项目概况及交通影响评价的背景、依据和主要指标选取等。

(2)现状交通分析主要是土地利用现状和交通系统现状。

(3)规划条件包括国土空间规划和交通系统规划,其中交通系统规划包含道路系统规划、公共交通系统规划、停车设施规划等。

(4)交通需求预测是建设项目交通量预测,应包括背景交通量和拟建项目新增交通量两方面的预测内容。

(5)交通影响评价应对建设项目交通影响分析区域内的路网容纳能力等各类交通设施的供应与需求进行对比分析,包括关键交叉口及路段的交通分析评价、项目与外部交通衔接分析评价、停车设施影响分析评价、行人交通设施影响分析评价、公共交通设施影响分析评价。

(6)改善措施是依据分析评价结果,提出相应的对策和措施,一般包括分析区域交通系统改善措施和拟建项目内部交通系统改善措施。

(7)结论与建议是提出建设项目建设规模、周边交通设施、内部交通改善建议以及存在的问题。

2)城市公共汽电车基础设施环境影响评价

城市公共汽电车基础设施环境影响评价的一般程序包括总论、工程概况、工程分析、方案比选、建设地区环境概况、环境质量现状、施工期环境影响预测与防治措施、运营期环境影响分析与评价、运营期污染防治措施、环境风险分析、公众参与、环境管理与监测计划、评价结论13个阶段。

(1)总论介绍项目背景以及环境影响评价报告编制的总体情况,如编制依据和目的、评价范围及主要评价指标选取。

(2)工程概况介绍工程项目的总体情况及主要技术经济指标。

(3)工程分析主要是分析工程实施和运行过程中产生的环境影响因素。

(4)方案比选是分析不同工程方案对环境的影响程度,提出优选方案环境影响评价结论。

(5)建设地区环境概况分析建设地区自然环境和社会环境现状,以及城市总体规划、交通专项规划情况。

(6)环境质量现状分析环境质量现状监测及评价等。

(7)施工期环境影响预测与防治措施主要分析施工期环境影响预测与防治的具体措施。

(8)运营期环境影响分析与评价主要为项目运营期对环境的影响分析及评价。

(9)运营期污染防治措施主要分析项目运营期污染防治措施。

(10)环境风险分析主要识别环境风险等级,分析风险特征,提出减少风险的对策。

(11)公众参与主要阐述公众参与的调查分析结果和信息公开过程。

(12)环境管理与监测计划阐述项目实施和运行过程中为减轻或消除不利影响,应采取的环境保护管理与监测计划。

(13)评价结论主要汇总分析以上各部分环境影响评价结果,得出总结论,并对项目实施和运行提出合理建议和要求。

3. 项目竣工验收

根据国务院《建设工程质量管理条例》及住房和城乡建设部印发的《房屋建筑和市政基础设施工程竣工验收规定》(建质〔2013〕171号)的要求,建设工程竣工验收的基本程序包括以下内容。

1)竣工验收组织

由建设单位负责组织实施建设工程竣工验收工作,质量监督机构对工程竣工验收实施监督。

2)验收人员选择

由建设单位负责组建竣工验收小组。验收组组长由建设单位法人代表或其委托的负责人担任。验收组副组长应至少有一名工程技术人员担任。验收组成员由建设单位上级主管部门、建设单位项目负责人、建设单位项目现场管理人员及勘察、设计、施工、监理单位与项目无直接关系的技术负责人或质量负责人组成,建设单位也可邀请有关专家参加验收小组。验收小组成员中土建及水电安装专业人员应配备齐全。

3)竣工验收标准

竣工验收标准为国家的强制性标准,由现行质量检验评定标准、施工验收规范、经审查通过的设计文件及有关法律、法规、规章和规范性文件规定。

4)竣工验收程序及内容

(1)由竣工验收小组组长主持竣工验收。

(2)建设、施工、监理、设计、勘察单位分别书面汇报工程项目建设质量状况、合同履约及执行国家法律、法规和工程建设强制性标准情况。

(3)验收组通过审阅工程档案资料,实地查验工程质量,对工程勘察、设计施工、设备安装质量和各环节等方面作出评价,形成工程竣工验收意见。

5)竣工验收备案

建设工程竣工验收完毕以后,由建设单位负责,在15天内向备案部门办理竣工验收备案。

第三节 城市公共汽电车基础设施建设管理典型模式

城市公共汽电车基础设施建设工程项目的投资主体格局大致可以划分为两个阶段,第一阶段是20世纪50年代初至70年代末,为单一的国家投资主体;第二阶段是20世纪70年代末实行改革开放以来,形成多元化投资主体格局。城市公共交通基础设施项目的公益性特征,决定了必将以政府财政投资为主,因此,本节重点讲述单一投资主体格局下的政府投资项目管理模式,主要有代建制管理模式、总承包制组织管理模式、工程指挥部方式等。

1. 代建制管理模式

代建制即通过招标等方式,选择专业化的项目管理单位负责建设实施,严格控制项目投资、质量和工期,竣工验收后移交给使用单位。代建制的核心是代建单位按照合同约定代理项目建设的法人职责。实行代建制的关键是通过公开竞争方式选择具有专业素质的代建单位,用经济和法律手段来约束代建单位严格按照代建合同实施代建任务。在2004年7月国务院颁布的《关于投资体制改革的决定》(国发〔2004〕20号)中明确要求"加强政府投资项目管理,改进建设实施方式""对非经营性政府投资项目加快推行代建制"。

目前多数地方政府对代建项目的范围仅限于政府投资项目,其中相当一部分地区还进一步将"代建制"的实施范围限制在政府投资的公益性项目。

现阶段,政府承担了绝大多数城市公共交通基础设施项目的投资,政府既是主要项目的投资者,也是建设者和监督管理者。在建设管理模式上,实行"条块分割",地方政府向行业主管部门分权、行业主管部门向建设单位集权的"分散集权"管理方式。

在代建制模式中存在七大主体:政府、业主、投资方、代建单位、施工方、使用单位、运营单位,使用单位向政府主管部门提出项目需求或项目建议书,政府主管部门负责组织专家评审并作出项目建设决策,然后负责对建设项目和建设代理市场进行监管;政府成立的投资公司作为项目业主、投资方按照招商合同负责选择代建单位,对建设项目进行融资并按照合同拨付建设资金,接受财政部门审核并对项目进行后评价;代建单位按照与业主签订的合同负责项目的建设管理,并接受代建单位的管理;使用单位或运营单位最终使用或运营竣工后的项目,并在使用或运营过程中接受政府、业主和投资方监管。

根据实际情况,可以采用以下两种基于"代建制"的组织管理模式。

1) 组建政府投资工程管理中心

具体的项目管理模式为传统的三角模式,在这个模式中,政府的职责主要包括项目决策、市场选择、监管、项目后评价、市场管理与培育等方面。与原有的政府职能相比,政府对于项目决策中具有前瞻性、战略性的重要问题介入比以前深,对于项目实施的管理较之以前淡出,主要借助中介组织(项目管理公司)完成。对于监督职能要求更高,主要是对投资公司、对项目实施过程进行监督管理,项目后评价也成为政府一项重要的手段。这种模式使政府可以将更多的精力投入到政府投资项目的总体规划及项目决策上,并加强了对政府投资项目的后评价,通过对完成后投资项目的效益分析,对项目管理公司的业绩进行评价,进一步对总体规划进行微调,使总体规划更加合理和有效,避免了可能带来的失误和损失。

政府提出项目建议后,由政府投资工程管理中心充当业主,担负政府投资工程的管理职能。投资公司作为业主具有投资主体的地位,主要任务是对项目投资与还贷,并对设施经营进行全过程管理。

政府投资工程管理中心也可以通过公开招标的方式选择工程项目管理公司,由工程项目管理公司实施专业化管理,实现了建、管、用分离,解决了政府投资工程管理中存在的"一次性业主"和"同位一体化"问题。这种传统的三角模式,能加强政府业主对政府投资工程的监管。香港、深圳都采用这种管理模式。

2) 暂不组建政府投资工程管理中心

根据政府投资工程的不同类别,组建几个投资管理中心,如城市建设投资工程管理中心(简称城投管理中心)、城市交通投资工程管理中心(简称交投管理中心)、城市土地投资管理中心(简称土投管理中心)等。即对目前各个部门在自己行业(事业)内的政府投资工程中的业主地位不作大的调整,但又要大力推行政府投资工程的"代建"方式。因此,各个投资管理中心应把工程管理的具体职能委托工程项目管理公司管理。这种模式与第一种模式最大的区别是政府投资工程的业主仍然保持了原来的相对分散的特征,该模式主要有以下三个特点。

(1)有利于政府职能的转变。项目代建制的实施,可以使政府性投资项目逐步通过政府指定或招标方式,将项目交给具有专业管理经验的企业进行建设和管理,使建设单位和使用单位真正分离,排除项目实施中的各种干扰,使政府性投资项目真正从计划经济的传统管理模式向市场经济的现代管理模式转变,从而推进我国管理理念和水平向成熟的国际先进的管理方式、模式靠拢,真正使我国经济融入市场经济。

(2)"代建制"是市场化运行机制与宏观管理的结合。"代建制"通过招投标选定代建单位,通过合同关系明确各方的责任义务和权利,通过有专业管理经验的独立法人单位负责项目管理来规避各种风险。这些市场化运作方式再加上投资人对建设项目的监督管理,能够很好地保证建设项目的顺利实施。

(3)有利于克服政府投资项目"三超"现象。"代建制"改变了过去的投资主体和建设单位分离、建设单位与使用单位合一的建设项目管理模式,使项目建设过程的管理更加专业化、规范化,操作更加透明化,并且可以有效防止政府投资项目中经常发生的超标准、超工期、超预算的"三超"问题,提高投资效益。代建制应用实例如专栏5-1所示。

专栏5-1:代建制应用实例——厦门BRT智能系统代建

厦门市代建制的组织实施方式有两种,一是由政府有关部门通过招标方式择优选择代建单位;二是由政府有关部门直接委托项目管理公司实行项目代建。厦门市代建制工程项目最早从公共建筑工程开始试行,"厦门市BRT智能系统"是厦门市首例采用代建模式的信息化专项工程。

为保障BRT智能系统与BRT工程同步顺利运行,市相关主管部门及总业主单位在作了翔实的调研之后,确定由在交通信息行业具备丰富项目建设及运营经验的厦门信息港建设发展股份有限公司(以下简称"信息港公司")作为BRT智能系统专项工程代建单位。

信息港公司自承担该专项工程代建工作以来,在BRT指挥部及总业主单位的协调管理下,逐步摸索出一套代建信息化专项工程的工作方法及管理规范。下面从三个方面简要介绍信息港公司代建工作成效。

1) 发挥代建单位的专业优势，在技术层面为BRT智能系统进行把关

信息港公司在政府相关部门带队下，对北京、杭州、常州、重庆、广州等地的公共交通信息系统及BRT智能系统的建设情况进行考察，与使用单位、建设单位座谈，在了解和吸取同类工程建设经验的同时，根据厦门市BRT工程建设特点和公共交通行业特点以及行业内已建、在建信息系统的应用需求，与BRT智能系统初步设计单位进行多次沟通，在初步设计基础上进行了方案的深化设计和功能完善，协同市信息产业局组织召开专家论证会，邀请专家进行审核、修订，最终完成厦门BRT智能系统详细设计方案。

2) 运用代建单位的大型系统/平台建设经验，节省政府投资

BRT智能系统涉及十几个独立的子系统，包含数百项BRT专有设备、通用设备、系统软件及应用软件，工程内容涵盖软件工程、机电工程、弱电工程、防雷工程、机房工程及计算机系统集成等多种专项工程，工程造价逾亿元。作为一项规模庞大、专业繁多、集成度极高的信息化专项工程，影响工程造价的因素之多不胜枚举。

作为代建单位，信息港公司反复与BRT指挥部、市政总公司、公交集团、市交通委、信息产业局交流、探讨，弥补设计不足、删除过度设计，详细设计方案几易其稿，最终使修订后的BRT智能系统既能满足系统预期的建设目标和使用需求，系统性能稳定、可靠，运维成本最小，同时也对工程造价进行了合理控制，避免了盲目投资和重复性投资。

以BRT智能系统Ⅰ期工程为例，通过调整、完善设计方案，选择国内公开招标方式，使Ⅰ期工程造价从原来接近2亿元的概算缩减到约1.26亿元，节省政府投资约30%。

3) 实行精细化过程管理，缩短建设工期

厦门市BRT一期工程有6条线路，2008年厦门"9·8"(中国国际投资贸易洽谈会)期间开通1号线、2号线及联络线。为保障上述3条线路如期开通，各线路土建工程均采用分标段同时建设的施工组织方式。

智能系统的施工组织方式与土建施工组织方式略有不同，一是各条线

路土建工程可划分为几个标段同时进场施工,整体工程进度加快,整体工程质量不受影响。而智能系统作为一项完整的系统工程,从系统的兼容性、统一性及售后服务等方面考虑,不宜将一条线路切分成几个标段招标、施工。二是按照常规工序安排,智能系统作为最后一道工序,需在土建、装修交出工作面后方可进场施工。

针对BRT智能系统施工组织的特点,如果仍按照常规施工管理的办法实施,势必造成智能系统的工期严重滞后,无法实现预期通车的目标。

因此,只有调整施工组织办法,对智能系统实施精细化过程管理,才能保障智能系统与BRT整体工程进度同步。根据智能系统特点将现场实施人员细分成10个施工小组,安排专人派驻各土建施工单位和装修单位,根据及时采集的土建、装修工程进度,提出智能系统施工需求,尽可能地调整、修订各方施工方案,尽可能提早交付智能系统所需工作面,通过科学、合理地穿插施工缩短工期、加快进度。

2.总承包制组织管理模式

城市公共交通基础设施建设工程总承包是业主、投资方项目管理中的一种组织实施方式,或叫作一种承发包方式。所谓工程总承包,是业主把工程项目的设计、采购、施工、试运行任务,采用固定总价或开口价的方式,全部承包给一家有工程总承包能力的总承包商,由总承包商负责对工程项目进行进度、费用、质量、安全管理和控制,并按合同约定完成工程。在工程总承包模式下,通常是由总承包商完成工程的主体设计;允许总承包商把局部或细部设计分包出去,也允许总承包商把建筑安装施工全部分包出去。所有的设计、施工分包工作都由总承包商对业主负责,设计、施工分包商不与业主直接签订合同。

根据实际情况,可以采用以下两种基于总承包制的组织管理模式。

1)设计采购施工、交钥匙总承包制

是指承包商负责城市公共交通基础设施建设工程项目的设计、采购、施工安装和试运行服务全过程,向业主交付具备使用条件的工程。工程总承包中的设计,可以从方案设计开始承包,也可以从详细工程设计开始承包,还可以从可行性研究开始承包。采取何种总承包方式由业主决定。为了减少业主和承包商双方的风险。大型工程项目趋向于采用从详细工程设计开始承包，即业主在完成(委托工程咨询设计公司或工程公司完成)基础工程设计之后，再进行工程总承包招标。因为完成项目基础工程设计之后，主要的技术和设备均已确定，招标时估算的准确度可达到4%~10%，这样对业主和总承包商双方风险都比较小。工程总承包(EPC)由工程公司实施，其主要优点是能充分发挥设计在建设过程中的主导作用，克服设计、采购、施工相互制约和脱节的矛盾，有利于各阶段的合理深度优化，能有效地对质量、费用和进度进行综合控制。

2)项目管理承包制

是指项目管理承包商代表业主对城市公共交通基础设施建设工程项目进行全过程、全方位的项目管理，包括进行工程的整体规划、项目定义、工程招标，选择设计、采购、施工承包商，并对设计、采购、施工过程进行全面管理，一般不直接参与项目的设计、采购、施工和试运行等阶段的具体工作。项目承包商(PMC)是业主机构的延伸，从定义阶段到投产全过程执行总体规划和计划，对业主负责，与业主的目标和利益保持一致。作为PMC承包商，一般更注重根据自身经验，以系统与组织运作的手段，对项目进行多方面的计划管理，有效弥补业主项目管理知识和经验的不足。对于大中型项目，国外业主一般都不先找EPC承包商，而是通过招标选择有竞争实力的工程公司或项目管理公司，作为项目管理承包商即PMC，再由PMC代表业主组织招标和评标。项目管理承包商一般通过签订合同，向业主收取服务费和目标管理的收益分成。

对政府投资项目，一般可根据项目投资金额大小、项目复杂程度和技术、管理的难易程度，选择代建制或总承包制。对中小型项目，由于项目的复杂程度不太大、技术管理难度不高，一般都采用"代建制"。对大型复杂项目而言，由于项目组织比较复杂，技术、管理难度比较大，需要整体协调的工作比较多，往往都选择"总承包制"进行项目管理。

"代建制"与"总承包制"有所不同，"代建制"是对建设管理费用的承包，代建单位具有项目建设阶段的法人地位，拥有法人权利(包括在业主监督下对建设资金的支配权)，同时承担相应的责任(包括投资保值责任)；而"总承包制"是对工程造价的整体承包，总承包商不具有项目法人地位，从而无法行使全部权利并承担相应责任。业主有权对项目建设的过程进行监督和干预。

3. 工程指挥部方式

1965—1984年,我国的政府投资项目大都以工程指挥部方式为主,由政府主管部门牵头,组织建设单位、设计单位、施工单位针对具体项目成立项目指挥部、筹建处、办公室等,把管理建设的职能与管理生产的职能分开,建设指挥部负责建设期间设计、采购、施工的管理。项目建成后移交给生产管理机构负责运营,建设指挥部即完成历史使命而被解散。

20世纪70年代末,我国实行改革开放,多元化投资主体的格局逐步形成,工程管理也出现了多种形式。目前,全国各地对政府投资工程的管理方式有项目法人型、工程指挥部型、基建处型、专业机构型。

(1)项目法人型。按照原国家计委《关于实行建设项目法人责任制的暂行规定》(计建设〔1996〕673号),国有单位经营性基本建设大中型项目在建设阶段必须组建项目法人。项目法人为依法设立的独立性机构,对项目的策划、资金筹措、建设实施、生产经营、债务偿还以及资产的保值增值,实行全过程负责制。

(2)工程指挥部型。政府投资项目的工程指挥部一般是临时性的,从政府有关部门抽调人员组成,负责人通常为政府部门的主管领导,工程项目完成后,该工程项目的指挥部即告解散。目前,一些大型的公共建筑、市政工程以及环境治理工程等多采用这种工程指挥部模式。这种模式的特点是临时性、一次性、目标单一,常常表现为要按期突击完成某项工程。

(3)基建处型。行政部门以及一些工程项目较多的单位均设有基建处,在这种模式下,具体项目的实施一般是由本部门的基建处负责,直接开展具体的组织领导工作,而行政部门则主要进行常规的行政管理工作。该模式的主要特点是自建自用,由于行政部门本身的职级设置,基建处代表的是其所在部门或单位的利益。

(4)专业机构型。20世纪90年代末期,我国地方政府探索出政府项目管理的新模式——专业机构型,由一个专门机构负责某一类或几类政府投资工程项目的实施管理工作,其特点是管理单位长期专职管理某些类别的政府投资项目,具有一定的专业性。按照项目管理机构的性质还可分为政府机关型、事业单位型和企业型。

第四节　城市公共汽电车基础设施竣工验收管理

1. 城市公共汽电车场站及枢纽竣工验收概述

城市公共汽电车场站和配套设施是指在城市主要交通干道上建设的港湾式停靠站,配套站台、候车亭等设施。城市交通换乘枢纽要配套建设机动车、非机动车停车场,配备相应的指向标识、线路图、时刻表、换乘指南等服务设施等。

城市公共汽电车场站及枢纽竣工验收可参考《房屋建筑工程和市政基础设施工程竣工验收备案管理暂行办法》(建设部令第78号)。该办法中明确:为了加强市政基础设施工程质量的管理,国务院建设行政主管部门负责房屋建筑工程和市政基础设施工程(以下统称工程)的竣工验收备案管理工作。县级以上地方人民政府建设行政主管部门负责本行政区域内工程的竣工验收备案管理工作。建设单位应当自工程竣工验收合格之日起15日内,依照本办法规定,向工程所在地的县级以上地方人民政府建设行政主管部门(以下简称备案机关)备案。建设单位办理工程竣工验收备案应当提交所要求的备案文件,备案机关收到建设单位报送的竣工验收备案文件,验证文件齐全后,应当在工程竣工验收备案表上签署文件收讫。

2. 城市公共汽电车场站及枢纽竣工验收的基本程序

根据国务院《建设工程质量管理条例》及《房屋建筑工程和市政基础设施工程竣工验收备案管理暂行办法》的要求,建设工程竣工验收应按照国家现行的强制性标准,由建设单位负责组织成立竣工验收小组并实施验收工作。

3. 城市公共汽电车场站及枢纽竣工验收的档案移交

根据《建设工程质量管理条例》(国务院令第279号)、《城市建设档案管理规定》(建设部令第90号)、《建设工程文件归档整理规范》(GB/T 50328—2014)、《城市建设档案著录规范》(GB/T 50323—2001)和《市政基础设施工程施工技术文件管理规定》(建城〔2002〕221号)相关规定,城市公共交通基础设施竣工验收的档案移交主要包括:基础设施工程文件的整理、工程文件归档的时间和套数、工程文件立卷的原则与规格、案卷的编目、案卷装订与装盒、基础设施工程档案的预验收、基础设施工程档案的移交。

第五节　城市公共汽电车基础设施运营管理与维护

城市公共汽电车基础设施是提高城市公共汽电车运行效率及服务水平、增强公共交通吸引力和缓解城市交通拥堵的重要硬件基础，各城市应结合自身实际，建立城市公共汽电车基础设施管理的长效机制，并努力落到实处。

1.城市公共汽电车场站的运营与管理

城市公共汽电车场站属于社会公共资源，必须坚持统一规划、统一管理、站运分离、资源共享的原则。城市公共汽电车场站的管理人应当健全运营管理制度，保障城市公共汽电车场站正常运营。

（1）明确城市公共汽电车场站的行政主管部门，依照有关法律法规的规定，确定城市公共汽电车经营者，具体负责城市公共汽电车场站的日常管理工作。与此同时，自然资源和规划、公安、财政、工商、城管、交通等部门各司其职，密切配合，协同做好城市公共汽电车场站的相关管理工作。

（2）完善场站运营服务，按规范要求划定行车线、停车线、上客区、落客区等交通指示标线，设置线路站牌、指示牌、候车亭（廊）等运营服务标志和设施，并保持场站标志线、站牌完整、清晰。

（3）加强场站配套设施的建设，按照国家标准配置相应的场站、调度管理用房、水、电、照明、通信、卫生等设施，并提供车辆应急修理、车辆保洁等配套服务，并设置消防设施、安全通道和治安保卫管理措施，为城市公共汽电车运营企业提供运营调度、车辆停放以及站务办公、休息、如厕等配套服务。

（4）加强对城市公共汽电车场站及其相关设施的日常管理，及时养护维修，保障其功能完好。

（5）保证良好的场站运营秩序，科学、合理地组织好车流和人流，保持场站安全有序。

（6）加强对城市公共汽电车场站、候车亭广告的经营管理，维护场内绿化，做好卫生保洁工作。

（7）加强对场站管理人员的职业培训，并经考核合格后持证上岗。

（8）场站经营企业应制定企业服务管理制度、服务承诺制度、服务投诉处理制度、服务问责制度,并报送场站行政主管部门,接受行业监督。

(9)加强场站内部管理工作,做好停车场、保养场的管、用、养、修,防止设施被盗以及场内交通事故、火灾事故的发生,对发现的问题,按照各自的职责分工,及时处理。

城市公共汽电车场站内应禁止下列行为:①随意搭建临时性建筑物、构筑物。②擅自改变建筑内部结构、建筑用途,擅自在围墙上破墙开店或者擅自在桥涵构件上钻孔打眼,铺设管线。③损毁、遮盖站牌、标志牌等运营服务设施。④车辆不按限速标志规定行驶或者不按规定区域停放。⑤非公共交通营运车辆进入或者停放。⑥堆放易燃、易爆、剧毒等危险品。⑦其他损毁、侵占公共交通场站设施的行为。

济南市公共交通枢纽运营管理案例如专栏5-2所示。

专栏5-2:济南市公共汽电车枢纽运营管理案例

1)运营和管理对策

以公共运输市场为导向,在制度上实现法规、行政管理和经营分离。如果政府既是系统的所有者,又是管理者和操作者,这样的体系通常既没效率,成本也高。政府的主要作用是对城市公共汽电车服务进行规划、协调和管理。面对公交运营与有限的场站资源的尖锐矛盾,采取高度集中、统一管理、合理配置、充分利用的对策方为上策。

城市公共汽电车枢纽主管部门在线网规划中确定哪些城市公共汽电车线路和交通工具进入、使用哪些具体城市公共汽电车枢纽。城市公共汽电车运营企业需要使用城市公共汽电车枢纽,应当向主管部门提出申请,经批准后与城市公共汽电车枢纽管理服务单位签订合同,并报主管部门备案。费用收取标准由管理服务单位会同城市公共汽电车枢纽主管部门共同确定并报发展改革委员会批准。

明确城市公共汽电车枢纽的经营和管理主体,对场站设施进行统一的管理、建设和维护。场站管理服务公司可以采用两种类型。一是由市公共交通总公司基建部为主体成立专门的城市公共汽电车枢纽服务公司,对城市公共汽电车枢纽进行独立分离的管理。二是由城市公共交通主管部门成立专门的城市公共汽电车枢纽管理服务公司,在市政府的直接领导下对济南市公共汽电车场站进行统一的管理、建设和维护。

2)实施计划

济南市公共汽电车枢纽步入良性的发展轨道需要经历以下三个阶段:

第一阶段为准备阶段,重点在于明确政府职能,形成城市公共汽电车枢纽用地、投资、建设、运营、管理机制;

第二阶段为启动阶段,编制城市公共汽电车枢纽的专项规划,成立城市公共汽电车枢纽建设主体,选择近期建设项目开始实施;

第三阶段为建设阶段,根据城市发展要求,按照规划逐步完成城市公共汽电车枢纽的建设任务。

结合目前用地情况、实施可行性以及城市发展要求,在落实规划用地情况和建设模式的基础上,建议优先实施14个城市公共汽电车枢纽。①区域级公共汽电车交通枢纽5个:济南西客站、济南火车站、新济南东站、长途汽车总站、甸柳庄(长途汽车东站)。②市级公共汽电车枢纽4个:市立五院、全福立交、黄岗枢纽、奥体中心。③地区公共汽电车枢纽5个:领秀城、燕山立交、北园立交、彩石、济钢。

2.公交专用车道的运营与管理

公交专用车道是保障公共汽电车优先通行的重要设施,各城市应加强公交专用车道的运营与管理,规范公交专用车道使用,助推公共交通优先发展。

(1)交通运输主管部门应当会同公安交通管理部门科学编制公交专用车道专项规划。专项规划的编制应当遵循公共交通优先通行、提升公共交通客运能力、节省出行时间、改善交通环境等原则,并随着经济的发展、车流量的变化和客运的需求适时进行调整。

(2)公安交通管理部门负责公交专用车道的设置和管理工作,并配合有关单位对公共交通优先信号进行设置和管理。

(3)公交专用车道的设置应符合《公交专用车道》(GA/T 507—2004)等标准的要求,各城市也可以制定城市公交专用车道设置规范。

(4)应对公交专用车道规范设置标志标线,配建附属设施。

(5)交通运输主管部门和公安交通管理部门应当根据道路通行状况,在公交专用车道道口适时推进公共交通信号优先工作。

(6)公交专用车道养护工作应当纳入公路、城市道路的养护和维修计划。

(7)公交专用车道建设完成后,公安交通管理部门应当配套设置交通技术监控设备,对公交专用车道加强执法,交通技术监控设备记录资料依法作为公安交通管理部门认定违法行为的证据。

(8)公共交通车辆在公交专用车道内行驶应当遵守交通规则,保持合理车速,不得随意驶入非公交专用车道。在设有允许社会车辆右转弯的道口以及进入非公交专用车道左转弯前应当减速行驶。公交专用车道设置在道路最外侧,且只有一条右转弯车道的情况下,其他社会车辆右转弯时允许驶入该公交专用车道。公交专用车道沿线单位车辆进出时,允许借用该公交专用车道。

第六节 城市公共汽电车场站综合开发

城市公共汽电车场站综合开发是利用城市公共汽电车场站用地,同时设计、开发公共汽电车场站的交通功能和配套的商业、办公、住宅等综合开发部分的社会服务功能。城市公共汽电车场站综合开发不仅能够充分利用城市公共汽电车场站的客流吸引优势,为商业开发所需的客源提供有力保证。更重要的是将商业、办公、酒店、居住等城市功能与公共汽电车场站的交通功能有机结合,有助于形成以公共汽电车场站为中心点的新型综合体。在进行公共汽电车场站综合开发时,根据区位条件和城市公共汽电车场站规模等差异性,可以选择商业综合体或住宅公寓等不同的业态及组合形式。通过多种配套模式的组合开发,不仅能充分利用公共交通场站交通便捷的优势,还能最大限度地发挥城市公共汽电车场站的土地价值。

1.城市公共汽电车场站综合开发模式

城市公共汽电车场站综合开发模式大体可以分为政府自建自营模式、带配建条件的土地"招拍挂"模式以及引入社会资本参与的综合开发模式三类。

1)政府自建自营模式

由政府直接委托城市公共汽电车场站建设公司负责项目融资和建设管理,这是目前我国各城市提供城市公共汽电车场站的主要方式。而城市公共汽电车场站建设公司通常是城市公共汽电车运营企业某部门或其下属的子公司。在这种模式下，城市公共汽电车场站一般整体采用"交通+商业"方式进行综合开发，建设用地一般采用划拨或协议出让等方式。在融资方面，主要由城市公共汽电车场站建设公司自筹资金建设运营，城市财政适当补贴资金。

2）带配建条件的土地"招拍挂"模式

由国土主管部门公开出让本项目地块，并附带土地使用权。受让人必须按规划要求配套投资建设交通功能设施，建成后交通功能设施部分移交政府管理，商业部分由拿地企业自主经营。

3）引入社会资本参与的综合开发模式

城市政府通过引入社会投资，充分发挥社会资本方的投融资能力、商业策划能力和物业运营能力，与城市公共汽电车场站的公益性进行有益互补，对城市公共汽电车场站用地进行多业态开发，经营收益用于反哺城市公共汽电车场站的公共功能支出。这也是将来城市公共汽电车场站综合开发的主流模式。具体可采取以下几种方式：

(1) 建设—移交—运营(BTO)方式。

指项目通过社会资本方投资建设，完工后移交给业主，业主向社会资本方支付项目建设成本与合理回报，并授予其部分经营权。如昆明市南市区综合公交枢纽站项目，由昆明公交集团引进加拿大西太平洋石油有限公司投资建设公共交通场站设施以及一座加油站站房。建成后加拿大西太平洋石油有限公司将公共交通场站移交昆明公交集团，同时获得该场站内加油站一定期限的经营权。

(2) 特许经营(BOT)方式。

政府向投资人特许其在一定时期内筹集资金建设某一基础设施并管理和经营该设施及其相应的产品与服务。特许经营期间，投资人自担经营风险。当特许经营期结束时，投资人按约定将该设施移交给政府。如昆明呈贡雨花公共交通综合枢纽站项目，集场站、酒店、商业于一体，某酒店投资2亿元，10年特许经营期满后移交给政府。

(3) 政府与社会资本合作(PPP)方式。

政府通过招标选定社会资本方后，与政府委托的政府资本代表合资组建PPP项目公司，由PPP项目公司负责城市公共汽电车场站的投资、建设和开发运营，在项目合作期满后，将公益性基础设施无偿移交政府。在合作期内，项目公司依靠项目经营收入平衡项目投资成本、运营成本及合理回报,不足部分由政府进行适当补贴。近年来昆明市依托城市公共汽电车场站平台,拓展多元投融资渠道,进一步提升和完善城市公共汽电车场站功能,成功进行了公共交通车场+商业模式运作,使原有单一的交通枢纽变为集交通集散、商业服务于一体的综合性场站,全面启动城市公共汽电车场站经营和经济创收,有效提高了城市公共汽电车出行分担率,加快了企业发展。昆明市黄土坡公共交通枢纽站项目,包括一幢22层的综合塔楼、一幢4层公共交通车辆立体停车库、一幢5层的调度楼等,形成一个多功能综合体。

(4)股权合作(EC)方式。

当前各城市公共汽电车场站优质资源大多集中在城市公共汽电车运营企业手中,社会资本方可与城市公共汽电车运营企业合资成立专门的平台公司,城市公共汽电车运营企业可以将现有的公共汽电车场站土地等资产作价入股,社会资本方以资金入股。双方发挥各自优势,共同进行城市公共汽电车场站的改造、开发、维护、运营,共担风险,共享收益。

2. 城市公共汽电车场站综合开发的实施原则

城市公共汽电车场站综合开发的实施原则主要包括政策可行、经济可行、技术可行等。

1)政策可行原则

政策可行原则要求完善顶层制度设计,研究城市公共汽电车场站综合开发以及投融资模式所需的政策法规及体制机制,确保综合开发能得到政策上的保障和支持。

城市公共汽电车用地综合开发涉及土地资源管理、土地供给、规划、资金等多个领域,需要协调相关部门共同推进。《国务院关于城市优先发展公共交通的指导意见》(国发〔2012〕64号)明确提出要加强公共交通用地综合开发,《国土资源部关于推进土地节约集约利用的指导意见》(国土资发〔2014〕119号)中也将城市公共交通场站作为土地集约节约利用的重点领域,提出要加强土地的综合利用。政策管理文件的出台一方面能够有效推动公共交通场站综合开发的实际推行,另一方面也对开发行为进行规范和约束,避免违规等情况的产生。交通运输部等11部门联合印发《关于加快推进汽车客运站转型发展的通知》(交办运〔2023〕45号)明确提出,支持客运站在符合国土空间规划及保障道路客运基本服务功能的前提下,实施用地综合开发。客运站利用存量房产、土地资源发展《产业用地政策实施工作指引》明确支持的产业和行业的,适用在一定年期内不改变用地主体和规划条件的过渡期支持政策,过渡期支持政策以5年为限。以划拨方式取得土地的客运站在《划拨用地目录》范围内拓展服务功能的,可依法办理改变土地用途手续;客运站在《划拨用地目录》范围外拓展服务功能的,鼓励依法适当提高容积率、增加一定比例的商业设施,并补缴相应土地出让价款。支持客运站充分利用地上、地下空间进行综合立体开发,分层设立建设用地使用权。2024年10月发布的《城市公共交通条例》规定,在符合国土空间规划和用途管制要求且不影响城市公共交通功能和规模的前提下,对城市公共交通基础设施用地可以按照国家有关规定实施综合开发,支持城市公共交通发展。为了落实城市公共汽电车场站综合开发,政策可行是必不可少的首要原则。

2)经济可行原则

经济可行原则要求在对城市公共汽电车场站进行综合开发时必须基于市场调研分析,研究综合开发的成本收益,紧密契合市场需求,进行物业组合、分期开发、价值评估研究,提出开发模式建议,让开发主体实现预期收益。资金的回报不仅要能覆盖场站建设资金支出,还应保证扣除管理开销及相关支出后有盈利。

3)技术可行原则

技术可行原则是指城市公共汽电车场站综合开发的技术必须满足客观条件,强化不同层级的技术支撑力量。

通过引进项目策划团队,培养项目策划技术队伍;通过引进规划设计专家,并充实到职能部门和企业一线,培养规划设计技术队伍,实现"经验复制"和"技术嫁接";通过加强与国际领先团队的合作来筹建运营管理队伍;通过设立项目专家委员会的方式,广泛吸纳国内外专家,为城市公共汽电车场站综合开发提供常态化、规范化的技术支撑。

3.保障措施

1)建立健全体制机制

由于我国城市公共汽电车场站综合开发还处于探索阶段,相应的政府管理手段还不健全。应尽快理顺城市公共汽电车场站综合开发的管理体制,明确包括交通运输部门、自然资源和规划部门等在内的各职能部门的管理责任,进而提供高效的管理、配合与协调工作,保证综合开发的顺利推进。

2）提供场站用地支持

政府在城市公共汽电车场站综合开发用地供给方面的支持,是综合开发能否成功的重要保障。这种支持一方面体现在保证用地的供给量上,对于满足可行性要求的综合开发项目,提高用地审批的效率;另一方面体现在土地出让制度的设计上,从原先的划拨用地转为市场化供地,城市公共汽电车运营企业更加需要政府在土地出让价格上的补贴支持。

3）规范政府补贴机制

目前我国还没有建立起长效科学的针对城市公共汽电车场站建设的补贴机制,各地方城市的补贴标准不一,补贴的资金也缺乏稳定可靠的来源。综合开发是解决城市公共汽电车场站建设维护成本及城市公共汽电车运营企业亏损的一种途径,但在现阶段还难以通过综合开发彻底取代政府补贴。因此应当尽快完善公共财政补贴保障政策,规范城市公共汽电车场站的政府补贴机制,为城市公共汽电车场站建设及后期运营维护等提供更多、更稳定的资金扶持。

4）完善开发技术标准

由于综合开发的复杂性,在开发过程中难免会遇到各种技术难题,必须提前做好干预和指导。根据城市公共汽电车场站建设、空间开发涉及的项目和技术,建立完善相关标准规范,明确细化公共交通场站配建标准,加强各类标准的衔接与协调。

5）注重多元规划与TOD运作

积极倡导公共交通导向的城市发展模式,充分考虑城市公共汽电车规划用地需求,引导城市空间合理扩张。以TOD为导向,合理确定城市公共交通场站及周边地区的用地功能布局和控制指标。根据城市公共汽电车运营和发展需求、综合开发主体投融资规模以及建设用地供给能力,合理规划城市公共汽电车场站用地综合开发的边界和范围,科学设计、布局场站建筑物。

专栏5-3:城市公共汽电车场站综合开发典型案例

案例1　成都金沙公共汽电车枢纽综合体。2015年以后,成都市城市公共汽电车综合开发用地必须通过招拍挂方式获得土地使用权。2018年,成都市委市政府做出建设美丽宜居公园城市的决策部署,提出了"站城一体化"的综合开发理念,为了保证城市公共汽电车综合开发项目的科学性、可操作性,在工作机制、用地保障、规划设计等方面做了积极探索。

成都金沙公共汽电车综合体项目位于青羊区清江东路北侧,二环路与2.5环路之间,距离二环路直线距离约800m,距离2.5环路130m。项目总占地面积54.70亩(1亩≈666.66m²),土地用途为城市公共汽电车基础设施兼容商业、金融业,属于城市公共汽电车基础设施与商业开发相融合的综合体项目。

成都金沙公共汽电车枢纽综合体引入产业融合综合体理念,在优化城市公共汽电车设施的同时,实现商业价值。金沙公共汽电车枢纽综合体建成后,以"交通枢纽+商业中心+开放空间"的运作模式,带动了区域发展和城市空间、功能的更新和提升。该项目融资以政府划拨为主,规划建设也由当地规划和建设主管部门共同把控,场站前期投入虽然较大,但其所解决的城市交通问题、所带动的经济价值以及场站综合利用部分所吸引的社会资金均能够较好地反哺城市建设;城市居民的出行效率得到提升,同时享受到优质的服务;城市公共汽电车公司通过几乎"零成本"的付出,获得更好的工作环境,进而促进公共交通体系的良性循环。因此,对于有城市战略背景支撑的城市边缘区大型公共汽电车枢纽型场站的转型建设,该模式拥有较高的参考价值。

案例2 南京所街公共汽电车场站。TOD项目所街公共汽电车场站位于建邺区应天大街与江东中路交叉口西南地块,占地超过4300m²,作为南京市首个公交场站综合开发项目,是兼具公共交通驿站、办公酒店和市民休闲为一体的城市综合体,2024年5月28日封顶。该项目为地上9层和地下1层的大楼,总建筑面积超过1.5万m²,其中地上1~3层为公共交通驿站和车辆运营区,用于公共交通车辆停放运营、乘客换乘和设置便民服务设施。4~9层为精品酒店,地下1层则提供100多个停车位。在没有改变公共汽电车场站功能的同时,赋予地块商业、便民服务、社会停车等多种功能,实现了地块的复合开发。建筑外立面采用形状不一的单元化造型,营造出规律而多变的丰富视觉效果。由于地块兼有乘客公共交通换乘、商业、公共服务等功能,首层采用架空手法形成进出站口,供公共汽电车车辆停车、上下客。相比于过去露天的公共汽电车场站,独特的造型不仅能提供遮蔽服务,又能有效削减噪声,减少对周边居民区的影响。

所街公共汽电车场站项目是江苏省城市公共汽电车用地综合开发典型案例,被列入南京市第二批城市更新生产类试点项目,也是全国首例由公共汽电车运营企业利用低效用地再开发政策自主运作的项目。

第六章　城市公共汽电车运营管理

城市公共汽电车运营管理就是对城市公共汽电车运营服务过程的计划、组织、实施和控制等各项管理工作的总称。城市公共汽电车运营过程由城市公共汽电车运营企业具体组织，根据城市交通运输主管部门对服务规范的要求和城市公共汽电车客流动态变化规律对其运营过程进行组织指挥和调节，形成有序的运营服务，最大限度地从站点设置、运营时间、线路运营形式、线路车辆配置等方面来满足市民出行需求。

各级地方政府交通运输主管部门是城市公共汽电车运营服务的监管主体。监管内容主要有：一是企业市场准入与退出管理；二是运营服务规范执行情况与质量监管；三运营企业经营成本监审。一套完善的政策法规是行业监管的基础，交通运输主管部门依据相关法规、规章和规定，依法行使特许和监管职权。城市公共汽电车运营许可和日常监管一般采用线路经营权管理制度实现。通过规范化的监管，明确企业的责任和义务，维护各方权益，规范运营服务，保障城市公共汽电车安全运行。

第一节　城市公共汽电车运营管理内容

1.线路经营权管理

城市公共汽电车线路经营权管理，是指城市公共交通主管部门依照法定程序授予符合资格的企业经营者在规定期限内经营指定的公共汽电车线路的权利。规范的线路经营权管理制度，是城市公共汽电车行业市场准入和公平合理配置公共资源的基本制度，是城市公共交通主管部门加强运营监管的重要抓手，以促进企业不断提高服务水平。

1）线路经营权的准入管理

目前，我国城市公共汽电车运营企业取得线路经营权的方式主要有两种：一是政府直接审批授权;二是政府通过公开招标或邀标的方式授予。第一种方式对城市公共汽电车线路的所有权和经营权未作界定,排他性特征不明显;第二种方式明确了城市公共汽电车线路资源作为国有无形资产的属性。城市公共汽电车线路的所有权和经营权分离,市场化运作只改变线路的经营权实现形式,而不改变其产权属性。

2017年交通运输部印发的《城市公共汽电车客运管理规定》(交通运输部令2017年第5号)第十四条明确,城市公共汽电车客运按照国家相关规定实行特许经营,城市公共交通主管部门应当根据规模经营、适度竞争的原则,综合考虑运力配置、社会公众需求、社会公众安全等因素,通过服务质量招投标的方式选择运营企业,授予城市公共汽电车线路运营权;不符合招投标条件的,由城市公共交通主管部门择优选择取得线路运营权的运营企业。2024年10月发布的《城市公共交通条例》第十八条明确,城市人民政府城市公共交通主管部门应当通过与城市公共交通企业签订运营服务协议等方式,明确城市公共交通运营有关服务标准、规范、要求以及运营服务质量评价等事项。城市公共交通企业应当遵守城市公共交通运营有关服务标准、规范、要求等,加强企业内部管理,不断提高运营服务质量和效率。

运营企业取得线路经营权,需要具备相应的资质条件。主要包括:有企业法人营业执照,有符合运营线路要求的运营车辆或者提供保证符合国家有关标准和规定车辆的承诺书。具有合理可行、符合安全运营要求的线路运营方案。具有健全的经营服务管理制度、安全生产管理制度和服务质量保障制度。具有相应的管理人员和与运营业务相适应的从业人员。法律、法规规定的其他条件。

为推动企业加强运营服务管理,促进行业适度竞争,城市公共交通线路经营权需要设有一定的经营期限,具体期限由城市人民政府确定,同一城市的城市公共汽电车线路运营权实行统一的期限。城市公共汽电车线路运营权期限届满,应由城市公共交通主管部门按照经营权授予流程重新选择取得该线路运营权的运营企业。

2)线路经营权的授予原则

线路经营权的授予,主要应以企业所具有的运营服务资质条件为依据,同时也应根据公共交通运营服务的特点和要求,体现以下原则:

一是有利于线路运营的稳定有序。对于线路经营权期限届满、运营服务良好的运营企业,应给予其新一期的线路优先经营权,以保证线路经营的连续性和稳定性。

二是有利于区域相对集中运营。应鼓励特定区域内经营业绩、运营服务优良且具有相对规模优势的企业通过重组兼并达到相对集中经营,给予其区域内线路经营优先权。

三是有利于线网优化调整。应支持现有线路的经营者通过与其他线路经营者实行线路经营权置换等方式实现规划要求的线路优化调整。

3)线路运营权的权利和义务

《城市公共汽电车客运管理规定》第十四条明确,城市公共交通主管部门应当与取得城市公共汽电车运营权的运营企业签订线路特许经营协议。

城市公共汽电车线路特许经营协议应当明确以下内容:运营线路、站点设置、配置车辆数及车型、首末班次时间、运营间隔、线路运营权期限等,运营服务标准,安全保障制度、措施和责任,执行的票制、票价,线路运营权的变更、延续、暂停、终止的条件和方式,履约担保、运营期限内的风险分担,应急预案和临时接管预案,运营企业相关运营数据上报要求,违约责任,争议调节方式,双方的其他权利和义务,双方认为应当约定的其他事项。

在线路特许经营协议有效期限内,确需变更协议内容的,协议双方应当在共同协商的基础上签订补充协议。

4)线路经营权的考核评议

线路经营权的考核评议是线路经营权管理的主要内容。2024年10月发布的《城市公共交通条例》第二十六条明确,城市人民政府城市公共交通主管部门应当定期组织开展城市公共交通企业运营服务质量评价,并将评价结果向社会公布。城市公共交通主管部门应当建立运营企业服务质量评价制度,定期对运营企业的服务质量进行评价并向社会公布,评价结果作为衡量运营企业运营绩效、发放政府补贴和线路运营权管理等的依据。

线路经营权考核标准的内容一般由运营基本条件和管理要求两部分组成。运营基本条件包括对该线路车辆配置、服务设施、站点设施和人员素质等方面的规定;管理要求包括运营服务、安全行车、车辆设施、站容秩序、票务管理、投诉处理、遵章守纪、社会评议等方面的规定。交通运输主管部门可以根据客运市场的变化和运营服务的要求,适时修改考核标准。

交通运输主管部门应当根据公布的考核标准,在企业自我检查的基础上,每年组织对企业的运营服务状况进行评议,并充分重视乘客、信访投诉和新闻媒体报道等方面的评议意见,评议时可邀请乘客代表、新闻媒体等参加。

5)线路经营权的退出管理

经服务质量评价,线路经营者达不到线路经营要求的,城市公共交通主管部门应当责令相关运营企业限期整改,整改期满,考核合格的可继续经营。整改期满仍不符合管理要求,严重危害公共利益,或者造成重大安全事故的,城市公共交通主管部门可以终止其部分或者全部线路运营权协议。

城市公共汽电车线路经营权的退出管理,是一项政策性很强的行业管理工作。在操作过程中,既要严格、规范,也要稳妥、有序。特别对退出经营的企业要妥善处理好资产评估、人员安置、运营衔接等方面的相关事宜。新授权经营单位要优先吸收原在该线路运营的驾驶员、售票员和调度员。

2.日常运营服务监管

加强城市公共交通的日常运营服务管理,完善运营服务标准,督促运营企业不断提高公共交通服务质量,为乘客提供安全、便捷、经济、可靠的客运服务,是促进城市公共交通发展的基础和保障。

1)主要内容

(1)线网及线路管理。线路日常运营管理是指根据城市公共交通线网规划,编制和确定实施计划,包括线网优化调整、新建住宅区线路配套、复线控制、线路暂停与终止、线路长度控制、公交专用车道管理等方面内容。

(2)站点设置与管理。站点设置与管理包括站点设置布局、起讫站设施管理、起讫站日常管理、站名规范管理、站牌服务信息管理、候车设施管理、临时站牌管理等内容。

(3)营运车辆、车载服务设施管理。营运车辆、车载服务设施管理包括车辆技术要求、车辆服务设施配置要求、车辆日常维护要求等。

行业管理部门对营运车辆实行年度审验制度,未经年度审验或经年度审验不合格的营运车辆,不能用于线路运营。

(4)票务管理。票务管理主要包括票价的制定、售票员售检票、票款回收、核算、统计等相关管理工作。政府物价部门核定运价标准,交通运输主管部门据此对票价进行检查监督,对于企业提出的票价调整申请进行审核,会同物价部门组织听证。

运营企业应严格按照政府核定的运价标准收费,并向乘客提供经交通运输主管部门和税务部门共同核准的统一票据;如需调整票价,须报政府主管部门批准后才可实施;在运营过程中,售票员或驾驶员应监督乘客按规定购票(投币或刷卡),正确识别与处理违章乘车事件。

(5)行车作业计划管理。交通运输主管部门对线路行车作业计划的编制和执行情况进行监督检查。

在线路投入运营前,运营企业应按照运营要求和客流量编制线路行车作业计划,对行经路线、停靠站点、开收车时间、配备车辆数、车辆发车时间间隔等进行规范,并报交通运输主管部门批准后组织实施。

(6)从业人员服务操作规范管理。从业人员服务操作规范管理包括对驾驶员、售票员、调度员等运营企业的现场服务人员在规范着装、服务用语、操作规程等方面进行监督检查。

2)建立服务督查评价机制

为加强公共交通日常运营服务规范管理,交通运输主管部门应根据各地的行业运行与管理实际,探索建立一套切实有效的日常运营监督管理机制。

第一,建立和完善服务规范标准监督检查制度。一是要加强政府管理部门的行业稽查。特别是要通过加强现场监管执法力量、充分应用信息化等技术手段,以加大行业稽查力度,提高执法监督的有效性与权威性。二是要推动企业自我管理,促进行业自律。尤其要充分发挥行业协会的相关职能,通过行业协会的纽带、组织、教育作用,增强行业和企业的自律意识,提高规范服务水平。三是要充分发挥社会监督的作用。可通过组织由城市居民代表参加的行风巡查团及乘客投诉、媒体监督等方式,形成全社会共同关心、关注公共交通规范服务的合力。

第二,建立和完善公共交通日常运营服务社会评判与考核机制。一是要引入社会中介组织,建立行业服务的社会评判机制。在服务规范标准内容的制订、执行监督、考核实施等环节都要通过适当机制引导专业权威的社会中介组织积极参与,充分发挥作用。二是要建立严格的服务考核机制。服务规范标准通过适当渠道经社会评判认可后,政府对公共交通服务的监管也以此为依据,根据企业服务水平,决定线路经营权的授予,以及财政补贴补偿的数量。企业也根据社会认可的服务规范提供公共交通服务,规范企业内部服务供应考核制度,以服务水平作为考核经营者、司售人员的主要指标，并健全日常服务考核程序与数据管理。

对于企业服务规范标准执行情况的督查、考核，要作为公共交通线路经营权管理和企业经营者综合经营管理绩效评价的有效手段，根据考核指标权重的不同，设定具体甚至量化的考核标准，这样才具有可操作性和权威性。

3. 运营成本监审

定价成本监审（简称成本监审）是指定价机关通过审核经营者成本，核定政府制定价格成本（定价成本）的行为，是政府制定价格的重要程序，是价格监管的重要内容。成本监审是提高政府定价科学性的重要制度，对于做好价格工作具有重要意义。2024年10月发布的《城市公共交通条例》第十六条明确，城市人民政府应当组织有关部门对城市公共交通企业开展成本费用年度核算。

1）我国成本监审的发展

2002年底，原国家计委制定出台了《重要商品和服务价格成本监审暂行办法》（原国家计委25号令），第一次在价格管理中提出了成本监审的概念。经过3年左右的实践，2006年初，国家发展改革委发布了《政府制定价格成本监审办法》（国家发展改革委令第42号，后于2017年以国家发展改革委令第8号发布修订后办法），明确了成本监审的范围和主体，统一了监审的原则、方法和程序。2007年6月，国家发展改革委发布了《定价成本监审一般技术规范（试行）》（发改价格〔2007〕1219号）。规定了职工人数、职工平均工资、原材料和燃料的购入价格等成本费用要素的确定原则和方法。

2017年，国家发展改革委对《政府制定价格成本监审办法》进行了修订，修订后的《政府制定价格成本监审办法》进一步明确成本监审是政府制定价格的重要程序，凡有定价权限的定价机关，包括价格主管部门、有定价权的有关部门和经授权的市县人民政府，依法制定和调整商品和服务价格前，均应按照《政府制定价格成本监审办法》规定开展成本监审；严格定价成本的审核，明确政府定价成本的构成、核定方法和标准，以及不能进入定价成本的费用支出等，加强对企业的成本约束和激励，减少政府自由裁量权；进一步完善成本监审程序，促进成本监审工作更加规范化；明确定价机关可以通过政府购买服务等方式，委托和聘请专业机构和人员参与成本监审，提高成本监审效率；提出逐步推进成本信息公开制度，主动接受社会监督；建立成本监审档案管理制度，实现成本监审资料可查询、可追溯。

2)城市公共交通领域成本监审

《政府制定价格成本监审办法》规定,国务院价格主管部门和省、自治区、直辖市人民政府价格主管部门应当根据不同商品和服务成本的实际情况,按照价格管理权限制定具体商品和服务定价成本监审办法。具体商品和服务定价成本监审办法应当包括相关商品或服务定价成本的构成项目、核定方法和标准等内容。对于地方定价目录中的商品和服务,国务院价格主管部门可以协调制定全国统一的定价成本监审办法。

2006年以来,江苏、天津、湖北、广东等省(直辖市)出台了公共汽电车客运定价成本监审办法,以指导本辖区的定价成本监审工作。

江苏省于2008年发布了《江苏省城市公共汽(电)车客运定价成本监审办法(试行)》,明确了定价成本监审的原则,构成项目为直接营运成本、期间费用、营业税金及附加三部分。部分审核标准包括职工平均工资不超过行业职工平均工资1.2倍;广告和业务宣传两项费用之和不超过当年营业收入的15%;固定资产采用平均法计提,残值率根据固定资产的性质、消耗方式和工作环境等因素按3%~5%确定。

天津市2010年发布了《天津市城市公共汽车客运定价成本监审办法》,规定了城市公共汽车客运定价成本构成和核定方法,部分审核标准包括管理费用不得超过审核后直接营运成本的15%。

湖北省2012年发布了《湖北省城市公共客运交通服务定价成本监审暂行办法》,规定直接营运成本包括司乘人员及其他直接从事营运服务人员的职工薪酬、燃料及动力费、折旧费、修理费、通行费、保险费、租赁费及其他直接营运费用等。期间费用包括管理费用和财务费用。

广东省2021年发布了《广东省发展改革委关于城市公共汽(电)车客运定价成本监审的办法》,明确了定价成本监审的原则、定价成本构成项目及相关审核标准。部分审核标准包括行政管理人员、后勤人员和车队服务人员等按核定职工人数最高限额的20%内据实核定;年修理费按不高于核定的固定资产原值的5%据实核定;固定资产采用平均法计提,残值率取4%。

第二节　城市公共汽电车运营体制模式

目前,在国内外绝大多数主要城市,城市公共交通的发展规划、基础设施的投资建设均由政府负责,具体运营则引入市场机制,由城市公共汽电车运营企业负责组织实施。

根据公共汽电车运营企业的经济属性、运营方式以及行业市场竞争程度,目前国内外城市公共汽电车运营模式大致可分为四类。

1. 国有企业为主直接运营模式

在这种模式下,政府控制票价与线路规划,同时政府与国有公共交通企业签订服务合同,按区域授予其线路经营权,企业按合同要求提供公共交通服务,对于票价收入不足以支撑运营的亏损部分由政府出资承担,以巴黎及北美主要大城市为典型代表。

2. 政府授权委托运营模式

在这种模式下,政府控制票价,并将一部分政府职责授权委托一家国有公共交通企业经营和统一管理其他公共交通运营企业,委托职能包括制定线路规划、确定公共交通服务标准、监督运行质量、实行线路经营权招投标管理等,政府通过委托企业对亏损线路进行运营补贴,以伦敦为典型代表。

3. 运营收支分离模式

在这种模式下,政府控制票价与线路规划,经济成分多样化的各类运营企业均可通过竞标方式取得线路经营权。公共交通票款收入不进企业账户,统一汇缴至管理部门掌控的票务结算中心。政府根据百公里成本重新分配票款收入,返还各运营企业,并对收入不足成本部分进行补贴,保证企业一定的利润率。利润率因各企业服务质量的差异存在浮动区间,这种模式以首尔为典型代表。库里蒂巴与首尔相似,实施运营收支分离,差异在于政府的部分管理权下放给一家国有企业行使。

4. 高度市场化运作模式

在这种模式下,政府不对公共交通运营企业进行直接补贴,采取多种形式的扶持政策给予补偿,包括赋予土地开放权、减免各种税费、采用BOT建设方式等,降低企业的运营成本。同时,政府也对线路经营权、票价、利润水平、服务内容等进行监管,企业在政府监管体系下,仍有一定的自主调整权,如调整票价等,可以进行比较灵活的收支控制,取得盈利,以香港为典型代表。

> **专栏6-1:佛山市城市公共汽电车运营模式案例**
>
> 　　2008年,佛山市委市政府就已开始积极推进公共交通体制改革,试水政府购买公共交通服务,在全国率先实行公共交通线路运营TC(交通共同体)模式。TC模式通过招投标向运营企业购买城市公共汽电车线路运营服务,并由城市人民政府成立机构,负责常规公共汽电车线路的线网规划、票款清收与结算、运营企业成本核算、运营服务监管考核、运营服务计划编制等工作。在TC模式下,由于运营企业不涉及公共汽电车系统的基础设施规划、建设及服务票款清收结算过程,只提供政府购买的公共汽电车线路运营服务,可以使公共交通的服务能力、质量与水平得到有效和充分保障。
>
> 　　佛山市出台了《关于加强全市统筹深化公交TC改革总体实施方案》,全面推动公共交通发展,开展八个"一体化"工程,即TC管理架构一体化、财政投入一体化、运营规划一体化、场(站)路设施一体化、票制票价一体化、出行服务一体化、标准规范一体化、智能应用一体化。

第三节　我国城市公共汽电车市场运营格局

　　从我国城市公共汽电车市场化发展的历程看,培育城市公共汽电车运营市场,促进运营主体间的有效竞争,对于激发行业发展活力,提高运营服务效率,发挥了积极作用。但是,公共交通作为城市基础服务性行业,公益属性十分显著,而社会资本进入公共交通市场以后,由于其逐利性特征,导致行业公益性服务目标与企业经济效益目标之间难以平衡。特别在公共汽电车行业,运营企业为提高经济效益,违规经营的现象时有发生,社会责任和服务意识趋于弱化。而运营主体过多,市场过于分散,经济成分过于复杂,又进一步加剧了公共交通行业市场竞争无序的局面。

为此,2005年国务院办公厅在转发相关部委《关于优先发展城市公共交通的意见》的通知(国办发〔2005〕46号)中明确提出,要有序开放我国城市公共交通市场,实施特许经营制度,逐步形成"国有主导、多方参与、规模经营、有序竞争"的市场运营格局。

当前,我国倡导形成"国有主导、多方参与、规模经营、有序竞争"的城市公共交通市场运营格局,主要基于行业所具有的以下经济社会特性：一是整体网络性。城市公共交通只有依托布局合理、功能清晰的整体性运行线网,才能科学配置运能,实现社会服务效率与效益最大化。二是规模经济性。即随着公共交通企业规模的扩大,企业的运行成本会逐渐降低。在公益性低票价政策环境下,实行国有主导、相对集中的集团化经营方式,强调企业的规模经济性,其必要性更加突出。三是普遍服务性。即公共交通服务是政府应该为人民群众平等提供的最基本的公共服务,需要保证服务的稳定性、质量的可靠性和可信赖性等。这就需要克服社会资本的功利性,主要由国有资本承担普遍服务职能。四是适度竞争性。在具有显著公益属性的公共交通行业,市场化运作中的竞争,不能主要强调经济效益的竞争,应集中于服务质量、成本控制、运营效率与确保营收等方面的有序适度竞争。

2012年,《国务院关于城市优先发展公共交通的指导意见》(国发〔2012〕64号)提出要拓宽城市公共交通投资渠道,推进公共交通投融资体制改革,进一步发挥市场机制的作用。支持公共交通企业利用优质存量资产,通过特许经营、战略投资、信托投资、股权融资等多种形式,吸引和鼓励社会资金参与公共交通基础设施建设和运营,在市场准入标准和优惠扶持政策方面,对各类投资主体同等对待。公共交通企业可以开展与运输服务主业相关的其他经营业务,改善企业财务状况,增强市场融资能力。要加强银企合作,创新金融服务,为城市公共交通发展提供优质、低成本的融资服务。

2024年,《城市公共交通条例》第十五条规定,城市公共交通企业在保障公众基本出行的前提下,可以开展定制化出行服务业务。定制化出行服务业务可以实行市场调节价。

第四节　城市公共汽电车运营管理信息化应用与发展

1.行业信息化的主要功能需求

我国城市公共汽电车信息化的建设应满足规划与建设、运营服务监管、安全与应急管理、票价与补贴管理等方面的功能需求,为构建更加安全、高效、便捷、经济、低碳的城市公共汽电车服务体系提供支撑。

1)规划与建设管理

一是需要利用大数据技术进行线网优化辅助分析,提出针对整个线网、单条线路的优化调整方案;还需要了解城市公共交通场站的现状、车位缺口等情况,并根据可选择用地的位置、面积等信息,实现对停车场、首末站、充电站、加油(气)站等设施建设用地的辅助决策。

二是需要及时了解城市公共汽电车设施建设项目的工程进展情况,围绕项目立项、工程变更、工程进度、完工验收等方面,实现服务设施建设项目全生命周期的信息管理。

三是需要科学设置公交专用车道、公交优先信号系统,为有效提高城市公共汽电车的通行效率提供支撑,需要综合考虑事前、事中、事后三个方面的监管,实现事前决策分析、运行动态监测与设置效果的事后评估。

2)运营服务监管

一是需要实现对企业经营管理的监管,对城市公共汽电车运营企业、特许经营协议、运营线路、公交站点、运营车辆、从业人员、运营场站、运营企业财务状况等方面信息进行备案与管理,实现对企业经营管理信息的全面掌握。

二是需要实现服务监督与服务质量评价,针对服务稽查、服务投诉、乘客满意度评价、运营企业信用评价、从业人员信用评价、服务质量评价等方面加强监管,促进城市公共汽电车运营企业进一步提升服务水平。

三是需要实现对运营情况的监测,围绕运营基础信息分析、运力分析、客流分析、运营效率分析、能源消耗分析等方面开展动态监测,掌握城市公共汽电车的实时运行状态,对关键运行指标进行统计分析。

四是需要实现信息发布与查询,能够及时发布城市公共汽电车相关的政策法规、标准规范、通知公告,以及服务质量评价、服务投诉处理结果等信息。

3）安全与应急管理

一是需要实现安全事故的信息管理，围绕事故经过、事故原因和事故损失等方面开展全链条的信息管理，及时、准确地查明事故性质，认定事故责任，总结事故教训，提出整改措施。

二是需要实现安全检查的信息管理，围绕安全检查的企业、检查时间、地点、排查出的安全隐患信息、提出的整改措施、整改完成情况等方面加强安全管理，及时发现并采取措施消除各种安全隐患。

三是需要实现应急情况下的信息管理，围绕应急信息管理、应急演练管理和应急调度管理等方面，促进完善应急预案和应急演练机制，实现应急事件发生时的统一调度、部门联动、资源共享、快速响应、高效处置。

4）票价与补贴管理

一是需要依据当地政府建立的企业运营成本核算制度，围绕直接运营成本、管理费用、财务费用、税金及附加等方面，测算与分析企业运营成本，为票价调整、补贴发放提供支撑。

二是需要综合考虑城市公共交通票制票价的特殊性、运营成本等因素，实现对车票定价方案、调价方案的辅助决策分析。

三是需要根据当地政府发布的财政补贴政策要求，综合考虑运营成本、票制票价、服务质量评价等因素，实现对财政补贴资金测算的辅助决策分析。

2. 公共交通信息化系统的应用现状

1）公共交通智能化示范工程

为规范城市公共交通行业管理、改进运营调度和监管模式、增强行业决策与安全应急指挥能力，满足公众快捷、安全、方便、舒适的出行需求，交通运输部于2011年启动了公共交通智能化应用示范工程。针对第一批、第二批36个公交都市示范城市，开展了公共交通智能化应用示范工程建设，工程建设内容包括"一套体系、一个中心、三大平台"，即构建基于车载、站点与场站终端数据采集设备的公共交通运行状态监测体系，建设涵盖企业、行业两个层级的公共交通数据资源中心，建设城市公共交通企业运营智能调度平台、乘客出行信息服务平台及城市公共交通行业监管平台。公共交通智能化应用示范工程覆盖范围广、规模大，发挥了带动和引导作用，促进了国内城市公共交通向要素全息化、系统协同化、决策科学化、服务精准化方向快速发展，为城市公共交通领域的"互联网+"应用快速发展打下了良好的基础。

2)"互联网+公交"创新应用

在运营服务模式创新方面,国内中心城市先后建设了基于互联网的定制公共交通系统,如广州的"如约巴士"、深圳的"E巴士"等,将传统公共交通企业与互联网应用相结合,动态优化车辆位置与运行轨迹,通过整合乘客出行需求,向乘客提供定制化、"准门到门"的公共交通出行服务。近年来,以定人、定点、定时、定价、定车等为特征的响应式公共交通(DRT)服务模式得到推广应用,满足了城市居民个性化、便捷化的出行需求。

在基于大数据的科学决策方面,杭州、深圳等城市已相继开展公共交通云平台、公共交通大脑等项目的实施和应用。通过接入居民出行调查数据、公共交通车辆运行数据、公共交通跟车调查数据、手机信令数据,以及公共交通刷卡数据、卫星定位数据等,利用大数据技术进行客流分析预测与模拟仿真,为公共交通线网优化、公交专用车道设置、公共交通分担率测算提供了技术支撑。

专栏6-2:杭州公共交通智慧大脑

自2017年起,杭州公交集团开发建设公共交通数据大脑,基于新型互联网架构,采用云计算、大数据、AI技术和数据安全等先进技术,结合公共交通运营业务和管理规范,对公共交通数据进行治理,融合多源数据,挖掘数据价值。

杭州公共交通智慧大脑对采集的人、车、站、线、场等静态数据,以及支付交易数据、车辆位置数据、CAN数据、排班数据、调度数据、运营数据等多源数据进行清洗、融合和标准化治理;通过算法模型,从时间、方向、断面、天气等多维角度,分析客流分布规律和客流动态,全局呈现客流流量、流向、流时,输出城市交通分区发生量、到达量和全域OD,公共交通站点客流集散量、线路和班次客运量、实时客流量,公共交通站点、线路及区域客流OD等,支撑了"一线一策"精细化运营。

基于公共交通智慧大脑,实现AI定制公共交通,通过数据和算法来规划定制公共交通线路,结合居住区、园区、校区、景区、综合体、交通枢纽等特定场景来设定服务线路、服务方式等,贴近居民出行需求,实现门对门服务。

在自动驾驶技术应用方面,工信部、公安部、住建部、交通运输部等部委先后组织开展了"智能交通先导应用试点""智能网联汽车准入和上路通行试点""智能网联汽车'车路云一体化'应用试点"助力自动驾驶应用落地。其中,交通运输部两批次50个"智能交通先导应用试点"项目中,17个项目涉及城市客运自动驾驶。截至2024年3月,全国54个省(自治区、直辖市)相继出台道路测试与示范应用规范性文件,27个城市支持自动驾驶商业探索,21个城市支持自动驾驶无人化测试,10个城市开展自动驾驶立法,全国开放自动驾驶道路里程超过2.8万km,车辆规模超过5000辆。

> **专栏6-3:郑州、广州公交自动驾驶应用案例**
>
> 郑州东三环智能网联快速公交项目:在郑州市北三环东延线—东三环—南三环东延线24.5km公共交通线路上,沿途布设24个站点,投入42辆L3级智能网联公共交通车辆,开通B6、B7两条自动驾驶快速公交线路,按照快速公交模式开展运营服务(图6-1)。截至2024年1月15日,累计运营里程31.31万km,客运量37.98万人次。围绕智能网联BRT运行场景,聚焦智能网联快速公交站台设计、智能网联快速公交场站设计、车路协同应用场景、公共交通车辆自动驾驶系统、运营管理、机务管理、安全管理、驾驶员(安全员)管理等,形成标准规范、技术指南和管理制度9项,初步构建智能网联快速公交运营管理体系。
>
>
>
> a)　　　　　　　　　　　　b)
>
> 图6-1　郑州智能网联快速公交运营
>
> 广州自动驾驶便民巴士项目:在广州塔环线、生物岛环线等,投入50辆

自动驾驶巴士,开通7条自动驾驶便民线路(含2条夜班线)。截至2024年1月,已累计运行里程150.9万km、服务102.7万人次,实现零投诉、零安全责任事故。通过便民线路运营的方式使自动驾驶巴士融入城市公共交通运营服务体系,从运营、服务、安全、保障、信息化等方面,全面探索符合自动驾驶特点的自动驾驶巴士运营管理服务模式(图6-2),形成技术规范和技术指南5份,包括《自动驾驶营运调度管理办法》《自动驾驶公交车辆维护技术规范》《自动驾驶公交运营安全管理标准》《自动驾驶巴士运营管理服务体系》《自动驾驶巴士自动化运营能力技术指南》等。

a)

b)

图6-2 广州自动驾驶便民巴士运营

在出行服务一体化方面,交通运输部组织各地交通运输主管部门和交通运输企业加快推进交通一卡通互联互通,为人民群众提供了更加便捷高效的公共交通出行服务。截至2023年12月底,全国336个地级以上城市(含5个示范区)实现交通一卡通互联互通,全国累计发行互联互通卡3.67亿张。城市公共交通出行移动支付发展迅速,大多数城市支持二维码、手机NFC等移动支付方式,部分城市实现了常规公共交通与地铁移动支付的互联互通。北京、上海、广州等城市积极探索以公共交通服务为核心的MaaS平台应用,为乘客提供行程规划、一码通行、行程预约、联程套票、需求响应式公共交通、一键叫车等便利化出行服务。

专栏6-4：上海MaaS实践

2022年1月，在上海市国资委和交通委支持下，由上汽集团、久事集团、申通地铁集团、仪电集团、城建投资、上海信投等6家机构共同出资成立上海随申行智慧交通科技有限公司（简称"随申行"），作为MaaS平台建设和运营的主体。随申行依托数据授权运营模式，以MaaS平台建设为主线，整合市域内的公交、轨道交通、轮渡、巡游车、网约车、共享单车以及私家车相关的停车、维修、救援等7大出行场景，搭建上海市绿色出行一体化平台，致力于在用户侧、运营侧、政府侧等三个维度实现"全方位赋能"。

依托随申码、公交码、地铁码的三码合一，随申行整合公交、地铁、轮渡、出租车及停车等出行服务，建立了统一的出行服务入口（图6-3），取得了三个方面成果。

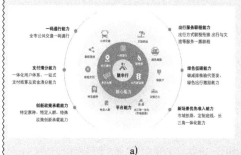
a)

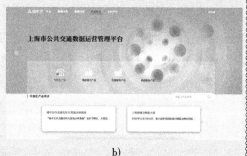
b)

图6-3 上海MaaS实践—随申行平台

一是整合公共出行服务入口。全面实现上海市公共交通全覆盖，包含全线20条轨道交通线路、磁悬浮列车、1560多条公共交通线路及全线轮渡，面向老年人群体推出家人亲密付、语音提醒到站等适老服务，创新构建绿色积分体系。

二是在打通交通行业数据孤岛方面取得突破。对接市大数据中心、市交通委、申通地铁、久事公交、市交通卡公司等多个行业数据平台，搭建涵盖交通出行领域"供给端"和"需求端"的大数据平台，实现跨交通场景和时空多域数据的全面融合治理，具备本市交通领域公共数据运营的基本能力；与上海数据交易所签署战略合作协议，共建上海数据交易服务平台交通板块，完成多款数据产品挂牌,探索打造公共数据授权运营应用新范式。

三是探索构建上海特色生活服务生态圈。试点实施"一日票、三日票、七日票"等优惠票制,打造"一码通行、一扫通行"的一站式数智出行体验,推出临港"文旅+出行"一票联程、嘉定自动驾驶服务、第六届进博会服务专区等特色服务,逐步探索从"行"向"衣、食、住、购、娱"等领域延展。

截至2024年3月,随申行用户数超400万,累计纳管公共数据超百亿条,服务调用数十亿次,出行服务订单量超2000万单。

3.行业管理信息化的发展方向

随着我国城市公共汽电车服务的快速发展,行业管理的信息化建设主要有以下几方面的发展重点。

一是深化5G、人工智能、VR等新技术融合应用,强化安全辅助驾驶、驾驶行为识别预警、车内安全防范、智能维修等技术应用,提升城市公共汽电车车辆运营安全和智慧化水平。推动基于电动化的车辆装备向轻量化、自动化、集成化、模块化和网联化方向发展,支撑城市公共汽电车接驳运输、灵活型公共汽电车等服务模式创新应用需求。

二是加强智慧公共汽电车设施建设,实现公共交通车辆站点高效停靠、进出场站自动识别、路口公共交通信号优先控制等应用,提升城市公共汽电车车辆通行和运营效率,为城市公共汽电车自动驾驶示范应用奠定基础。推进自动驾驶公共汽电车在特定场景下的应用,实现小范围内开放道路上的低速共享合乘的小型接驳城市公共汽电车,满足"最后一公里"出行衔接需求,实现公交专用车道等专有路权上的快速公交模式的自动化运营,提升车队管理和通行效率。

三是打造城市公共交通数据大脑,深化基于大数据的多模式公共汽电车资源优化、协同调度技术应用,实现考虑多因素、多服务方式的智能动态排班、跨模式的协同调度,人、车、线网、场站、物资、能源供应等各要素的全局优化配置,提升固定线路城市公共汽电车服务效率和准点率,支撑发展需求响应式、定制化等灵活型公共汽电车服务。

四是推进开放共享,建设一体化出行服务平台。实现城市公共汽电车出行信息泛在连接和获取,通过手机App、电子站牌等多方式提供更加精准、实时、个性化的行程规划。推进城市交通一卡通互联互通,深化手机NFC支付、虚拟卡支付、闪付、人脸识别支付等多元化移动支付方式的集成和应用。开展以公共交通为主的出行即服务(MaaS)研究与应用示范,建设以出行者为中心的一体化出行服务平台,推进跨模式、跨部门出行服务资源整合,通过多模式协同运输、多样化服务产品、一站式出行服务等提高城市公共汽电车运输效能、改善人们出行体验,促进城市交通出行与旅游、消费等领域的深度融合,实现跨域互相引流、互相赋能。

五是加强智能化系统一体化设计、建设和运行维护,开展新一代智能公共汽电车系统顶层设计,建立可更新迭代的智能公共汽电车系统体系框架,针对智能网联(含自动驾驶)公共汽电车应用、灵活型公共汽电车服务、智慧公共汽电车设施建设等,适时编制和发布行业亟需的标准规范、建设指南、设计导则等。

第七章　城市公共汽电车服务评价

为广大公众提供快捷、安全、方便、舒适的城市公共汽电车服务是城市公共汽电车发展水平的直观体现,是提高城市公共交通吸引力的重要实现途径。就其含义而言,城市公共汽电车服务是由网络化的基础设施、现代化的运输装备、智能化的信息平台、综合化的管理体制以及人性化的运输服务共同协调完成的。

城市公共汽电车服务评价是对城市公共汽电车服务水平的客观判别,是政府对城市公共汽电车行业实施监管的重要抓手。按照评价对象的不同,城市公共汽电车服务评价可分为对政府城市公共汽电车整体服务水平评价和对企业公共交通运营服务水平评价。对政府评价的主要目的是科学监督和引导政府管理部门进一步落实城市公共交通优先发展战略,从而提升城市总体竞争力和城市可持续发展的能力。对企业评价的主要目的是引导和促进城市公共汽电车服务水平和服务质量的提升,提高城市公共交通的吸引力,使百姓愿意乘公交,更多乘公交。

第一节　城市公共汽电车服务评价指标

城市公共汽电车服务评价按照评价内容可以分为发展水平评价和服务质量评价两种,相关指标分别在国家标准《城市公共交通发展水平评价指标体系》(GB/T 35654—2017)、行业标准《城市公共汽电车企业服务质量评价指标体系》(JT/T 1001—2015)和《交通运输部办公厅关于印发〈城市轨道交通服务质量评价规范〉的通知》(交办运〔2019〕43号)中明确。

1.城市公共汽电车发展水平评价

1)城市公共汽电车机动化出行分担率

统计期内,城市居民采取城市公共汽电车方式出行的总量在采取各种机动化方式出行总量中所占的比例。

2)城市公共汽电车站点覆盖率

截至统计期末,城市一定区域范围内,所有城市公共汽电车站点一定半径范围覆盖的区域面积,占适宜设置城市公共汽电车站点的区域总面积的比例。

城市公共汽电车站点一定半径范围覆盖的区域面积,是以城区范围内每一个公共汽电车站点的每个出站口为圆心,以一定距离为半径画圆形成的所有圆的面积之和(不包括重叠区域部分)。

3)公共汽电车运营线路网覆盖率

截至统计期末,城市城区范围内公共汽电车运营线路网长度占城市道路长度的比例。

4)公共汽电车车辆万人保有量

截至统计期末,按城区人口计算,每万人平均拥有的城市公共汽电车车辆标准运营车数。

5)公共汽电车进场率

统计期内,公共汽电车运营车辆夜间进场停放的车辆数(含在公交专用停车场停放及在公交首末站、保养场或枢纽站停放的车辆数)与总运营车数的比率。

6)公交专用车道建设完成率

截至统计期末,城市城区范围内,按照《公交专用车道设置》(GA/T 507—2004)要求应设置公交专用车道的道路,实际完成公专用车道设置的比例。

7)公共汽电车乘客满意度

统计期内,城市公共汽电车乘客对城市公共汽电车服务的可得性、安全性、可靠性、便捷性及舒适性等方面的满意程度。具体是指所有有效调查问卷的得分之和与所有有效调查问卷满分之和的比例。

8)公共汽电车正点率

统计期内,城市公共汽电车正点行车次数与总行车次数的比例。

9)公共汽电车责任事故死亡率

统计期内,城市公共汽电车每行驶百万公里发生的行车责任事故死亡人数。

10)公共汽电车与小汽车速度比

统计期内高峰小时时段,城市城区范围内应设置公交专用车道的城市道路上公共汽电车平均行程速度与小汽车平均行程速度的比值。

11) 公共汽电车换乘

衔接率城市公共汽电车系统中的公共汽电车与城市轨道交通、公共自行车等，以及私人小汽车、出租车、自行车等其他交通运输方式的衔接程度。

12) 公共汽电车来车信息实时预报率

截至统计期末，可提供来车信息实时预报服务的公共汽电车线路数占公共汽电车线路总数的比例。

13) 公共汽电车单位人次运营成本

统计期内，城市公共汽电车系统平均每运送一位乘客的运营成本。

14) 公共汽电车车辆单位能源消耗强度

统计期内，城市公共汽电车系统中每标台公共汽电车车辆每行驶百公里消耗的标准煤数量。

2. 城市公共汽电车企业服务质量评价

1) 站牌完好率

统计期内，检查合格(已设置站牌且无破损，站牌信息清晰、完整、无误)的站牌数与被检查站牌总数之比。

2) 高级车辆配置率

统计期内，按照《公共汽车类型划分及等级评定》(JT/T 888)规定的高一级和高二级车辆数占运营车辆总数的百分比。

3) 车载智能服务终端使用率

截至统计期末，安装并使用车载智能服务终端(包括车载定位调度服务一体机、视频监测设备等)的运营车辆数占运营车辆总数的百分比。

4) 车辆中途故障频率

统计期内，运营车辆每百万公里发生的中途不能正常运营的故障次数。

5) 车内服务设施完好率

统计期末，车内服务设施合格率，即安全可靠、完好有效的车辆数占被检车辆总数的比率。

6) 来车信息实时预报率

截至统计期末，可提供来车信息实时预报服务的线路数占线路总数的比例。

7) 车辆整洁合格率

统计期内，整洁合格的车辆数与被检查车辆总数之比。

8)车辆服务合格率

统计期内,车厢服务合格车辆数与被检查车辆总数之比。

9)服务质量乘客满意度

统计期内,乘客对公共汽电车服务的可得性、安全性、可靠性、便捷性及舒适性等方面的满意程度。

10)投诉率

统计期内,公众对公共汽电车服务的投诉量与客运量之比。

11)行车责任事故死亡率

统计期内,单位里程发生的行车责任事故死亡人数。

12)道路交通运输违法(章)率

统计期内,运营过程中发生的道路交通运输违法(章)的次数与运营车辆总数之比。

13)发车正点率

统计期内,按计划正点发车次数占总发车次数的百分比。

14)高峰小时满载率

在高峰小时内,通过最大客流断面的各车次载客量之和与其额定载客量之和的比例。

第二节 城市公共汽电车服务评价方法

城市公共汽电车服务评价方法通常可分为四类:第一类是常规的综合评价方法,有总分评定法、指数综合法、最优距离法和功效系数法等。第二类是以数理为基础的理论,以数学理论和解析方法对评价系统进行严密的定量描述和计算,包括模糊分析法、灰色系统分析法、技术经济分析法、层次分析法等。第三类是以统计为主的理论和方法,通过统计数据,对指标数据进行转化,得出大样本数据下对评价对象的综合认识,包括各种多元统计方法。第四类是重现决策支持的方法,计算机系统仿真技术是其中的有效方法,如神经网络技术等。

目前,常用的方法有德尔菲法、主成分分析法、模糊综合评判法、层次分析法和灰色关联度法等。

1. 德尔菲法

德尔菲法（Delphi法）即专家咨询法，就是对复杂的决策问题在评价过程中征求和收集有关专家的意见，通过规范化程序，从中提取出最一致的信息，利用专家的知识、经验来对系统进行评价。采用德尔菲法专家成员的人数一般以20~50人为宜，并且不要求成员面对面接触，仅收集成员的书面意见。德尔菲法是对专家成员的意见进行统计处理、归纳和综合，然后进行多次信息反馈，使成员意见逐步集中，从而作出群体比较正确的判断。

2. 主成分分析法

主成分分析法是采用降维的方法将多个指标转化为少数几个综合指标的一种统计分析方法。主成分分析也称主分量分析，旨在利用降维的思想，把多指标转化为少数几个综合指标。在实证问题研究中，为了全面、系统地分析问题，必须考虑众多影响因素。这些涉及的因素一般称为指标，在多元统计分析中也称为变量。因为每个变量都在不同程度上反映了所研究问题的某些信息，并且指标之间彼此有一定的相关性，因而所得的统计数据反映的信息在一定程度上有重叠。在用统计方法研究多变量问题时，变量太多会增加计算量和增加分析问题的复杂性，人们希望在进行定量分析的过程中，涉及的变量较少，得到的信息量较多。主成分分析正是适应这一要求产生的，是解决这类问题的理想工具。

主成分分析法是一种数学变换的方法，它把给定的一组相关变量通过线性变换转成另一组不相关的变量，这些新的变量按照方差依次递减的顺序排列。在数学变换中保持变量的总方差不变，使第一变量具有最大的方差，称为第一主成分，第二变量的方差次大，并且和第一变量不相关，称为第二主成分。依次类推，一个变量就有一个主成分。

3. 模糊综合评判法

模糊综合评判法是应用模糊数学的基本原理来考察无法定量化的评价对象（项目）的一种综合评判方法。该种方法可以使人们比较简便地从"大概"中获得综合的、基本上能清楚反映事物的概念。模糊综合评判法根据模糊数学的隶属度理论把定性评价转化为定量评价，即用模糊数学对受到多种因素制约的事物或对象作出一个总体的评价。它具有结果清晰、系统性强的特点，能较好地解决模糊的、难以量化的问题，适合各种非确定性问题的解决。

4.层次分析法

层次分析法是由美国运筹学家匹兹堡大学萨提教授在20世纪70年代末提出的,1988年在中国召开了第一届层次分析法国际学术会议。层次分析法具有系统、灵活、简便以及定性与定量分析相结合的特点,特别是能将决策者的经验判断给予量化,对判断目标结构复杂且缺乏必要数据的情况更适用。近20多年来,层次分析法在国内外各行各业中得到广泛应用,成为使用最多的一种多目标决策分析方法。

利用层次分析法可处理复杂的社会、经济、政治、技术等方面的决策问题,分析各个组成因素在所研究问题中所占的权重。层次分析法的基本过程是把复杂问题分解成各个组成元素,按支配关系将这些元素分组、分层,形成有序的递阶层次结构,在此基础上通过两两比较的方式判断各层次中诸元素的重要性,然后综合这些判断计算单准则排序和层次总排序,从而确定诸元素在决策中的权重。这一过程是人们决策思维的基本特征,即分解、判断、再综合。在掌握一些简单的数学知识后,决策者甚至都可以自己采用层次分析法进行决策,因此,这种方法透明性很高,评价人员与决策者能很好地沟通。

5.灰色关联度法

灰色关联度法是依据各因素数列曲线形状的接近程度作发展态势的分析。灰色系统理论提出了对各子系统进行灰色关联度分析的概念,意图通过一定的方法,去寻求系统中各子系统(或因素)之间的数值关系。简言之,灰色关联度法分析的意义是指在系统发展过程中,如果两个因素变化的态势是一致的,即同步变化程度较高,则可以认为两者关联较大;反之,则两者关联度较小。因此,灰色关联度分析对于一个系统发展变化态势提供了量化的度量,非常适合动态的历程分析。灰色关联度可分成"局部性灰色关联度"与"整体性灰色关联度"两类。主要差别在于局部性灰色关联度有一参考序列,而整体性灰色关联度是任一序列均可为参考序列。

第三节 城市公共汽电车服务评价实施机制

城市公共汽电车服务评价的实施是推动城市公共汽电车服务评价工作,落实城市政府对城市公共汽电车服务监管的关键。评价实施机制的好坏直接影响到服务评价的效果和结果。

一般来说，城市公共汽电车服务评价可分为对政府公共汽电车发展水平评价和对企业公共汽电车运营服务水平评价，两者的评价实施机制有所不同。

1. 政府公共汽电车发展水平评价

（1）机制及职责。建立国家或省层面城市公共汽电车服务评价机制，对城市公共汽电车服务水平进行评价，并向社会公告考核结果。

（2）评价流程。城市公共汽电车发展水平评价由市政府初评，组织力量实施相关数据核对、文档汇总和自评等工作，对初评结果进行总结并报省政府，由省政府组织复评，复评结果报国务院城市公共交通主管部门。评价以城市自评数据为基础，通过听取汇报、查阅资料、实地检查、征求群众意见等方法，对各城市的实施情况进行抽查核实。每个阶段都有严格的审查、审核组织和技术保障。

（3）评价考核结果的运用。城市公共交通服务水平评价结果可用于如下方面：①了解城市公共交通发展存在的现状和问题；②为城市客运管理行政职能部门制定行业标准、规范、法规等提供依据；③引导城市公共交通科学发展，提高城市公共交通整体形象和吸引力。

2. 企业公共汽电车运营服务水平评价

2024年10月发布的《城市公共交通条例》第二十六条规定，城市人民政府城市公共交通主管部门应当定期组织开展城市公共交通企业运营服务质量评价，并将评价结果向社会公布。

（1）工作机构及职责。公共汽电车运营服务水平评价可通过建立多渠道服务质量评价反馈和监管机制来实施，如成立企业公共汽电车运营服务水平评价委员会，主要负责服务质量考核结果的审查和认定及对经营者提出的异议进行裁定。评价委员会由政府主管部门人员、行业专家、媒体和市民代表等组成。评价委员会主任由委员选举产生，负责主持考核工作。评价委员会下设考核工作小组，主要负责完成考核资料的收集、审查及考核初评工作。考核工作小组的人员主要由政府主管部门的相关人员组成。评价委员会的主要职责为起草考核评价流程及操作规范，定期开展质量调查和评价，对城市公共汽电车运营企业提出服务改进建议。

（2）评价流程。企业公共汽电车运营服务水平评价流程主要经过初评和最终评议两个阶段，初评的主要责任主体是评价工作小组，最终评议的责任主体为评价委员会。企业、第三方测评机构等报送评价资料,经考核小组预审后,作为第三方测评机构调研报告的重要数据来源。第三方测评机构的调研报告经审查核实后,由评价工作小组形成初评结果并报送评价委员会,评价委员会对初评结果进行严格审查、认定后,其评价结果由市行业主管部门向社会公布,并征询企业意见,若企业有异议提出申诉后,经评价委员会认定,可重新进行评价。

深圳巴士集团运营服务水平评价考核流程如图7-1所示。

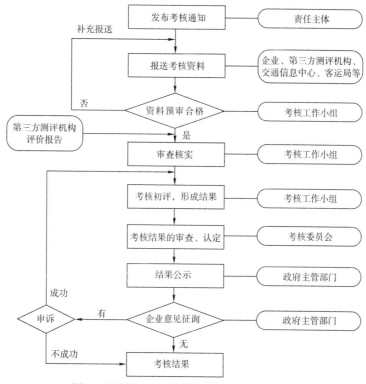

图7-1 深圳巴士集团运营服务水平评价考核流程

(3)第三方测评。城市公共交通主管部门通过公开招标或竞争性谈判选定社会第三方测评机构,按照公平、公正原则,依据企业服务评价指标对各公共交通企业的服务质量进行定期测评,出具评估报告,并对提供报告的真实性、准确性负责。评价工作小组根据评估报告进行评分。

(4)评价结果发布形式。评价委员会确定评价结果后报送政府主管部门,通过网络及相关媒体对评价结果予以公示。如经营者对评价结果有异议,可在规定的时间范围内向政府主管部门申请重新评价,评价委员会决定是否重新进行评价,并向经营者说明理由。

(5)评价结果的运用。评价是手段,结果运用是目的。城市公共汽电车运营企业服务水平评价结果运用到经济补贴、激励与约束中,发挥经济杠杆对企业的激励约束作用;运用到城市公共汽电车运营企业的市场准入与退出机制、精神激励中。引导城市公共汽电车运营企业落实"公交优先、公交优秀"同实现城市公共汽电车运营企业效益和价值相结合,要把评价结果作为城市公共汽电车经营者评先创优、取得社会良好声誉的前提条件。

第八章　城市公共汽电车运营安全与应急管理

城市公共汽电车安全与应急管理贯穿于公共交通运营服务的全过程，包括对公共交通场站、车辆等服务设施等安全区域的监督管理。日常安全监管主要是根据管理内容和范围，通过建立和完善一整套有效的安全监管体制与机制，而实施的一种常态性、基础性的行业安全管理方式，其主要目的在于有效预防安全事件或事故。应急管理是在发生城市公共汽电车安全事件或事故后，通过实施应急预案，快速启动应急响应机制，迅速调集各类资源疏解客流，有序开展事故处置活动的一种紧急状态下的非常态的行业安全管理方式，其主要目标是最大限度地降低事件或事故的损失或危害，减少社会影响。

城市公共汽电车运营企业在城市公共汽电车安全与应急管理中承担主体责任，政府主管部门主要承担监督管理职责，是监管主体。

第一节　城市公共汽电车运营安全与应急管理职责

1. 相关政策法规

为加强城市公共交通安全与应急管理工作，国家相关职能管理部门十分重视行业安全管理政策法规的建设。2017年，交通运输部印发了《城市公共汽车和电车客运管理规定》（交通运输部令2017年第5号），对运营企业和城市公共交通主管部门的运营安全管理职责等内容作出了规定。企业是安全生产的主体。2024年国务院发布的《城市公共交通管理条例》明确规定，城市公共交通企业应当遵守有关安全生产的法律、法规和标准，落实全员安全生产责任，建立健全安全生产管理制度和安全生产责任制，保障安全经费投入，构建安全风险分级管控和隐患排查治理双重预防机制，增强突发事件防范和应急能力。

各省市在地方性法规和政府规章中也对公共交通的安全监管进行了一系列的制度设计。在公共汽电车行业，通常在地方性法规或规章中对行业安全与应急监管作出相应规定，例如《上海市公共汽车和电车客运管理条例》(2010年修订)、《广州市公共汽车电车客运管理条例》(2009年修订)等均有安全监督和应急管理的具体条款。

上述城市公共交通安全与应急监管所涉及的政策法规，其内容主要包括行业安全监管的范围、政府和企业在行业安全和应急管理中的机构设置和职责分工，公共交通突发事件或事故灾难的应急处置，安全事故的法律责任追究等内容。

2.职责分工

城市公共汽电车安全与应急管理涉及不同政府职能部门，城市人民政府应当加强对城市公共汽电车安全监督管理工作的领导，督促有关部门依法履行城市公共交通安全监督管理职责，保证相关部门分工明确、职责到位以及各部门间的协调联动。

不同城市的公共汽电车安全与应急监管的机构设置和职能分工不完全一致，但基本上包括以下主要职能部门。

1)交通运输管理部门

负责行业日常安全监督检查，指导城市公共汽电车运营企业开展安全与应急管理工作，根据城市公共汽电车安全与应急处置的实际需要，建立跨区域协作机制，协同应对超越管辖区域的交通运输安全事故，建立安全事故应急预案体系，编制和发布应急预案，聘请有关专家组成专家组，为城市公共汽电车安全与应急的管理和处置工作提供咨询、建议。

2)公安部门

负责城市公共汽电车安全违法犯罪活动的预防和查处，负责城市公共汽电车安全事故或突发事件发生时的现场秩序维护，预防、制止和侦查处置过程中发生的违法犯罪行为，协助进行人员疏散，事后协助有关机构调查事故或突发事件原因，查处相关责任人。

3)安全生产监督部门

指导、协调、检查、督促有关部门依法履行城市公共汽电车安全生产工作职责，组织实施安全生产目标责任制管理和考核等相关工作；组织指挥专业抢险队伍,对城市公共汽电车安全生产突发事故进行抢险救援;负责组织安全生产专家组,对城市公共汽电车安全生产突发事件进行调查和处理。

4)质量技术监督部门

负责对城市公共汽电车营运车辆安全技术检验设备进行检定校标,对城市公共汽电车运营企业执行国家机动车安全技术检验标准情况进行监督检查;会同有关部门组织修订涉及城市公共汽电车安全的相关地方标准。

5)财政部门

负责审批、安排城市公共汽电车安全事故或突发事件救援、善后处置和城市公共汽电车设施工程修复所需的资金。

6)宣传部门

负责组织城市新闻媒体进行安全与应急相关知识的宣传,进行城市公共汽电车安全事故的新闻发布和宣传报道等工作,组织对较大以上城市公共汽电车事故或突发事件及处置情况的新闻发布工作,加强对互联网城市公共汽电车安全与应急信息的管理等。

第二节　城市公共汽电车运营日常安全监管

1.监管对象和内容

加强日常安全监管是确保公共交通运营安全的基础。交通主管部门对于城市公共汽电车的日常安全管理,主要包括运营服务设施设备、安全保障设施设备、司乘人员服务操作、乘客乘车行为等方面的安全监管内容。

1)服务设施设备安全管理

城市公共汽电车运营设施设备安全管理包括运营车辆及其内部服务设施、城市公共汽电车场站及其内部配套设施等管理。例如,在城市公共汽电车运营车辆及其车内服务设施安全管理方面,《上海市公共汽车和电车客运服务规范》规定,城市公共汽电车营运车辆性能应当符合《公交客车通用技术要求》(DB31/T 306—2008),车内扶手柱和拉手杆、安全消防设施等车辆安全服务设施须符合《上海市公共汽车和电车车辆服务设施和标志管理规定》等的安装要求。

2)安全保障设施设备管理

城市公共汽电车安全保障设施设备主要包括报警、灭火、逃生、防汛、防爆、紧急疏散照明、应急通信、应急诱导系统等应急设施、设备，以及安全、消防、人员疏散导向等标志标识以及视频安全监控系统等。这些安全设施设备的规范配置，对于防范和应对城市公共汽电车安全事故十分必要。因此，目前，在我国主要城市的城市公共汽电车安全管理政策法规中均有相关管理要求。

3）司乘人员安全服务操作规范管理

性能完好、配备齐全的城市公共汽电车设施设备是保障城市公共汽电车运营安全的前提和基础。同时，司乘人员对于设施设备操作的规范、合理与否更直接影响日常运营服务安全。因此，加强对城市公共汽电车司乘人员安全服务操作规范的管理，是城市公共汽电车日常安全管理的重要内容。

《城市公共交通条例》第三十一条规定，城市公共交通企业直接涉及运营安全的驾驶员、乘务员、调度员、值班员、信号工、通信工等重点岗位人员（以下统称重点岗位人员），应当符合下列条件：一是具有履行岗位职责的能力；二是无可能危及运营安全的疾病；三是无暴力犯罪和吸毒行为记录；四是国务院城市公共交通主管部门规定的其他条件。除符合前款规定条件外，城市公共汽电车驾驶员还应当取得相应准驾车型机动车驾驶证。我国许多城市在公共汽电车相关管理法规中，都对驾驶员作出了出车前不饮酒、班前应保证充足的睡眠和休息、不得疲劳驾驶、按规定车速行驶、保持安全车距等多条操作规范要求；对乘务员提出了维护乘车秩序、配合驾驶员开关车门、防止夹摔乘客等安全服务规定。

《城市公共交通条例》第三十二条规定，城市公共交通企业应当定期对重点岗位人员进行岗位职责、操作规程、服务规范、安全防范和应急处置基本知识等方面的培训和考核，经考核合格的方可上岗作业。培训和考核情况应当建档备查。城市公共交通企业应当关注重点岗位人员的身体、心理状况和行为习惯，对重点岗位人员定期组织体检，加强心理疏导，及时采取有效措施防范重点岗位人员身体、心理状况或者行为异常导致运营安全事故发生。城市公共交通企业应当合理安排驾驶员工作时间，防止疲劳驾驶。

4）乘客安全乘车行为管理

城市公共汽电车是一个完全开放的社会服务系统，保证城市公共汽电车的运营服务安全，既是运营企业和政府主管部门的职责，也是每一位乘客的重要义务。乘客的乘车行为是否文明、有序、合理，直接影响公共交通运营安全。因此，为规范乘客日常乘车行为，我国许多城市公共交通主管部门都制定了城市公共汽电车乘客乘坐规则和其他约束乘客乘车行为的规定,如不得携带易燃易爆物品等。

《城市公共交通条例》规定,任何单位和个人不得实施下列危害城市公共交通运营安全的行为:一是非法拦截或者强行上下城市公共交通车辆;二是非法占用城市公共交通场站或者出入口;三是擅自进入城市轨道交通线路、车辆基地、控制中心、列车驾驶室或者其他禁止非工作人员进入的区域;四是向城市公共交通车辆投掷物品或者在城市轨道交通线路上放置障碍物;五是故意损坏或者擅自移动、遮挡城市公共交通站牌、安全警示标志、监控设备、安全防护设备;六是在非紧急状态下擅自操作有安全警示标志的安全设备;七是干扰、阻碍城市公共交通车辆驾驶员安全驾驶;八是其他危害城市公共交通运营安全的行为。

乘客不得携带易燃、易爆、毒害性、放射性、腐蚀性以及其他可能危及人身和财产安全的危险物品进站乘车;乘客坚持携带的,城市公共交通企业应当拒绝其进站乘车。

2. 主要监管方法

交通运输主管部门对安全运营的监管主要是通过制定安全规范和标准,指导企业切实履行安全管理职能,完善安全监督检查工作机制,加强安全宣传教育等方法实现。

1)制定城市公共汽电车运营安全规范和标准

制定城市公共汽电车运营安全管理规范和标准是引导我国城市公共汽电车安全有序运营服务的重要抓手。这些规范与标准主要包括:城市公共汽电车人员日常运营服务安全操作规范、设施设备安全标准、安全乘车规则等。

2)指导城市公共汽电车运营企业加强安全管理

指导企业切实履行好运营安全管理的主体责任,特别是要指导运营企业加强安全管理制度建设。包括:建立企业安全生产管理机构、配备专职安全生产管理人员、保证安全运营管理资金投入、制定安全运营规章制度和操作规程、建立安全运营风险评估和隐患排查治理制度、制订城市公共汽电车安全保护区作业安全防护方案等。

3)完善日常安全管理措施落实情况监督检查的工作机制

特别是要建立、健全政府主管部门的安全监督管理机构,加强安全监督执法检查队伍建设,督促企业健全安全生产管理责任制,加强城市公共汽电车运营安全动态监管,经常开展安全检查,消除事故隐患。

> **专栏8-1:香港运输署对巴士实行严格安全督查**
>
> 为了促使公共汽电车车辆保证良好的车况,香港运输署每天派专人对巴士公司正在运营的车辆进行抽检,平均每天随机抽检14辆巴士车辆(年抽检率达到50%),利用巴士公司自己的车辆检测厂对车辆进行全面检测(包括底盘号码、轮胎、车辆结构、操控装置、制动系统、烟雾测试、照明系统、转向系统、悬架系统、排气系统及安全带、护栏等其他项目),如发现问题,根据相关规定进行处罚。对车辆的检验还有类型评定检验(如车厢内的长、宽、高,座位间距、数量,站立人数限制等)、车辆稳定性测试(载重、斜坡稳定性等)、登记前检验、年检,以及检查巴士公司的维修标准和保养计划等程序。
>
> 为确保车长有足够的休息时间,运输署还为巴士公司制定车长工作时间指导(规定每天的工作时间和休息时间),并随时检查。严格的车辆检验制度有效地促进了巴士公司对车辆的保养和维修。
>
> 此外,运输署还要求巴士公司在巴士车辆内提供各种安全设施,例如紧急出口、安全信道、防滑地板、高靠背座椅、足够的扶手和安全带等,经常检查车辆安全装置,以提升行车安全;与各巴士公司管理层定期举行会议,通报巴士车辆安全检查结果,并研讨有关巴士车辆的安全事宜。还与警务处合作,定期(1年5次)为巴士司机举行道路安全研讨会,以加强驾驶员的安全驾驶意识。

4)加强城市公共汽电车安全宣传教育和培训工作

作为开放性的公共服务系统,城市公共汽电车安全管理需要全体社会成员的共同努力。因此,一方面,城市人民政府交通、教育、公安等有关部门以及城市公共汽电车运营企业应当加强安全乘车与应急知识宣传教育工作,普及城市公共汽电车安全与应急知识,增强市民、乘客的城市公共汽电车安全意识;另一方面,城市公共汽电车运营企业应加强对驾驶员、乘务员、调度员等运营服务人员安全服务意识和岗位服务操作技能培训。

第三节　城市公共汽电车运营应急管理

1. 应急预案

1）预案的分类

公共交通安全与应急预案一般包括管理类应急预案和处置类应急预案。管理类应急预案适用于政府行政管理部门，处置类应急预案适用于公共交通运营企业。处置类应急预案是指由公共交通运营企业依据管理类预案规定的职责，结合本单位实际情况，为具体处置公共交通运营突发事件制定的社会单元应急预案。政府行政部门制定管理类预案，并且监督和审查企业处置类应急预案的制定和实施。

2）预案的主要内容

预案的内容一般包括总则（预案编制目的、编制依据、预案组成、事件等级、适用范围等）、组织机构与职责、预警预防机制（预警级别、预警发布和解除、预警响应等）、应急响应（分级响应、处置程序、应急结束等）、信息管理（信息报告程序、内容、信息发布和新闻报道）、后期处置（恢复重建、事故调查、善后处置、总结和调查评估等）、应急保障（技术通信保障、救援和装备保障、队伍保障、物资保障、资金保障等）。例如，《杭州市公共汽车客运突发事件应急预案（2023版）》的内容分为总则、主要风险、应急组织指挥体系与职责、预防与预警机制、应急处置、恢复与重建、应急保障、监督管理等。

3）预案运行流程

公共交通安全与应急指挥是通过已建立的集成化的应急体系和应急管理模式，依据预案全方位地实时调度各种应急资源，以达到避免灾害、事故发生，减少损失和缩小影响范围等目的。它主要包括预测预警、信息报送、应急决策和处置、信息发布、救援组织等几个基本环节，如图8-1所示。

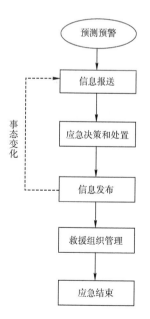

图8-1　公共交通安全与应急指挥的基本流程

2. 应急演练

1) 安全事故预防演练的必要性

安全事故预防演练可以切实增强安全发展理念；加强和完善事故防范与应急救援的联动机制；通过演练进一步落实相关单位的安全责任，进一步强化各相关部门依法行使安全监督与管理责任；提高各地、各部门应对公共交通突发事故的自救能力、联网联动能力、现场抢险能力、工作协调能力和事后控制能力。

2) 演练的组织分工

交通运输主管部门需与其他相关部门之间协调，明确各自在公共交通安全与应急演练中的分工。一般而言，演练工作应该成立以下几个工作小组。

(1) 演练指挥小组，负责演练的组织领导工作，其成员主要包括分管安全的领导人和各相关部门的负责人。

(2) 协调小组，负责演练总体方案的制订和演练具体事项的协调。

(3) 操作小组，负责演练地点确定、演练科目设定、演练场景布置、施救方案模拟与技术指导、演练现场战斗和演练现场安全等。

(4) 联络员小组，所有参加演练的部门和单位指定一名联络员，具体负责演练相关事项联络和宣传。

专栏8-2：武汉公交集团举行2024年突发事件应急演练

2024年5月21日上午，武汉公交集团举行主题为"人人讲安全个个会应急——畅通生命通道"的突发事件应急演练。

演练分安保队员反恐防暴实操演练、公共汽电车驾驶员行车途中突发火情应急处置演练、突发治安事件应急处置演练、新能源电动车突发火灾应急处置演练、办公区域火灾逃生演练、消防灭火实战演练6个科目。

在公共汽电车驾驶员行车途中突发火情应急处置演练中，一辆公共汽电车在行驶途中，车辆后舱突然冒出滚滚浓烟，驾驶员发现情况后立即停车开门，并按下车厢内的一键报警键。因车辆电路失效，驾驶员急忙打开应急车门开关，将车内乘客疏散到安全地带，断开车辆侧方电源，使用车载水基灭火器对车辆进行初步降温。119接警后，火速赶到事发现场，对事故车辆迅速展开救援行动。消防员在扑灭火源后，对事故车辆进行全面检查，确保没有复燃的可能。驾驶员组织乘客进行转乘。抢险车也在第一时间赶到现场,拖离事故车辆。

在突发治安事件应急处置演练中,一辆公共汽电车行至路口右转时,遇一辆电动自行车行驶至其视线盲区,两车险些发生碰撞,电动车车主将公共汽电车拦下,并辱骂驾驶员不会开车,驾驶员连忙靠边停车开门,解释并赔礼道歉。电动车后座上的一名男子不肯罢休,上车推搡并殴打驾驶员。驾驶员按下车上的一键报警键,武汉市公交反恐安保大队在市公安局以及集团公司部署下,启动一级应急响应,立刻派出机动应急分队赶赴事发现场,采取强制手段控制住干扰驾驶人员,并移交给公安机关。在新能源电动车突发火灾应急处置演练中,一辆新能源电动公交车在夜间停放场站充电时电池突发故障,现场浓烟滚滚,火苗从公交车底部电池箱升起。2名充电人员发现火情后,一人立即拨打119报警电话并向上级部门电话报告情况,一人使用水基型灭火器等消防设备进行初步灭火降温,尽量控制火势。此时分公司夜间值守人员闻讯赶来,迅速穿好火灾防护服,利用水塔最大限度对火源进行降温,控制火势蔓延。火险隐患附近车辆由工作人员及时驶离火险区域。很快,消防救援队伍赶到现场,迅速扑灭火源,随后对现场进行了全面检查,确保没有复燃的可能。

整场演练中,各方人员行动迅速,配合密切,应急处置工作迅捷高效。

武汉公交集团每年都会以知识培训、实战演练等多种形式组织开展安全生产教育培训,确保全员参训率100%,提高企业风险防范能力,提升全员安全应急意识和自救互救能力,营造浓厚安全氛围,切实保障市民群众的生命财产安全,维护社会安全稳定。

3)事故假设与演练内容

演练是一种预防措施。针对可能发生的事故进行假设以确定演练内容。

(1)事故假设是指假设可能发生的事故类型,包括地震、洪灾、滑坡、泥石流、风、雨、雪等自然灾害导致公共交通无法正常运营;城市公共汽电车营运车辆发生重大交通安全事故;城市公共汽电车出现大面积停运;调度、自动控制、营业等计算机系统遭受入侵、失控、毁坏;群体性事件导致城市公共汽电车无法正常运营等。

（2）根据事故假设确定演练内容,包括事故现场应急救援工作指挥协调,对周围交通实施管制与警戒,控制和扑灭城市公共电车现场火灾,营救事故现场被困人员,相关救援部门启用与调集救援装备,疏散事故现场周边群众,事故现场气象服务等。

3. 应急处置

1）预案启动

先期处置。城市公共电车事故发生后,城市公共电车运营企业和公安部门立即启动先期处置应急工作预案,组织乘客迅速疏散离站,封闭车站出入口,交警部门在现场周边有关道路实施交通管制,保证抢险通道畅通。《杭州市公共汽车客运突发事件应急预案（2023版）》规定的先期处置措施主要包括：一是城市公共汽车客运单位应立即抢救人员,疏散站内、车厢内乘客,封闭现场区域,防止无关人员进入。二是城市公共汽车客运单位应迅速采取措施,防止在线的其他公共汽车进入突发事件现场区域,防止交通堵塞和发生次生灾害。三是市公安局属地分局应迅速部署警力,负责设置警戒区,对乘客及周边人员进行紧急疏散。四是各相关成员单位迅速部署力量,根据各自承担职责协助市城市公共客运汽车客运单位工作人员开展应急处置。。

分级响应与应急指挥。根据事故大小,启动分级应急处理预案,依据安全与应急管理预案进行联动处置,及时调动相关人员、物资,采取响应行动,各相关部门接到通知后,立即赶赴现场,处理公共交通安全事故。例如,《广州市城市公共汽电车突发事件应急预案》规定：按照性质类型、严重程度、可控性和影响范围等因素,结合广州市实际情况,公共汽电车突发事件应急响应分为Ⅰ级响应、Ⅱ级响应、Ⅲ级响应、Ⅳ级响应等四个等级：

（1）公共汽电车突发事件达到以下情况之一的,启动Ⅰ级响应：

①公交车辆发生运营事故,造成30人以上死亡或失踪,或100人以上重伤；

②公交站点（场）、BRT通道、公交充电桩、候车亭等设施设备发生故障或损坏,造成30人以上死亡或失踪,或100人以上重伤；

③受人为封路堵塞、线路集体停运、公交站点（场）突发大客流等事件影响,造成城市公共汽电车线路的营运车辆的50%及以上连续停运24小时以上。

（2）公共汽电车突发事件达到以下情况之一的,启动Ⅱ级响应：

①公交车辆发生运营事故,造成10人以上、30人以下死亡或失踪,或50人以上100人以下重伤;

②公交站点(场)、BRT通道、公交充电桩、候车亭等设施设备发生故障或损坏,造成10人以上、30人以下死亡或失踪,或50人以上100人以下重伤;

③受人为封路堵塞、线路集体停运、公交站点(场)突发大客流等事件影响,造成城市公共汽电车线路的营运车辆的30%~50%(不含50%)连续停运24小时以上。

(3)公共汽电车突发事件达到以下情况之一的,启动Ⅲ级响应:

①公交车辆发生运营事故,造成3人以上、10人以下死亡或失踪,或10人以上50人以下重伤;

②公交站点(场)、BRT通道、公交充电桩、候车亭等设施设备发生故障或损坏,造成3人以上、10人以下死亡或失踪,或10人以上50人以下重伤;

③受人为封路堵塞、线路集体停运、公交站点(场)突发大客流等事件影响,造成城市公共汽电车线路的营运车辆的15%~30%(不含30%)连续停运24小时以上。

(4)公共汽电车突发事件达到以下情况之一的,且事件敏感的,启动Ⅳ级响应:

①公交车辆发生运营事故,造成3人以下死亡或失踪,或10人以下重伤,且事件本身敏感;

②公交站点(场)、BRT通道、公交充电桩、候车亭等设施设备发生故障或损坏,造成3人以下死亡或失踪,或10人以下重伤,且事件本身敏感;

③受人为封路堵塞、线路集体停运、公交站点(场)突发大客流等事件影响,造成城市公共汽电车线路的营运车辆的5%~15%(不含15%)连续停运24小时以上。

2)应急处置的主要原则及方法

在启动公共交通安全与应急预案后所采取的应急处理措施要坚持以下原则:迅速组织抢险救援,协调联动处理事态,严格保护事故现场,服从统一指挥调度。

具体处置方法主要包括迅速采取有效措施组织抢救,防止事态扩大;严格保护事故现场;迅速派人赶赴事故现场,负责维护现场秩序和收集证据工作;服从统一部署和指挥,了解掌握事故情况,协调组织抢险救灾和调查处理事宜,并及时报告事态趋势及状况;因抢救人员、防止事态扩大、恢复生产以及疏通交通等原因,需要移动现场物件的,应当作好标记,采取拍照、摄影、绘图等方法详细记录事故现场原貌,妥善保存现场重要痕迹、物证等。

3)应急处置的保障措施

为了确保安全与应急处置工作的顺利进行,需要借助一系列保障措施。

这些保障措施主要包括技术保障、通信保障、救援装备和物资保障、队伍保障、资金保障、医疗卫生保障、治安维护保障等。

(1)技术保障。加大对公共交通公共安全监测、预测、预警、预防和应急处置技术研发的投入,不断改进技术装备,建立健全公共交通公共安全与应急技术平台,不断提高公共安全技术水平,研制和开发适应公共交通特点的设备、装备,不断提高处置公共交通突发公共事件的能力。

(2)通信保障。建立和完善相关电信运营企业应急运营设备和公共交通通信指挥系统的连接方案,保证应急处置过程中应急通信畅通,建立和完善应急指挥基础信息数据库。

(3)救援装备和物资保障。公共交通安全与应急管理相关部门要配备现场救援和抢险装备、器材,并建立相应的维护、保养和调用等制度,建立救援和抢险装备信息数据库,并及时更新,以保障应急指挥调度的准确性,建立应急救援物资储备制度,确定救灾物资生产、储存、调拨体系和方案。

(4)队伍保障,需要组建由交通、公安、消防、卫生、市政等部门人员组成的抢险救援队伍,必要时需要武警等后备力量加入。

(5)资金保障,公共交通安全事件发生后,根据实际情况调整部门支出预算,集中财力应对事件,经上级部门批准启动应急专项资金,必要时动用公共财政应急储备资金。

(6)医疗卫生保障,组织协调医护人员进行现场救护,负责运送伤员至医疗卫生机构救治,同时负责灾后疫情的防范和控制。事故处置结束后,要及时汇总上报人员抢救和伤亡情况。

(7)治安维护保障,突发公共交通事故发生后,立即封锁现场,实行交通管制;按照现场指挥部要求,维护现场治安秩序,并配合做好善后工作。

4.善后处理

1)事故原因调查

事故调查主体由事故等级或事故反应等级的大小决定。根据事故的具体情况,事故调查组按相关规定组成。事故调查组认为必要时,可以聘请有关专家参与事故调查,事故调查组成员应当具有事故调查所需要的知识和专长,并与所调查的事故没有直接利害关系。特别重大事故按照国家相关规定执行。重大事故、较大事故和其他社会影响恶劣的事故由城市人民政府授权城市安全生产监督管理部门组织事故调查组进行调查。一般事故,由城市公共交通主管部门组织事故调查组或者委托事故发生单位组织事故调查组进行调查。

2)事故责任追究

对负有事故责任的事故发生单位和有关人员应当依照法律、行政法规的规定和负责事故调查的人民政府批复进行处理,负有事故责任的人员涉嫌犯罪的,依法追究刑事责任。相关行政管理部门及其工作人员未依法履行城市公共交通安全监督管理职责的,或者对依法应当查处的违法行为不予查处的,由上级机关责令改正,对责任人员依法给予行政处分;构成犯罪的,依法追究刑事责任。

3)总结报告

城市公共汽电车安全事故应急处理完毕后,有关部门应及时向应急处置指挥机构提交书面总结报告。并根据总结报告完善现有的安全与应急预防机制,不断提高公共交通安全与应急监管水平。城市公共交通主管部门和公安、安全生产监督等有关行政管理部门应当对事故发生单位落实防范和整改措施的情况进行监督检查。

第九章 城市公共汽电车票制票价与补贴

票价是消费者获取城市公共汽电车服务直接支付的费用,票制是城市公共汽电车票价的结构,补贴则是政府为补偿公共交通企业因执行政府指令产生的政策性亏损而支付的专项资金,三者之间的关系非常紧密。一是票制票价的确定和发挥功效的影响因素极其复杂,它不仅涉及乘客、企业和政府三方,还涉及公交补贴;二是城市公共汽电车服务的公益性决定了票制票价要受到政府管制,票制票价需在保障企业合理成本得到补偿并维持企业可持续运营的前提下,使社会公众的福利最大化。实际上,城市公共汽电车票制票价和补贴政策的制定是为了寻找公共财政支出、企业经营成本、市民承受能力三者的最佳平衡点,从而使城市公共汽电车系统,甚至是城市交通系统的社会效益最大化,最终实现公共资源利用效率和社会环境效益最优。

第一节 城市公共汽电车票制

票制是票价制式的简称,是票价水平和比价关系的表现形式和调节手段,是票价整体结构的安排,票制应当与城市空间形态和规模、城市市民消费水平、出行方式以及城乡客运一体化发展水平相适应。

1.票制分类

城市公共汽电车票制可以从收费结构、乘客类型、需求频次等角度加以区分。在实际操作过程中,视城市实际情况不同,以上票制类型可以单独实施,也可以组合实施;一般来说,如果城市发展活跃、对外联系紧密、城市规模较大时,实施组合票制比较合理,相反则实施单独票制。

1)按照收费结构区分制定公共交通票制

收费结构是指消费者单次获取城市公共汽电车服务时的计费形式,按照收费结构区分制定的票制主要有一票制、累进制和混合制三种形式。所谓一票制,指乘客的支付与乘坐距离无关,收取单一票价,规定持票人乘坐城市公共汽电车根据票面价格按次计算。一票制常见于运营里程较短的公共汽电车,我国城市的许多公共汽电车收取1元、2元等不同额度的单一票价。累进制,指票价中存在一个基础费用,可以乘坐一个相应的基础里程,超出此基础里程,需根据超出部分支付额外费用。而混合票制主要包括公共汽电车与轨道交通的混合、公共汽电车之间的混合,轨道交通之间的混合这三种方式。单一票制具有售票简单、效率高的优点,但同时也存在公平性不足的问题;计程票制克服了单一票制的缺点,但手续较为繁琐,有时还需为此配备额外的人员以及设备;混合票制灵活,价格优惠,但由于票价定价机制不同,易造成一定程度的票价混乱。上海市现行城市公共汽电车票制见表9-1。

上海市现行城市公共汽电车票制　　　　　　表9-1

类型	票制		
	常规线路		专线线路
	单一票制	累进票制	累进票制
地面公共交通-普通车	主要在市区,13km以内票价1元/次,13km以上1.5元/次	主要是郊区线单一票价2元/次	每1km按0.12~0.15元/次计价,起价为1元,以0.5元递增
地面公共交通-空调车	每1km按照0.12元/次计算,起价为1元,以0.5元递增	每1km按照0.24元/次计算,起价为1元,以1元递增	每1km按0.20~0.25元/次计价,起价为1元,以0.5元递增

2)以乘客类型区分的公共交通票制

顾名思义,以乘客类型区分的公共交通票制首先要对乘客进行类型划分,划分的依据不尽相同,可以按照职业(或者社会身份)划分,也可以按照年龄划分,形成不同的乘客群体之后,再设计相应的票制,从而促成社会整体福利的改善,体现公共交通的公益性。

从年龄角度,可以区分出青年票、成年人票、老年人票等;从乘客的社会身份角度,可以区分出学生票、军人票、残疾人票等。上述两种票制可以同时使用,以北京为例,从社会身份角度看,既有学生卡和普通卡之分;从年龄角度看,既有成年人票,又有老年人票。

3)以需求频次区分的公共交通票制

不同乘客对公共交通的需求不同,在现代公共交通票制下,可以根据需求的时间特征安排日票、周票、月票、季票、年票等，也可根据乘坐次数特征安排特殊类型的票制，例如10次票、20次票等。上述票制的一个优势是消费者可以根据自身需求特点自由选择。北京2014年实施票制票价调整后，出现了以月消费金额为基础享受不同折扣的优惠措施，详见表9-2。

北京市现行城市公共交通票制票价（2014年12月28日实施） 表9-2

类型	计程票制
地面公共交通	起步10km内每人次2元，以后每5km加价1元
	优惠政策：刷卡优惠，普通卡享受5折优惠，学生卡享受2.5折优惠
轨道交通	起步6km内每人次3元，6~12km每人次4元，12~32km每10km加1元，32km以上每20km加1元，上不封顶
地面公共交通和轨道交通	优惠政策：每自然月内，使用市政交通一卡通支出累计满100元后，超出部分给予8折优惠；满159元后，超出部分给予5折优惠；累计支出达到400元后，不再享受打折优惠

从上述票制划分类型来看，票制可以通过多种形式进行组合，以满足不同类型的出行需要，在一定程度上丰富了公共交通服务的多样化。世界上许多发达城市，已建立起由公共汽车、电车等交通工具组成的四通八达的出行网络，并同时为乘客提供多样化、人性化的购票选择。例如，在伦敦，公共交通为乘客提供了多种票制选择，乘客可以根据自身乘坐公共交通的空间特征、时间特征做出相应购票决策。在伦敦使用Oyster卡乘公共交通工具非常便宜，并实行不同的票制，既有按地区划分的票价（伦敦从市中心往外分为6个区域，由此分为1个区价、2个区价至6个区价）；也有按时间划分的票价（如日票、周票、月票及年票）；还有按年龄划分的票价[成人票、儿童（5~15岁）票，5岁以下儿童搭乘轨道交通工具和公共汽电车免费]。每类票既区分高峰时段和非高峰时段[高峰时段是指周一至周五4:30—9:30（公众假期除外），其他时段为非高峰时段，非高峰票要比高峰票便宜很多]，也分学生票和非学生票（本地学生凭借学生证，非本地学生凭借国际学生联盟卡，学生票比普通票便宜一半左右）。

我国公共交通体制正处于改革过程中，票制也正朝着有利于社会公众的方向调整。大多数城市均设置了普通卡、学生卡、爱心卡等不同种类，并设定了相应的折扣水平，以满足不同人群出行需求。虽然我国一些城市对票制进行了多样化设计，但相比国外公共交通体系成熟的城市，我国公共交通票制依然存在着不足之处,具体体现在:现行票制较为单一,提供给乘客的选择不多;票制调整大多体现为向特殊群体提供优惠,较少利用票制的经济属性调节公共交通客流。我国公共交通票制调整的目标是建立一个票种丰富合理、既能发挥票制的市场调节作用又能体现公共交通公益性的票价体系。

2. 票制的影响因素

公共交通作为现代城市生活的一项基础性服务,其需求弹性较小而社会敏感性较高,在公共交通票制的制定过程中,需要充分考虑经济发展水平、社会价值取向、城市交通整体规划以及实施技术条件等因素。

1) 经济发展水平处在较低的阶段

城市总体规模较小,此时公共交通往往还未成长为一种普遍性的公众需求,表现为线路较少且个体需求频次较低,在此情况下,倾向采用低价的单一票制。

2) 经济发展水平处在中高阶段

随着社会经济发展水平的提高,城市规模逐步扩大,逐渐产生了对票制的可选择性需求,在此,社会价值取向成为左右票制安排的主要因素之一。通常公益性被放在重要位置予以考虑,因此在保持低票价的同时,也会根据乘客群体特征、乘坐时间特征等安排各种形式的票制减轻公众交通出行的费用负担,以体现公共交通的公益性。

因此,不同的社会经济发展阶段所需要的票制也不尽相同,以深圳为例,1980年只有两条公共汽电车线路,实行单一票制,票价为0.1元,20世纪80年代末,深圳已出现收费1元的中巴,90年代中期,深圳公共汽电车取消了月票、季票并实行刷IC卡优惠票制,发展至今,深圳空调大巴票价为:起步价2元,乘坐11km里,后每乘坐2.5km递增0.5元。票价上限为:空调大巴10元/人次。在厦门,公共交通最初按每站0.02元计费,1993年调整为一票制0.5元,2010年厦门公共交通票制票价在先前基础上调整为组团内部的公共交通线路实行全程1元一票制,市域内跨组团的公共交通线路"上车1元,分段计价,最高票价3元"。

当然,票制的安排需要符合城市交通整体规划。特别是在城市道路资源紧张、交通拥堵问题严重的今天,需要公共交通不断提高城市出行分担率,而票制设计在其中又扮演了重要角色。

此外,票制的执行还受技术水平的制约,随着信息技术、网络技术等飞速发展,现今多样化票制执行在技术上拥有了强大的支撑与保障。

3. 票制制定规则

如上所述,票制的制定要综合考虑社会经济发展阶段、城市发展规模、城市规划,以及科学技术等因素,在制定票制的过程中,除了要考虑这几方面的影响因素,还需要重点考虑以下三个规则。

1) 形成合理的比价关系

制定票制时,要考虑形成一个合理的比价关系,这种比价关系不仅体现在公共交通系统内部,还体现在与其他出行方式之间的关系。在公共交通系统内部,要合理界定常规公共交通、快速公交系统(BRT)和其他公共交通方式之间的比价关系,做到能够满足不同层次人群出行需求,促进公共交通分级体系建设,并且使公共交通资源效益最大化。在与其他方式构建比价关系时,应重点考虑建立与出租汽车之间的价格协调机制,不能出现公共交通价格与出租汽车价格相近情况,否则将严重干扰城市客运的正常运行秩序,出现争抢客源的现象。

2) 体现公共交通换乘的便捷性

通过乘坐一次公共交通工具就达到出行目的是出行者普遍的心理诉求,但是随着城市规模的扩大,出行距离的增长,乘客会产生换乘需求,而如果采用的票制不合理,将增加乘客换乘的出行成本。因此,应采用灵活的票制方式,例如通过换乘优惠等措施,并向乘客提供合理的线路换乘时刻表,使乘客出行换乘极为便利,这样就达到了通过科学的票制提高公共交通服务水平和吸引力的目的。例如从2024年1月1日起,成都中心城区"12+2"区域的"同网同价"公共汽电车新政策正式实施,使用天府通普通(成人)卡或学生卡(包含电子乘车码)的乘客,在两小时内可以免费换乘三次公交车。

3) 适应多样的乘客出行需求

满足多样化的乘客出行需求是票制制定的重要规则,与国外汽电车票制体系相比,我国城市公共汽电车车票种类很少,虽然目前很多城市也出现了多种票制,但是我国大部分城市票制针对性仍有很大提升空间,目前很多城市的乘客不得不接受单一票制结构。为此,在设计票制时,应当从乘客需求出发,尽量为乘客提供个性化服务,进而提高公共汽电车出行的吸引力和公共交通分担率。

第二节 城市公共汽电车票价

票价指公共交通票证金额,是乘客获取公共交通服务支付的成本,不同城市有着不同的定价原则、定价方法以及调价方式。票价制定的原则是按成本定价,同时要兼顾乘客的接受程度和政府补贴的承担能力。科学合理的公共交通票价是保障企业正常运营、调节不同交通方式客流需求、促进城市公共汽电车行业可持续发展的重要条件。

票价的分类方式主要包括以下三种:单一价格,适用于某一条线路或某一乘次;基价(起步价)加里程价;起步价加换乘次数。票价的优惠在表现方式上分为两种:一种是"递远递减"计价,即乘坐距离越长,对乘客来说相对乘距的花费就减少一些;另一种是在规定时间内实行换乘价格优惠。

1.定价原则

通常情况下,城市公共汽电车运营企业要维持正常运营,就必须保证收支平衡且略有盈余,而城市公共汽电车票款收入又是城市公共汽电车运营企业的主要收入来源,因此,票价的高低与政府补贴是紧密相连的,不同的城市公共汽电车经营模式,票价制定的方法也不尽相同。

1)模式一:政府不补贴企业情况下的城市公共汽电车定价原则

在政府不予提供补贴的情况下,企业自负盈亏并拥有自主定价权(但仍受政府部门监管),通常该种定价原则是与城市公共汽电车行业的民营化改革相联系的。传统上,包括城市公共汽电车在内的公共产品或服务是由政府部门统包统揽,并以免费或者收取低于成本的价格形式向社会公众供给,该种模式有利于集中优势资源建设大规模项目,但随着社会经济的发展,公众对公共产品或服务的需求不断扩张,政府财政压力剧增,并且由于缺乏竞争,暴露出经营低效等诸多问题。经济学研究表明,通过特许经营等方式,将公共产品或服务的直接提供者从政府部门向私人部门转移,以潜在竞争代替市场内竞争,可以解决以"国有企业"形式提供公共产品或服务存在的经营低效、财政压力大等问题,并有利于扩大公共设施投资来源,满足公众对公共产品或者服务的需求扩张。相应地,政府部门需完成从公共产品供给的"划桨者"向"掌舵者"的角色转换,负起行业监管的责任。受此理论影响,自20世纪70年代起,发达国家或地区掀起了公用事业民营化改革的浪潮。

在城市公共汽电车行业,当私人部门介入交通服务供给时,政府部门可采取不提供补贴,企业自主定价并接受政府监管的模式。我国香港是世界上为数不多的非公营企业提供城市公共汽电车服务的城市之一,1993年起实行私人经营、政府监管的公共交通运行机制,公共汽车业务由私人企业经营,自筹资金、自负盈亏,但线路专营权、票价、利润水平、服务规范、购车数量等均需接受政府的监管。在该机制下,私人公共汽电车运营企业在政府的票价、利润水平等管制约束下可以通过一定的程序自主确定票价,目前香港的城市公共汽电车运营企业大都保持了良好的运营效率,在为公众提供高质量的城市公共汽电车服务的同时实现了一定的合理利润。

2) 模式二:政府补贴企业情况下的公共交通定价原则

城市公共汽电车由政府主管部门定价,由企业严格执行,这是现行定价的主要模式。城市公共交通票价由经省(自治区、直辖市)人民政府授权的市、县人民政府,或者省(自治区、直辖市)人民政府价格主管部门会同同级财政部门、城市公共交通主管部门根据运营成本等因素制定。制定城市公共汽电车票价应当进行价格听证,充分体现社会公益性事业特征,有利于优化城市交通结构,引导社会公众选择城市公共汽电车出行。城市公共汽电车票价低于正常运营成本的,城市人民政府应当对低于正常运营成本的部分给予补贴。

3) 模式三:基于成本定价的原则

综合考虑各方面因素,科学制定群众可接受、企业可发展、财政可负担的城市公共汽电车价格,并根据车辆档次、服务质量、乘车距离等建立多层次、差别化的票价体系。如政府要求执行低于成本的价格,政府应对执行票价低于成本的部分给予全额补贴。同时,要建立城市公共汽电车票价与企业运营成本和社会物价水平的联动机制,根据城市经济发展状况、社会物价水平和劳动工资水平,及时调整城市公共汽电车票价,以避免票价一定多年不变或票价水平严重脱离运营成本的现象。

事实上,无论是否有公共财政补贴,城市公共汽电车运营企业提供既定的服务,成本可以认为是一定的,要使企业可持续运营,其成本必须得到补偿。两种模式相比较,前者体现了"效率",即乘客按享有的交通服务进行直接支付,而后者更多体现"公平",部分成本通过公共财政进行补偿,从而间接实现了公众收入的再分配。

我国城市公共汽电车定价是以"低价、补贴"为原则的,这是因为城市公共汽电车服务作为社会公众的一项日常需求,其价格具有较强的社会敏感性,低价策略不仅可以促进城市公共汽电车实现普遍服务的目标,而且有利于引导公众选择城市公共汽电车出行,提高城市公共汽电车出行分担率。

2.定价方法

城市公共汽电车行业存在着显著的自然垄断特征,因而一种合理的安排是维持垄断结构以发挥其规模经济特性,并对价格采取政府管制(政府直接定价或者政府监管下的企业定价)。一个企业要能维持正常运营,其成本必须得到补偿,理论上城市公共汽电车行业主要有以下两种定价方法。

1)边际成本定价

边际成本定价能实现经济效率意义上的资源有效配置,但由于城市公共汽电车行业存在边际成本递减特征,通过边际成本定价企业未能收回其全部成本,因而需要政府部门对其亏损进行补贴。

2)平均成本定价

平均成本定价又称为完全成本定价,理论上是指将企业生产所需的固定成本和可变成本完全分摊到所提供的产品或服务上。在城市公共汽电车行业,固定成本可以包括车辆购置费用、场地费用、工资开支等,而可变成本可以包括燃油消耗、车辆保养费用等。当企业同时提供多种产品或服务时,固定成本需要在其间进行分配,拉姆齐定价法(Ramsey Pricing)作为平均成本定价的一种具体形式,在理论上提供了这样一种可能:在各产品间分配以实现全成本覆盖,并达成社会福利的最大化。平均成本定价的核心在于通过消费者的支付补偿企业全部的成本费用,在存在边际成本递减特征的行业,平均成本定价模式下的价格通常高于边际成本定价,但其不需要通过政府部门转移支付来补偿其亏损。

在实践中,我国城市公共汽电车行业定价并未完全采取上述两种定价方法中的任何一种,在形式上则更接近于边际成本定价,即运营企业向乘客收取低的车票价格,企业的亏损由公共财政进行补贴。但必须指出,尽管存在着城市公共汽电车票价制定的统一框架,但不同城市具体实施程度并不一致。

3.调价机制

城市公共汽电车价格调整属于城市发展改革部门职责,成本监审是公交行业定价调价的基本依据，根据《中华人民共和国价格法》《政府制定价格成本监审办法》等有关规定，我国部分城市制定了公共交通行业成本监审管理办法。在这些办法中，普遍明确了公共交通企业的成本费用构成内容以及监审方法。然而还有部分城市并未定期对公共交通企业开展成本监审工作。由于《中华人民共和国价格法》没有明确规定在何种条件下可以进行价格调整，城市政府普遍缺乏调整城市公共汽电车价格的动机。

城市公共汽电车票价调整机制与定价机制有着密切联系。由于城市公共汽电车运营企业的各项成本费用随着时间的推移会产生变化，在一个固定的"价格+补贴"框架下，企业会形成亏损或者产生额外利润，因此需要建立一套有效的价格调整机制对此进行调节，以保障城市公共汽电车运营企业的合理成本得到补偿并维持其可持续运营。

在一些城市公共汽电车管理体系成熟的城市，已建立起一套科学有效的票价调整机制，将消费者物价指数（CPI）、工资水平、技术进步率纳入统筹考虑，对票价进行动态调整。例如，我国香港的巴士公司可申请提价，但必须先提出提价的理由。提价的幅度依照"0.5×运输业界工资指数变动+0.5×综合消费物价指数变动-0.5×生产力增幅"这一公式计算确定。该调整公式全面反映了城市公共汽电车运营企业面临的成本环境变化，并使公众分享了企业技术进步带来的好处。类似地，新加坡政府将城市公共汽电车票价与经济发展、工资水平和生产力挂钩，并且公共交通委员会将位于总抽样量21%~40%区间的中低收入家庭作为一般乘客代表，评估票价涨幅是否合理，力求将运营公司的生产力进步收益转移给消费者。

近年来，我国部分城市调整和优化了公共汽电车票价。例如，2014年12月，北京公共汽电车价格由单一票价1元调整为按里程计价，起步价2元。2018年4月，惠州市对城区分段制公共交通线路票价由起步价1.5元/9km，后每3km增加0.5元调整为起步价2元/12km，后每6km增加1元。不难发现，我国城市普遍尚未建立一种科学、系统且长效的城市公共汽电车票价调整机制，随着城市公共汽电车行业改革的不断深入，我国城市公共汽电车票价调整机制也必须进一步完善。《城市公共交通条例》第十四条规定，城市公共交通票价依法实行政府定价或者政府指导价，并建立动态调整机制。鼓励根据城市公共交通服务质量、运输距离以及换乘方式等因素，建立多层次、差别化的城市公共交通票价体系。制定、调整城市公共交通票价,应当统筹考虑企业运营成本、社会承受能力、交通供求状况等因素,并依法履行定价成本监审等程序。

第三节 城市公共汽电车成本核算

城市公共汽电车成本核算既是票制票价制定的参考依据,也是城市公共汽电车亏损补贴的参考依据,是将票价与补贴紧密关联起来的纽带,如果政府要求执行低于成本的价格,政府应对执行票价低于成本的部分给予全额补贴;同时,要建立公共交通票价与企业运营成本和社会物价水平的联动机制,根据城市经济发展状况、社会物价水平和劳动工资水平,及时调整公共交通票价,以避免票价水平严重脱离运营成本的现象。

1.城市公共汽电车行业成本核算内涵与特征

1)城市公共汽电车行业成本核算

城市公共汽电车运营企业成本核算一般分为二级成本核算、三级成本控制的模式。城市公共汽电车运营企业总成本是指完成一定数量的乘客运输任务而发生的一切费用支出总额,包括运营成本和期间费用两大部分,各客运分公司对本公司运营成本和管理费用进行核算,集团总公司将分公司管理费用进行汇总并加计集团公司本身的管理费用。

(1)运营成本。主要运营成本项目包括:职工薪酬及工资性支出、能耗、电车动力、车辆维修费、车辆折旧费、线网维修费、保险费、行车事故费、营运业务费、营运间接费,涵盖了企业所发生的实际运营业务成本。其中,成本项目中的职工薪酬、五险一金等工资性支出、能耗费、车辆折旧费占总运营成本的比例较高,是影响运营成本的重要成本项目。

(2)期间费用。在会计核算上将管理费用和财务费用作为期间费用,在利润表中单独列示。管理费用是指企业的各级行政管理部门为管理和组织运营生产活动而发生的各项费用,主要包括六个大项:管理人员工资、管理人员福利费、生产业务费、行政管理费、税费以及包含职工教育费用、工会会费等在内的其他管理费用。财务费用是指企业为筹集资金而发生的各项费用支出,一般情况下,城市公共汽电车运营企业的财务费用主要是银行贷款产生的利息支出。

2)基于公益性的城市公共汽电车成本核算的特点

由于城市公共汽电车行业不创造实物产品,不存在劳动对象方面的消耗,其运营成本构成中没有原材料支出,主要是由运输工具和运输设备的折旧费、修理费、燃料、人工成本和运营间接费用构成,其成本核算的特点主要包括:

(1)成本核算的非盈利性。城市公共汽电车行业的基本定位是公益性企业,因此,其成本核算具有不同于一般企业营利性成本核算的特点。

(2)成本核算的外部性。城市公共汽电车运营企业的成本受到企业外部影响因素的制约较大,如政府政策、社会要求、道路状况、交通设施等因素的影响。

(3)成本核算的社会性。城市公共汽电车运营企业的成本核算具有社会性影响,受到政府和社会各界的广泛关注,同时,其内部成本的提高可以直接降低社会成本,如社会环境成本、市民生活成本等。

(4)成本核算的地域性。城市公共交通企业具有典型的地域性特征,不同的城市规模、道路条件、工作水平、车辆水平、城市道路行驶速度,对公共交通企业运营成本都产生了极大的影响。同时由于各地经济社会发展的不平衡,公共交通企业的成本水平也不完全具备可比性。

2.典型城市公共汽电车行业成本核算标准

城市公共汽电车行业成本核算标准包括成本核算模式、成本核算对象、成本核算项目、成本管理措施等一系列内容。

(1)不同的城市公共汽电车运营模式具有不同的成本核算的特点。在市场化运作模式下,成本核算的主要目的是最大限度地节约成本,提高企业效益,为股东提供高额回报。而在公益化运作模式下,成本核算的主要目的是确定合理的票制票价,为政府财政补偿补贴提供依据,并以提升服务质量为根本目的。

(2)在存在多家运营企业的情况下,无论是市场化运作还是公益化运作,都必须由政府行业主管部门统一制定行业成本标准,以利于政府对城市公共汽电车运营企业的监管和经营状况的评价。

(3)确定城市公共汽电车运营企业的合理成本标准,并不是城市公共汽电车运营企业的最低成本,而是由行业主管部门制定的既符合国家统一会计制度和财务制度的要求,又符合企业实际情况、满足城市公共汽电车运营企业可持续发展的成本标准。

(4)合理成本标准必须考虑公共交通企业所处的社会经济环境和地理环境,

不同城市交通条件、社会经济发展状况决定了不同地域内城市公共汽电车运营企业经营成本的差异。

3.城市公共汽电车行业成本核算体系的构建

1)合理成本核算的原则

(1)合法性原则。合理成本的核算必须符合国家法律、法规的规定,符合会计准则、国家统一会计制度的要求。凡不符合《会计法》《企业会计准则》《企业会计制度》等有关法律、行政法规规定的支出,不得作为合理成本的组成部分。

(2)合理性原则。合理成本既不是实际成本,也不是估计成本,而是在合法的前提下,在成本核算基本理论的框架下,运用科学、合理的方法预测的成本。构成合理成本的各项主要技术、经济指标应当符合行业标准或社会公允水平。

(3)相关性原则。合理成本是与城市公共汽电车运营相关的成本,构成合理成本的各项费用要素必须与城市公共交通紧密相关。凡与城市公共汽电车无关的费用,不得作为合理成本的组成部分。

(4)适用性原则。合理成本必须能够满足相关各方的要求,满足政府对城市公共汽电车运营企业管理的需要,满足社会各界对公共交通企业监督的需要,满足城市公共汽电车运营企业加强成本核算和成本管理的需要。

2)合理成本核算对象

成本核算对象是费用的归集和计算对象。根据成本核算一般原理,不同企业、不同生产类型和不同生产组织方式,都对成本计算对象的选择产生较大的影响。城市公共汽电车运营企业作为提供公共交通服务的主体,不同于一般企业的成本核算,其成本核算对象也不同于有形产品生产的成本核算对象。

3)合理成本核算方法

基于成本会计的一般原理,成本核算主要有传统成本核算方法和现代成本核算方法两大类。传统成本核算方法是按照企业资金流程,根据一定成本的计算方法(如简单法、分批法、分步法等),对企业发生的费用进行归集、分配,直至计算出单位成本和总成本的方法。现代成本核算方法是融合成本核算与成本控制于一体的成本核算方法,主要包括标准成本法、定额成本法、作业成本法等方法。

而合理成本核算方法并不是运用一定的方法对企业实际发生的成本进行成本的再计算,而是在企业提供的成本资料的基础上,对相关项目进行分析,结合一定的标准、定额、预算以及其他应当发生的合理支出等资料,通过账外计算成本而形成的一种成本核算方法。

企业的合理成本应每年度核定一次。可以通过企业合理成本报告的形式体现。它应由企业的财务部门提出报告草案，以企业的名义呈报地方政府的相关部门审查，报告草案经各部门初审后，由城市公共交通主管部门负责组织各相关部门共同审议并会签，经会签被确认的合理成本就可作为地方政府向该企业进行补偿测算的依据。所以要对城市公共汽电车运营企业实际成本进行核定，主要是要使其符合标准的要求，一方面体现国家对城市公共汽电车运营企业的扶持，同时又兼顾社会的分配公平。

4) 合理成本核算的项目

目前，我国城市公共交通除公共汽车外，还包括电车、轨道交通、轮渡等其他交通方式。由于各类交通方式的生产特点不同，交通工具与其配套设施也不同，因而成本项目的名称各异。在设计企业合理成本项目名称时，应与现行的本企业生产成本计算表所规定的项目名称相一致，或以其为主体进行设计。其总的原则应该是成本项目在构成上能够反映本企业生产经营支出的全貌。

第四节 城市公共汽电车补贴机制

城市公共汽电车作为城市生产的社会共享资源之一，其经营活动具有鲜明的二重性。城市公共汽电车行业既具有生产性质又具有公益性质。城市公共汽电车运营企业需要政府进行财政补贴，政府对城市公共汽电车提供政策性亏损补贴是为了鼓励企业适当降低票价吸引乘客乘坐公共交通，以取得整体经济效益和社会效益最大化，这种策略诱导个体交通转换为城市公共汽电车以提高城市公共交通吸引力。补贴的多少则与票制票价和成本有关，为此要建立城市公共汽电车票价与企业运营成本和社会物价水平的联动机制，根据城市经济发展状况、社会物价水平和劳动工资水平，及时调整公交票价和补贴额度，真正实现政策性补贴带来的社会经济效益最大化。

1. 城市公共交通补贴政策

补贴政策和制度是实施公共交通补贴的参考依据，我国各级政府非常重视城市公共交通补贴制度建立和财政扶持政策的出台。《国务院办公厅转发建设部等部门关于优先发展城市公共交通意见的通知》（国办发〔2005〕46号）、《国务院关于城市优先发展公共交通的指导意见》(国发〔2012〕64号)、《关于推进城市公共交通健康可持续发展的若干意见》(交运发〔2023〕144号)等相关文件,明确提出城市应建立城市交通补贴制度。《国务院关于城市优先发展公共交通的指导意见》(国发〔2012〕64号)对"完善价格补贴机制"提出了具体指导意见:"综合考虑社会承受能力、企业运营成本和交通供求状况,完善价格形成机制,根据服务质量、运输距离以及各种公共交通换乘方式等因素,建立多层次、差别化的价格体系,增强公共交通吸引力。合理界定补贴补偿范围,对实行低票价、减免票、承担政府指令性任务等形成的政策性亏损,对企业在技术改造、节能减排、经营冷僻线路等方面的投入,地方财政给予适当补贴补偿。"强调了价格体系的多层次、差别化,明确了对实行低票价、减免票、承担政府指令性任务等形成的政策性亏损,政府应给予补贴补偿。关于城市公共交通服务,该文件强调,"加快建立健全城市公共交通发展绩效评价制度,国务院有关部门研究制定评价办法,定期对全国重点城市公共交通发展水平进行绩效评价。各城市要通过公众参与、专家咨询等多种方式,对公共交通企业服务质量和运营安全进行定期评价,结果作为衡量公共交通企业运营绩效、发放政府补贴的重要依据"。

2024年10月发布的《城市公共交通条例》规定,城市人民政府应当组织有关部门,在对城市公共交通企业开展运营服务质量评价和成本费用年度核算报告审核的基础上,综合考虑财政承受能力、企业增收节支空间等因素,按照规定及时给予补贴补偿。

2.城市公共交通补贴方式

补贴方式的选择直接影响补贴的金额和补贴的效果,在实际操作过程中,对于采用何种方式进行公共交通补贴,各个地区或城市应当根据当地特点选择适应的方式,下面分别对公共汽电车补贴方式进行说明。

我国城市公共电汽车补贴内容主要包括:低票价补贴,特殊人群减免票补贴,油价补贴,冷僻线路补贴,完成政府指令性任务所增加支出的补贴。

对城市公共汽电车补贴方法主要包括:规范型补贴,预算约束型补贴,谈判型补贴。

规范型补贴主要有三种方式。一是招投标方式,对取得线路经营权的运营企业进行补贴;二是通过地方政府的规范性文件,规定城市公共汽电车补贴方式;三是专项性补贴,如燃油补贴、车辆更新补贴等。

预算约束型补贴是指地方城市政府采取基数包干法,城市公共汽电车补贴额一定几年不变,或者根据城市财政收入确定补贴额度。

谈判型补贴。指城市公共汽电车运营企业每年按照实际亏损的发生额,与地方政府财政部门进行协商后,确定公共交通补贴额度。

补贴资金的来源主要由地方政府负责解决。城市政府在安排预算时,主要是通过"企业政策性亏损"科目来核算。中央财政在城市公共汽电车补贴上,没有纳入中央财政预算科目,目前仅仅分配一部分燃油补贴。

3. 国内典型城市公共交通补贴政策

1) 深圳市

2007年,深圳市政府印发了《深圳市公交行业特许经营改革工作方案》,全面开展公共交通特许经营改革工作,形成东部、西部、巴士集团3家特许经营企业区域专营的市场格局。2009年,深圳市财政局印发《2008年度深圳公交成本规制操作方案》,将3家公共汽电车特许经营企业纳入财政补贴范围,正式施行基于成本规制的财政补贴机制。

实施公共汽电车成本规制补贴后,极大地促进了公共交通行业的发展,特别是定额补贴政策实施3年以来,保障了公共交通行业平稳发展,提升了公共交通服务水平。但深圳市在第一轮城市公共汽电车补贴制度改革的过程中,政府更多地重视公共交通投入的"增量"变化,忽视了对其"存量"的管理。到2012年,公共汽电车运营线路、车辆、人员、财政补贴等较2008年均成倍增加,产生了公共汽电车规模持续扩大且不可控,企业营收积极性不高,公共交通财政补贴效益越来越不明显,财政补贴资金浪费问题开始出现。对此,深圳市启动第二轮城市公共汽电车行业补贴政策改革,按照"科学管控成本、直接惠及民生、企业可持续发展"的要求,在2009年出台的公共交通行业成本规制补贴政策的基础上,从2013年6月起实施核心为"购买服务大包干制"的定额补贴政策,即实施以成本规制为基础的"定额补贴"机制。

2014年12月,深圳市财政委、市交通运输委联合印发《关于印发深圳市公共交通财政定额补贴政策实施方案》及配套文件(1+7文件)的通知,自2013年6月起实行新的财政补贴政策,即"定额补贴政策"。两委与3家公共汽电车运营企业分别签订了《财政定额补贴协议》,政府通过协议方式约定公共交通特许经营企业服务规模,并按照运营指标及服务质量考核结果,核定企业年度实际补贴额,保障公共交通公益性、激励企业增收节支、实现企业良性发展、科学管控成本、直接惠及民生的政策目标。财政定额补贴制度的核心是政府向公共交通特许经营企业购买公共交通服务,补贴总额的确定是在2012年企业成本规制监审的基础上,依据2012年企业所提供的服务规模予以确认,补贴总额在一定时期内保持不变。当各项成本的变动,特别是社会平均工资、CPI、贷款利率变化等三项成本变动达到5.5%时,设置了调整补贴总额的机制。

2017年开始,深圳市启动新一轮公共汽电车补贴机制研究,以市民的全程出行体验为出发点,从"量"和"质"两方面,全力推进公交都市建设,强化公共交通优先发展、引领发展的理念,保障公共交通投资、建设、运营的可持续,提高公共交通的服务品质和竞争力。提出了未来城市公共汽电车发展的三个关键目标:以公共交通支撑城市发展,让城市公共汽电车成为市民出行可信赖的选择,使公共交通更具包容性和可持续性。研究的重点主要有五个方面:一是对公共汽电车需求总量进行预测和管控;二是统筹考虑轨道交通与公共汽电车交通运营主体地位转换,以及对财政公共交通补贴分配产生的影响;三是新能源公共交通车辆采购和运营成本变化引起的公共汽电车运营成本变化;四是公共汽电车企业运营考核和服务质量考核机制创新和指标体系设定。

2020年,深圳市制定出台了第三轮公共汽电车行业财政补贴政策。新一轮补贴政策根据政府财政状况,以成本规制为基础,以运营指标和服务质量考核为保障,主动调整政府购买公共交通服务的规模、类型和质量,建立与财政支撑能力相适应的新型公共交通服务购买机制。基于平衡供给和需求的原则,将现有公共交通服务分为政府主导、企业自主、市场化三层服务,并进行分类管理和补贴,达到保基本民生、保重点区域、推动行业高质量发展的政策目标。第三轮财政补贴机制不再对场站费用、推广新能源公共交通车辆进行专项补贴,而是纳入规制成本范围,计入规制成本项。同时,计划对公共交通特许经营企业运营指标监督考核和服务质量考核指标体系和赋分权重进行调整,对公共交通行业运营补贴调整机制进行优化。为规避公共交通特许经营企业通过缩减人力成本方式追求利润最大化,相应地制定了驾驶员配备与补贴资金挂钩的管理办法。

2)贵阳市

2014年12月,贵阳市人民政府办公厅印发了《贵阳市公共交通企业成本规制管理办法(试行)》,但该办法仅仅提出了各项成本的粗略规制方法,未明确具体指标值,政策未能实际实施。此后,贵阳市公交财政补贴仍采用较为粗放的一事一议方式,未能足额补足城市公共汽电车政策性亏损。

2020年2月,贵阳市政府办公厅印发了《深化市公交集团公司体制改革方案》。提出要建立规范的公共交通成本费用评价机制,充分调动城市公共汽电车运营企业合理控制运营成本、提升服务质量积极性,提高财政资金使用效率。

2021年,贵阳市印发《人民政府办公厅关于印发〈贵阳市政府购买城市公交服务管理办法〉〈贵阳市城市公交运营成本规制办法〉〈贵阳市城市公交运营服务质量绩效考核管理办法〉的通知》(筑府办函〔2021〕2号)。

贵阳市制定的基于成本规制的政府购买城市公共交通服务制度体系。一是明确了服务标准。明确运营计划执行率、早晚高峰出车率、发车准点率、工作车率、完好车率等16项服务标准及考核目标,涵盖运营保障、安全生产、服务质量、经营管理、社会责任等五个方面;二是建立了双挂钩激励机制。服务质量绩效考核结果与财政补贴及企业领导班子薪酬双挂钩机制。城市公共汽电车运营企业通过提高运营服务考核绩效,最高可获得500万元奖励资金,此外,将考核结果与城市公共汽电车运营企业领导班子薪酬直接挂钩,进一步提高城市公共汽电车运营企业提质增效积极性;三是建立了一线驾驶员薪酬正常增长机制。针对驾驶员劳动强度高、薪酬水平较低的问题,文件规定城市公共汽电车驾驶员年平均工资水平最高可达到上一年贵阳市全部职工平均工资的120%;四是建立了副业收益共享机制。为提高公共交通企业副业经营积极性,文件规定城市公共汽电车运营企业多元化业务实现利润的30%专项用于反哺主业政策性亏损,企业可留存利润的70%用于自身发展。

4. 城市公共交通补贴制度建设

1) 明确基本服务标准

高效合理的线网设置并明确城市公共汽电车服务标准(首末班时间、发车间隔、车辆档次等)是确定城市公共汽电车运营企业运营成本规模和补贴规模的必要前置条件。城市交通运输、财政等部门应综合考虑市民出行需求、出行成本和财力水平确定服务标准,引导市民形成合理预期。

2) 建立规范的补贴制度

城市公共汽电车发展要纳入公共财政体系,建立健全城市公共交通投入、补贴机制。对由于实行低票价以及月票、老年人、残疾人、伤残军人免费乘车等减免票政策形成的城市公共汽电车运营企业政策性亏损,城市人民政府应在定期对城市公共汽电车运营企业成本费用进行年度审计与评价的基础上,合理给予补贴,将政策性亏损补贴列入政府财政预算,分季度足额落实到位。对承担社会公益性服务所增加的支出按月度或季度给予专项经济补贴。补贴经费在政府年度预算中列支,统筹安排,重点扶持。

3)规范的成本费用评价制度

按照《国务院关于城市优先发展公共交通的指导意见》(国发〔2012〕64号)文件有关精神,对城市公共汽电车运营企业实行严格、规范的成本费用审计与评价制度。各城市交通运输、财政等相关部门要定期组织对城市公共汽电车运营企业的成本和经费收支情况进行年度审计与评价,在审核确定城市公共交通定价成本的前提下,合理界定,并报地方政府给予政策性亏损补贴。城市公共汽电车运营企业运营成本应通过新闻媒体和网络等多种形式向社会公开。《城市公共交通条例》规定,城市人民政府应当组织有关部门对城市公共交通企业开展成本费用年度核算报告审核。

4)服务质量绩效考核激励机制

为提高城市公共汽电车运营企业提质增效积极性,应在制度体系中建立激励机制。例如将服务质量和绩效考核结果与线路经营权、财政资金或企业管理班子薪酬直接挂钩,采用双向激励或逆向激励的方式,敦促企业不断提高服务质量,守住运营安全底线。

第三篇

企业篇

本篇概述

　　城市公共汽电车运营企业是公共汽电车服务的提供者和公共汽电车运营安全的责任主体,加强城市公共汽电车运营企业的运营管理,提升城市公共汽电车运营企业服务和安全保障水平是城市公共汽电车发展的关键环节,对于落实城市公共交通优先发展战略具有十分重要的现实意义。本书企业篇重点围绕加强城市公共汽电车运营企业在战略规划管理、运营调度管理、服务质量管理、安全生产管理、车辆技术管理、财务管理、人力资源管理等工作中涉及的技术、方法、制度、规范等进行分析探讨,并对我国城市公共汽电车运营企业在经营管理实践中探索和积累的典型做法、成功经验进行了总结归纳,旨在为城市公共汽电车管理机构完善行业管理政策制度、理顺政企关系、提高管理水平,为城市公共汽电车运营企业改善运营管理、加强自身能力建设,提升服务能力和安全水平提供参考和借鉴。

第十章　企业战略规划管理

第一节　战略规划管理的含义和内容

1.战略规划管理的含义

企业战略规划管理是指依据企业发展过程中外部环境和自身条件现状及其变化来制定和实施战略,并根据战略实施过程中的阶段性评估和反馈来调整,滚动制定新战略的过程。一个完整的战略规划必须是可执行的,它由三个要素组成,即:方向和目标、约束和政策、计划与指标。战略规划需要保持一定的稳定性,经营环境的变化不能成为战略频繁调整的理由。但同时,企业也应重视外界环境的重大变化,当经营环境发生重大变化时,应及时对战略规划进行适当的调整。

2.战略规划管理的内容

1)业务发展战略规划

城市公共汽电车运营企业的主要业务包括城市公共汽电车运营和关联产业,其中公共汽电车运营是公司生存和发展的根本,关联产业是有益补充。业务发展战略规划是指对企业产品的市场规模、增长性、竞争力、利润可持续性和生产要素供给能力的统筹规划。规划前须对主营业务的现状进行分析,明确企业的优势业务、品牌业务和非盈利业务等,再提出针对各业务的主要策略。

2)客户服务战略规划

提供"安全、便捷、环保、舒适"的运营服务是城市公共汽电车运营企业赖以生存与发展的关键。客户服务战略规划是指企业以服务客户为关注焦点,以客户满意为宗旨,使服务资源与变化的环境相匹配,建立企业长远发展动态体系。产品定位和顾客细分是规划的前期要素。

3)人才开发战略规划

人力资源是公司可持续发展的关键因素,也是公司战略规划得以实施的根本要素。人力资源战略规划是指根据组织的发展战略、目标及组织内外环境的变化,预测未来的组织任务和环境对组织的要求,以及为完成这些任务,满足这些要求而提供人力资源的过程。人才开发战略规划是公司战略规划的重要内容,包括选人、用人、育人、留人等多个方面的措施。

4) 财务管理战略规划

财务是战略实施重要的配套资源。随着企业战略的实施,有关企业资本结构分析以及企业保值增值的方法也相继产生,资本来源、投资方向、成本优势、资本运营等都是决定企业能否获得利润及保持企业竞争实力的重要因素。财务管理战略规划涉及企业未来筹资策略、投资策略、财务结构、财务管理的相关措施。

5) 管理与技术创新战略规划

管理创新和技术创新是城市公共汽电车运营企业提升核心竞争力的不竭动力,应把创新管理上升到企业战略的高度。管理与技术创新规划是指企业依据多变的环境,积极主动地在经营管理、技术、产品、组织等方面进行变革,从而在激烈竞争中保持独特优势的战略规划。企业可通过实施创新战略,建立企业内部创新的动力机制、运行机制、发展机制。

6) 公共关系战略规划

城市公共汽电车运营企业的服务特点决定了实施公共关系战略的必要性,公共关系战略是指为实现企业的使命和目标,企业主动作出的对未来公共关系发展的全局性、方向性谋划。公共关系战略规划包括三个重点:一是搭建与政府良好的沟通平台;二是关注重点区域;三是建立与乘客之间的良好关系,提高公众对公共交通的理解度和信任度。

第二节 战略规划管理的关键步骤

1. 战略环境的分析和预测

这个阶段首先是要对企业本身的行业特性、企业特征作出清晰的认识和分析,即要明确地解答"我们是谁"的问题,就是要站在行业的角度分析企业存在的使命、愿景和价值观,要准确把握企业的经营特征。此外,还要分析企业发展所面临的宏观环境,对社会、经济、政治、文化、技术等各个领域现在或将来可能发生的变化情况也要进行深入的分析和预判。

另外,价值链分析也是一个很有用的工具,它能有效地分析在企业从事的所有活动中哪些活动对企业赢得竞争优势起关键作用。价值链分析可以用来识别对企业产品的价值增值起核心作用的活动。真正的核心能力是关键的价值增值活动,这些价值增值活动能以比竞争者更低的成本进行,正是这些独特的持续性活动构成了公司真正的核心能力。

2.制定战略目标

企业在制定战略规划时,除了明确提出一个定性的发展愿景和发展方向外,要在此基础上提出一个可评估、可测量和可操作的具体目标规划。比如,在某一个战略规划期内各个时间阶段,城市公共汽电车运营企业的车辆规模、员工规模、运营线路规模、运营收入、运营效率、车辆可靠性、新能源车辆比例等,以及在国内外城市公共汽电车运营企业的排名、实现上述目标的进度计划目标,都是对战略目标的量化。特别说明,企业在制定战略目标时可以充分采用对标管理这一有效的管理工具。

3.确定战略执行重点

企业发展战略是一个中长期的规划,而不是一个短期行为。此外,企业战略是一个综合性、多层次战略体。在战略执行过程中,不同时期有着不同的战略重点,要充分结合先期战略完成情况及企业发展战略环境的变化确定不同时期的战略重点,要分清主战略和次战略,有重点、有目标地采取具体的战略措施,推动企业战略的实施落地。

4.制定战略行动计划和措施

企业战略不是空中楼阁,要根据战略目标来制定企业战略行动计划和措施。企业要以全面预算管理为依托,通过各种管理工具将战略分解、细化到年、季度、月,并依此制定详尽的战略措施表,落实到具体责任人,使企业战略能够"落地"。

第三节　城市公共汽电车运营企业战略规划实践

我国大多数城市公共汽电车运营企业在发展过程中受传统管理方式所限,不注重企业发展战略规划,对于企业未来发展方向和战略目标没有清晰的认识,也没有真正从企业化运营的角度深入分析乘客需求、行业定位、财政环境、票制票价、地铁网络化运营等经营环境的变化对企业中远期发展的影响,在企业发展过程中难以科学、有效地应对环境变化所带来的挑战,也难以充分利用好推动企业发展的各种机遇。

近年来,随着各个地方政府对于国企改革力度的加大和部分城市公共汽电车运营企业股份制改革的深入推进,这些城市公共汽电车运营企业越来越清晰地认识到科学的战略规划对于企业发展壮大起到的重要作用。它们从城市公共汽电车运营企业的运营特点和文化特色入手,以企业使命、愿景和核心价值观为起点,按照环境分析、战略规划制定、实施和控制四个方面编制企业发展中远期战略规划,并将各项战略指标通过行动计划书、绩效考核等途径分解到各个业务板块,确保战略目标的实现,引导企业长期、健康和可持续发展。深圳巴士集团战略规划管理如图10-1和专栏10-1所示。

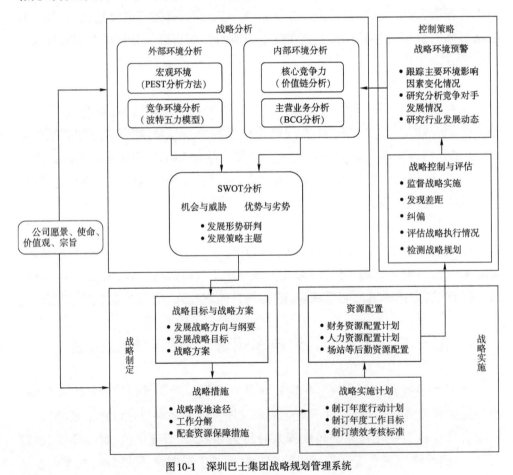

图10-1 深圳巴士集团战略规划管理系统

专栏10-1：深圳巴士集团战略规划管理

深圳巴士集团长期以来十分重视战略规划管理，集团董事会下设发展规划委员会，并成立企业发展部，负责战略规划制定及展开工作。公司在"服务为根、效益为本、持续创新、追求卓越"的核心价值观引领下，制定"一五一〇"的短、中、长期战略规划，并根据各项内外部环境变化，实行战略规划滚动管理。

第十一章　企业运营调度管理

城市公共汽电车运营企业运营调度管理通过科学安排运力，为乘客提供安全、便捷、快速、准点、舒适的乘车服务，可以最大限度地节约乘客出行时间，同时完成企业的营运计划和各项经济技术指标。运营调度管理是城市公共汽电车运营企业的核心工作，运营调度管理水平决定着公共交通企业的服务能力和服务质量，进而成为衡量该城市综合实力与公共服务能力高低的一项重要指标。为此，各地城市公共汽电车运营企业在公共交通优先政策的推动下，以乘客服务为核心，积极探索运营调度管理的新技术，努力提升城市公共汽电车运营组织管理水平，力求做到乘客满意和社会满意。

第一节　运营调度管理的含义和内容

1. 运营调度管理的含义

城市公共汽电车运营调度管理是指城市公共汽电车运营企业根据客流的需要以及城市公共汽电车的特点等因素，通过制订运营车辆的行车作业计划和发布调度命令，协调运营生产的各个环节、各个部门的工作，合理安排、组织、指挥、控制和监督运营车辆的运行和有关人员的工作，使企业的生产达到预期的经济目标和良好的社会服务效益。

2. 运营调度管理的内容

城市公共汽电车运营调度管理主要包括两个方面：城市公共汽电车运营组织管理和公共交通调度指挥管理。城市公共汽电车运营组织管理，是以时刻表为依据，合理编制运力和劳动力使用计划，目标是以最少的人力、物力投入满足客流需求。城市公共汽电车调度指挥管理是以运力、劳动力使用计划为依据，组织实施客运的过程，目标是及时处理突发事件，尽可能确保运营计划的实现。

3.运营调度管理的流程

我国绝大多数城市公共汽电车调度系统目前采用的是线路调度管理模式，即各线站的调度人员在运调部门的安排下，根据客流规律线路的运营条件、企业运输能力和城市公共汽电车运营企业社会效益、经济效益的指标要求编制出行车作业计划。通过执行行车作业计划和行车时刻表，将发散于各条线路作业的各个车辆纳入计划运营，使城市公共汽电车线路运营工作有计划、有节奏地进行。通过调度系统对线路运营状态的监控和现场适时、合理地调度指挥，保持运营生产的稳定性，保证城市公共汽电车运营企业完成客运任务和各项经济、技术、服务指标。

第二节　运营调度管理的基本流程

1.公共交通客流特征分析

城市公共汽电车客流特征分析是企业运营调度管理的基础。城市公共汽电车客流在时间和空间分布上存在一定的规律性，全面掌握线路客流情况及其动态变化对于城市公共汽电车运营组织起着十分重要的基础性作用。

城市公共汽电车客流是指人们出行需要乘坐公共汽电车以实现其位置移动而达到出行目的的乘客群，也可以理解为在城市公共汽电车线路某一方向、某一断面上在一定时间内公共汽电车载运乘客人数的总称。公共交通客流的构成可以按照出行目的不同分为两大类：一是生存性客流，二是生活性客流。生存性客流主要是由职工上下班和学生上下学乘车构成。这类客流的动态特点是运量大，乘车时间相对集中，高峰时间短，规律性强，弹性小，比较稳定，是形成客流高峰的主要原因，是城市公共汽电车的基本客流。而生活性客流主要是由居民购物、探亲访友、就医、娱乐休闲、体育活动等各种生活需要构成，这类客流没有固定的次数，客流在一天中分布的时间分散，节假日的客流量明显增大。生活性客流相比生存性客流稳定性较差，受气候变化、社会活动频繁程度和经济水平高低等因素的直接影响，具有较强的弹性。因此，满足生活性客流需求是公共交通企业运营调度管理的工作难点。

客流在空间分布上的变化规律可以通过在空间的线网上、方向上、断面上的客流动态变化反映，客流在时间上的变化规律主要从季节性变化、周变化、日变化、昼夜变化等方面的客流动态变化反映。运营调度管理通常最为关注两个方面的客流特征：一是在未来一段时期内（例如在未来一周内）线路客流总量的变化，作为安排每日总运力的依据；二是线路客流的时段分布规律，例如线路客流的高峰、平峰以及低峰时段分布，作为安排运力计划在一天中分布的依据。

2. 运营计划编制与实施

根据城市公共汽电车客流特征分析的结果，企业要制定符合市民需求和政府规划需求的城市公共汽电车运营企业年度运营计划，并将计划指标在时间上分解到季度、月度、每周和每日，在空间上落实到城区的每个片区，细化到每条运营线路。

企业根据运营计划编制场站建设、车辆配置、技术维修、人员配置、后勤供应等保障计划，各环节高效敏捷，以支撑运营计划指标的实现。

3. 行车计划编制与实施

企业需要根据运营计划、运力及人力资源等情况，编制行车计划，包括行车时刻表、配车计划、司乘配班计划等。行车计划用于指导区域线路各个车组运营生产的全过程。在多种行车作业计划需求的基础上，可编制出线路规定配车数量、结束运营车辆进场（站）时间、始发车辆出场（站）时间，需配备的劳动班数、班次、班型、司售人员数量；车辆的发车类型、在首末站停留时间及发车时间间隔等。在制定行车计划的过程中，要把握好程序性、科学性、灵活性原则。需关注以下方面。

（1）依据客流动态变化规律，为乘客提供最大限度的方便，用最短的时间安全运送乘客；

（2）调度形式的选定要适应客流需要，有利于加快车辆周转，提高运营效率；

（3）充分挖掘车辆的运营潜能，不断提高劳动生产率；

（4）组织形成有计划、有节奏、均衡的运输秩序；

（5）在不影响服务质量的前提下，安排好行车人员的作息时间，使职工劳逸结合；

（6）根据季节性客流量变化来适时调整计划，并根据每周、每日的客流量，制定并执行不同的计划安排。

在实际工作中，应根据运营计划、驾驶员出勤、交通路况、充电调度（车辆电池续航里程），以及车辆、人员的临时变更（车辆故障、人员请假、人员病休等）、线路突发客流等情况,合理调配班次,保证整体的运营秩序,可利用大数据分析等技术手段,优化动态排班,提高车辆使用效率,减少人力投入。

第三节 城市公共汽电车运营企业调度管理实践

1. 城市公共汽电车运营企业调度管理模式

城市公共汽电车调度管理可以分为线路调度和区域调度。传统的单线路调度是以线路(车队)为运营组织调度实体,即人员车辆按线路(车队)固定配置,以线路为单位编制运营计划进行实时调度。线路配车按线路最大断面确定,在线路的首末站均设调度员,实行两头调度。因而各线路实体"小"而"散",车辆分散停放,加油、洗车、休息等生活设施需多处兴建。而区域调度是以一个运营区域为单位进行运营资源的组织和调度,以所辖全部线路车辆高效周转和供需均衡为主要目标,兼顾运营者和乘客的利益,以协调调度模式相互反馈调度计划,制订本区域各线路的运行时刻表和车辆跨线计划,对车辆和劳动力资源的运用进行系统优化,实现城市公共汽电车运力资源统一调配。

区域调度包括单车场调度和多车场调度形式。单车场调度是指在同一调度区域内(若干条公共交通线路)的所有运营车辆均由一个车场管理,即同一车场发车、同一车场存放。多车场区域调度是指在同一调度区域内(若干条公共交通线路)的运营车辆由多个车场管理,即运营车辆从多个车场发车、完成任务后又返回各自车场。

区域调度是一种集中程度更高的调度模式。在组织形式上,一般来说,对于规模较大的公共交通企业,往往采用三级调度制,即由公司总调度中心、分公司调度中心和现场管理组成,分公司调度中心成为区域调度的核心部分。对于规模相对较小的企业,大多数采用集中调度形式,即由总调度中心直接对所管辖范围内的运营车辆发布调度命令。

2. 城市公共汽电车智能调度系统

城市公共汽电车智能调度系统是集先进的卫星定位系统、无线通信系统、地理信息系统、网络技术、计算机技术、自动控制技术等为一体的信息化平台,具有计划编制与调整、运行监控、车辆调度、统计分析与基础信息管理等功能,通过信息化技术手段,智能化、可视化、实时化、集中化调度城市公共汽电车,以优化企业的车辆运行组织,合理安排司乘人员的工时,使企业运输效率最大化,创造良好的企业效益和社会效益。

城市公共汽电车智能调度系统一般包括城市公共汽电车运营信息、城市公共汽电车动态监控、行车计划与动态排班、车辆调度与控制等子系统。

(1)公交运营信息管理子系统主要包括运营计划、车辆与班次计划、调度系统内各相关要素、运营指标等相关信息的管理和统计分析等功能。

①运营计划管理:根据客流数据分析,实现对系统自动生成的城市公共汽电车运营计划的统一管理。其中,线路行车计划是进行线路发车调度工作的依据,需要发布给中心(现场)执行调度员、公司调度员、现场协调调度员、驾驶员。

②车辆与班次计划管理:实现根据线路资源配置、当天人车状态,以及驾驶员轮休、车辆轮班业务规则编制线路配车排班,并可进行车辆与班次计划的灵活调整。线路配车排班计划是进行线路车辆调度的依据,需要发布给中心(现场)执行调度员、公司调度员、现场协调调度员、驾驶员。

③运营指标管理:以线路为单元,实现各类运营指标的统计、明细分析,包括车辆超速统计、车辆离线明细、发车趟次明细、运营里程统计、首末班准点考核、大间隔考核、到站准点考核,驾驶员发车准点考核等。

④运营管理分析:对公共交通运营情况进行分析,包括车辆准点考核、车辆运营情况分析、线路运行情况分析、动态运营信息统计和线路经营效益评价等。

(2)公交车辆运行监控子系统以地理信息系统平台为基础,在模拟图上和电子地图上动态显示上述信息以及实时统计的站点负荷、车辆负荷等信息。

①城市公共汽电车调度模拟监控:通过城市公共汽电车线路模拟视图,统一显示车辆在线路上的运行状态及到站情况,为调度员合理安排发车、调整车距等调度指令提供依据。

②城市公共汽电车调度电子地图监控:在电子地图上实时显示车辆的位置信息,并可查看车辆行驶速度、进出站时间、行车速度、定位时间、车辆是否提前或滞后发车、线路上下行平均速度等。

③车辆轨迹回放:一个或多个车辆某时间段内的行驶轨迹在GIS地图上进行回放,在回放过程中可以看到车辆运行轨迹、车辆状态信息及车辆运行里程数。

④车载视频监控:通过车载视频监控设备实时监控车内运行安全状况,实现

视频的接入、存储和回放等功能。

⑤车辆报警监控：根据车辆运行位置和速度等信息，系统能分析和判断车辆超速、越界、异常开关门、发车不正点、线路大间隔、到站不准点及车辆未上线等情况。

（3）行车计划与动态排班子系统可实现车辆时间段（如按日、周、月等）的行车时刻计划编制，以及车辆按某个时间段的行车时刻表编制、动态排班等功能。

①行车计划智能生成：实现自动生成与手工调整相结合的行车计划功能，确定各时段班车发车频率、发车间隔，以及不同时段配置车辆数。

②智能动态排班：实现根据驾驶员的工作状态、运营状况、调休人员、充电资源等因素，动态优化车辆排班和发车时刻表，并可进行手工调整。

③驾驶员校验：系统向驾驶员及时提供车辆已发车趟次、下一次发车时间等信息，方便驾驶员对自己工作情况进行核实，并做好发车准备。

（4）车辆调度与控制子系统包括发车调度、实时运营调度、维修抢险调度、应急调度等功能。

①发车调度：根据优化生成的车辆动态发车排班表，系统可自动向显示屏、发车牌和车载系统发出调度指令；工作人员可灵活地根据实际情况对发车排班表进行调整，并可手动发送调度指令和控制发车。

②实时运营调度：对于营运中需要临时调度的公共交通车辆，系统提供实时运营调度功能，由系统向车辆发送调度短信、语音指令，进行车辆多样化调度。

③维修抢险调度：公共交通基础设施或车辆出现故障、运行问题时，调度中心与驾驶员通话确认车辆目前情况，并告知驾驶员及相关维修抢险部门及时对故障车辆进行处理。

④应急调度：根据应急预案和处置方案，进行公共交通车辆和相关应急物资的及时调配，实施公共交通车辆协同调度指挥，及时疏散大客流，协同处理和缓解交通拥堵。

专栏11-1：郑州公交、青岛公交智能调度案例

郑州公交集团经过多年的努力，特别是通过《郑州市城市公共交通智能化应用示范工程》建设，以及2018年以来投入资金1.3亿元，开展《郑州市智能公交系统》工程建设,进一步完善建设了信息化基础设施、智能化监测体系,实现车辆、客流、场站的动态运行监测,在公共交通智能调度系统应用方面走在全国前列。目前,在公共交通车辆运行监测方面,实现了车载卫星定位智能服务终端100%覆盖,车内视频监控终端100%覆盖,客流统计终端100%覆盖,为实时智能调度提供了坚实的信息来源和数据基础。建成的公共交通智能调度系统基于手机信令、IC卡、视频客流等数据,采用大数据分析技术,对全网、重要节点的客流时空分布特征、出行特征、出行行为等进行不同维度的挖掘分析。采用智能链式排班技术,提供科学的排班计划,实现了考虑客流情况、重大事件等的车辆计划及自动排班系统,并可根据客流状态、突发事件等情况灵活调整车辆运营线路,跨线路、跨区间、跨公司进行协同调度,平衡高峰时段运力不足与运能发挥不充分的矛盾,从而节约运营成本,提高经济效益,还在一定程度上提高了乘客的舒适度、满意度,吸引乘客乘坐公共交通。

青岛公交集团实践"互联网+"引领企业转型升级、创新发展,建立起包含30个应用系统的庞大智能管理"云平台"。目前,青岛公交集团互联网应用覆盖50多处场站、1000多台计算机、5000多套车载设备、10000多台手机,现已基本形成智能车辆、智能场站、智能服务和智能管理体系。建成的公共交通智能调度系统实现了公共交通调度从"静态调度"向"动态调度",从"事后调度"向"事前调度"转化的过程,通过电子站牌向乘客报告运营信息,并能对违反运营管理规定的行为实时报警,通过车载信息终端和通信系统实现了车辆和调度中心的双向信息交流,提高了服务水平。基于大数据不断创新公共交通调度服务模式,推出了"互联网+公共交通快车",即在上下班高峰期,定时定点发送的公共交通车辆只在乘客密集上下车的站点停靠。目前,"互联网+公共交通快车"有直达式、间隔式、跳跃式、组合式、混合式5种运营方式,满足不同线路乘客出行需求。

第十二章　企业服务质量管理

服务质量管理是城市公共汽电车运营企业管理的重要组成部分，对于贯彻实施企业的经营方针，提高企业运营服务整体水平具有重要意义。近年来，我国广大城市公共汽电车运营企业本着"服务为根、乘客至上"的理念，强化服务管理体系建设，积极推行标准化公共交通服务，取得了显著成效。

第一节　服务质量管理的含义和内容

1. 服务质量管理的含义

城市公共汽电车的服务质量管理是城市公共汽电车运营企业的管理者为满足乘客出行基本需求而提供安全、便捷、环保、舒适、经济的服务进行全面管理的过程。广义的城市公共汽电车运营服务是为社会提供具有特殊使用价值的服务成果，这种服务是由乘务人员、调度人员、驾驶人员、检查人员的直接劳动和保修人员、后勤人员、管理人员的间接劳动相结合，通过运营车辆和站务设施表现出来的综合性服务。而狭义的城市公共汽电车运营服务是通过交通工具来实现的，这种直接面对乘客的服务是由驾驶员、乘务员的直接劳动和管理人员的间接劳动相结合，并通过公共交通车厢内表现的，可以概括为在运营车厢内直接为乘客提供的乘车服务的总和。通常城市公共汽电车运营企业所指的服务质量管理工作包括对公共交通车厢服务质量的管理、对车辆卫生的管理、对站台秩序的管理、对从业人员的管理等。

2. 服务质量管理的内容

（1）根据企业的性质与价值观对车厢服务的全过程进行管理、监控，向乘客提供优质的服务。

（2）确定服务管理的目标，制订服务管理计划并组织贯彻落实。

（3）组织服务管理机构，指导专业管理人员履行职责。

(4)制定并不断完善一整套检查、监督、控制、考核服务质量的方法和管理制度。

(5)管理驾驶员和乘务员,经常开展有关车厢服务及职业道德的培训、教育,培养和树立先进典型,奖优罚劣,充分调动服务人员的积极性。

(6)坚持调查研究,不断总结服务管理经验,接受社会监督,努力探索提高服务管理水平和整体运营水平的途径。

第二节 服务质量的监控管理

1.服务质量的内部监控管理

1)服务质量内部监控的内涵

服务质量内部监控管理是服务质量管理的主要手段之一,其核心是企业通过内部一定的组织形式对服务质量信息进行收集、整理、归纳、分析、处理、反馈,也就是把来自城市公共汽电车运营服务现场(车厢、站台、大厅)的服务质量信息,经过加工整理,以数据、文字、记录和图表等形式反馈、传输到服务管理部门,为改善公共交通服务、加强质量管理提供信息资料,是企业利用内部力量对服务质量进行的管理,是服务质量管理的内部形式。

2)服务质量内部监控的程序

服务质量内部监控的程序就是指实施服务质量监控的先后次序,即进行服务质量监控的操作过程。城市公共汽电车运营服务质量监控的程序大致如下:

(1)确定监控重点。城市公共汽电车运营服务"马路车间、点多面广、流动分散"的特点都给服务质量的监控造成了困难,因此对城市公共汽电车运营服务质量进行监控,首要的问题就是抓住主要矛盾和关键部位,确定监控重点。

(2)拟定监控方案。监控重点确定之后,就要根据监控对象的特点拟定相应的监控方案。监控方案就是对监控重点实施质量监控的计划,在监控方案中要明确实施监控的时间、方式、任务、内容等。

(3)执行监控方案。执行监控方案是服务质量监控的实质工作,按照拟定的监控方案,对服务质量实施具体的监控,也就是各级专业管理人员、专职稽查人员对服务质量进行的检查、考核过程。

(4)分析监控信息。分析监控信息就是对执行监控方案过程中获得的服务质量信息,进行统计、分析、加工、整理后形成数据或文字资料,使之能够反映出服务质量的状况。

2.服务质量的外部监督管理

1)服务质量外部监督的内涵

城市公共汽电车运营是面向社会的,公共交通服务的开放性,决定了服务质量无条件置于社会各界监督之下的必然性;城市公共汽电车运营服务的流动性、分散性,又决定了服务质量离不开乘客监督的必要性;城市公共汽电车运营由乘务人员为乘客提供人对人、面对面的服务,因此,乘客对城市公共汽电车运营服务质量的评价最有权威性、客观性和公正性。服务质量外部监督是与服务质量内部监控相辅相成的,是城市公共汽电车运营服务质量管理的重要组成部分,是企业利用社会力量对服务质量进行的管理,是服务质量管理的外部形式。

2)服务质量监督的渠道

(1)行业管理机构监督。指城市公共交通主管部门对城市公共汽电车运营服务质量进行监督,行业管理机构监督具有针对性、指导性和权威性。

(2)人大代表和政协委员等监督。

(3)乘客(群众)监督。乘客监督就是群众监督,是对城市公共汽电车运营服务质量最普遍、最广泛的社会监督,是服务质量监督的主渠道,主要方式是来信、来电、来访。

(4)新闻媒体监督。新闻媒体监督是指包括报纸、电台、电视台、网络等新闻单位对城市公共汽电车运营服务质量的监督,因为新闻媒体的报道具有舆论性,所以对公共交通服务质量具有较大的监督力度。

(5)"服务热线"监督。"服务热线"监督是指在有条件的大中城市公共汽电车运营企业专门开通的为乘客提供出行服务和受理乘客监督的电话专线,"服务热线"监督是乘客监督的扩展和补充,其功能受到社会各界的好评。

第三节 城市公共汽电车运营企业服务质量管理实践

综合对部分城市公共汽电车运营企业调研情况来看,强化服务管理体系建设和开展标准化服务主要包含以下几个方面的工作。

1. 服务管理体系构建

在"郑州宣言"——"公交优先在中国,让我们做得更好"的指引下,各地城市公共汽电车运营企业把优质公共交通服务的理念提升到企业发展战略的高度,真正把关注乘客需求作为运营生产组织的出发点和落脚点。在这一理念的指导下,城市公共汽电车运营企业着力完善内部服务管理体系,建立了服务质量目标责任制,并以此为纽带,厘清服务管理工作职能和责任层次,逐步建立了以乘客需求为导向的、涵盖企业各层级、各业务板块的主动式服务质量管理体系。

2. 标准化服务提供

部分城市公共汽电车运营企业实行城市公共汽电车运营服务质量社会承诺制度,通过新闻发布会、网络及在公共交通车厢内张贴等方式向全社会公布城市公共汽电车运营服务质量及相关标准承诺,承诺内容包括驾乘人员的服务态度、行为举止、车辆卫生、首末班车发车准点率、发车间隔及运营规范等,使城市公共汽电车运营企业的服务质量、运营调度水平及企业管理能够广泛接受乘客监督、社会监督和舆论监督。在此基础上,城市公共汽电车运营企业制定更为严格的服务质量标准、服务管理工作规范,在公司范围内统一服务质量标准、统一服务质量检查要求、统一服务质量评价体系,确保服务承诺能够全面落实和量化考核。

专栏12-1:青岛公交集团

青岛公交集团于2007年4月25日举行了"运营服务社会承诺"制度启动仪式,向社会推出了12项运营安全服务承诺,请乘客监督。乘客可以根据公布的两部服务热线对公交车不准点发车、中途甩客、争道抢行等行为进行举报,首报人可以得到50元或100元的奖励。此举促进公交服务水平提升,为乘客出行创造更为安全、快捷、方便、舒适的乘车环境,为迎接2008年奥帆赛创造更优美的城市人文环境。12项社会服务承诺包括:

(1)驾驶员、乘务员、调度员、IC卡工作人员上岗衣着整洁,仪表大方;

(2)运营车辆卫生清洁;

(3)车内设施(座椅、扶手、玻璃)齐全完好;

(4)始发站运营车辆提前进站上客;

(5)运营车辆首末车准点发出;

(6)运营车辆按规定路线行驶,规范进出停靠站,乘客上下完毕立即驶离站点;

(7)运营车辆遵章守法,按规定标志、标线行驶,夜间开启照明灯;

(8)运行中报站准确,主动照顾特需乘客,热情解答乘客咨询,服务用语文明;

(9)严格执行收费标准,无人售票车票据齐备,售票中唱收唱付;

(10)运营车辆因故不能继续运营,无人售票车做好乘客在本线路的换乘工作,有人售票车及时退还乘客票款;

(11)已更新车辆,杜绝"冒黑烟"现象;

(12)按规定营业时间办理IC卡,收款时唱收唱付。

此外,青岛公交集团还制定了对举报人的具体奖励办法,对于举报情况属实、证据清楚的,将按以下标准对首报人给予奖励:线路运营首末车(始发站)未按时发出,奖励首报人100元;运营车辆私改线路,中途甩客,奖励首报人100元;服务人员私收票款、收钱不撕票,奖励首报人100元;驾驶员不按规定车道行驶、争道抢行、闯红灯、行车中接打电话、吸烟,奖励首报人100元;运营车辆因故不能继续运营,无人售票车不帮助换乘、有人售票车不退还乘客票款,奖励首报人100元;IC卡工作人员不按规定时间营业,奖励首报人100元;驾驶员违规操作,致使车辆尾气冒黑烟,奖励首报人50元。

3.星级考核评价机制建设

1)星级考评机制的内容

部分城市公共汽电车运营企业在推行标准化、规范化服务的基础上,不断推行服务管理创新,将星级评价管理机制引入城市公共汽电车运营服务管理中,制定一套涵盖基层终端及一线员工的关键评价指标体系,建立了车队、线路、员工星级考核评价机制,在不同车队、线路和员工之间自发地形成一种"比、学、赶、帮、超"的氛围,从而带动整体服务质量的提升。

2)星级考评机制的要点

(1)构建基于服务质量标准体系的关键评价指标体系,作为星级评定的基准和依据,对于每一个指标都要明确不同星级的标准,例如车容车貌、车辆状况、投诉率、事故率等指标都是星级考核评价的关键性指标。

（2）全员参与，通过建立与星级考核评价相对应的绩效考核体系，将员工的薪酬水平、职位晋升等与星级等级挂钩，实现企业要求和个人成长有机结合。

（3）重视组织架构和考核评价流程的构建，从组织上、制度上、流程上确保此项工作的顺利开展。

（4）星级考核评价机制从基层终端（如车队、车间等）和员工两个维度共同开展，打造卓越基层终端。

（5）做好典型基层终端及员工的宣传工作，充分利用各种新闻媒体渠道，定期宣传和报道高星级基层终端及员工的先进典型案例，营造创先争优的良好氛围。

（6）星级考核评价要实行动态管理，建立持久提升的长效机制，根据内外部发展环境变化和城市公共汽电车运营服务提升的需要，动态调整星级考核评价指标体系和考核评价机制。

专栏12-2：济南公交

济南公交于2004年开始实行"星级管理"，在公共交通线路、驾驶员、修理工和车辆保洁员中推行"星级服务"奖励制度，从硬件、软件等方面全面提升济南公交的服务能力和服务水平，形成了"后方为运行，机关为基层，全员为乘客"的全方位、立体化服务机制，全面提升了企业的整体管理水平。2006年企业获四星级驾驶员称号的达337人次，获五星级驾驶员称号的达32人次。2006年在144条线路中，有60%的线路达到星级线路的标准。与此同时，公司加强星级考核工作。2006年企业用于星级车队、星级驾驶员的奖励1000万元全部落实到位。自实施星级奖励以来，企业共支出奖励资金700多万元，极大地调动了职工的积极性。据统计，2006年企业车厢服务合格率达98%，比2005年上升了2个百分点。乘客满意度由过去的不足80%上升到85%。

济南公交星级管理制度体系包括以下内容：

（1）标准体系主要包括《运营驾驶员、运营线路星级标准》《济南市公共交通总公司社会服务承诺制度》《运营车辆服务设施管理规定》《运营车辆卫生管理规定》《星级驾驶员、星级线路管理实施细则》《标志服暂行管理规定》

《驾驶员服务工号管理规定》《司辅器使用管理规定》等。

(2)考核体系主要包括《星级线路乘客满意度调查考核办法》《总公司星级服务考核评定补充办法》《车辆卫生检查评分标准》和《驾驶员车厢服务检查评分标准》等。济南公交星级驾驶员、星级线路考核工作流程如图12-1所示。

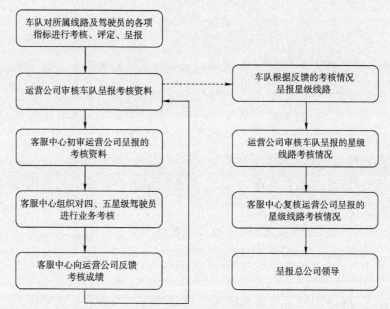

图 12-1 考核工作流程

注：实线为第一工作流程，虚线为第二工作流程。

依据运营线路星级标准对公共交通线路实行星级考核，其考核指标与星级驾驶员标准所涉及的指标相类似，所不同的是其侧重整条线路的运营，在具体指标上又增加了乘客满意度、驾驶员挂星率、安全操作合格率、车辆均衡运行情况、班次完成率等指标。

在推行星级管理制度的过程中，济南公交以"两力"（知晓力和执行力）的落实，不断提高职工素质。一是加强职工的职业道德教育，提高职工的职业道德素质。引导职工牢固树立"心系乘客、服务一流"的服务理念，增强提供优质服务的自觉性、主动性，减少服务中的不文明、不道德、不规范行为，树立良好形象。二是加强职工的职业技能培训，提高职工提供运营服务的本领。公司制订了全员培训计划,开展各类人员的专业技能、服务技能、专业知识和工作规范等内容的系统培训。根据培训对象,安排培训计划,细化培训需求,建立健全培训工作体系。培训内容以语言艺术、乘客心理、服务礼仪、规章制度、操作规程、普通话技巧和疑难问题的处理方法为主,以规范化服务为重点,教育广大员工牢固树立"规程"意识,增强严格按"规程"办事的自觉性。

此外,为保障星级管理制度顺利实施,济南公交在建立典型示范的基础上,建立了严密的考评组织和完整的管理台账。对基层员工进行正向激励,推行星级薪酬制,一星级奖励200元,每升一星增薪100元,最高的五星级奖励薪酬可达600元;对管理人员实行绩效考评,正负激励相结合,考核合格的给予相应的奖励,考核不合格的给予相应的惩罚。奖励机制还体现在工人岗与管理岗的转岗定级上,将工人获星情况列为应聘管理人员等方面的依据。济南公交以正向激励为主、正负激励相结合的激励机制的建立,调动了各级管理人员和员工的工作积极性,促进服务过程和服务管理的规范化,形成了全员关注服务质量、提高服务质量的局面。

4. 乘客满意度调查

近年来,随着先进管理理念的不断培育和主动服务意识的增强,部分城市公共汽电车运营企业改变以往只通过加强内部管理提升服务水平的做法,转而通过既强化内部管理又注重外部需求的双重措施,持续提升公交服务水平。

乘客满意度调查旨在通过对乘客满意情况持续进行定性或定量的测量、分析,了解乘客对本公司公共交通服务的评价,从而提供改进依据,不断提高乘客的满意程度。乘客满意度调查通常包含以下几个步骤:一是根据企业内外部发展环境变化,明确乘客满意度调查的目的,编制详尽的调查计划,计划中要明确调查的目的、范围、方式、内容、时间、地点等。其中调查方式有问卷调查、电话调查、直接交流、第三方专业机构调查等,一般情况下采用问卷调查的方式进行。二是根据调查计划编制针对性、可行性强的《乘客满意度调查表》,表格中应包括准点率、候车时间、行车安全、服务态度、服务设施、车容卫生等内容,并根据不同时期的工作重点进行调整。三是周密部署,安排好调查人员及相应后勤保障,严格按照调查计划实施乘客满意度调查。在问卷调查方式中,要注意调查表格的发放、填写及回收工作,确保回收率达到派发总数的一半以上。四是将回收的《乘客满意度调查表》及时进行分类、整理、统计,对所有项目的满意情况进行综合统计,以确定乘客满意度总体水平;对每个项目的满意情况进行分类分析,以确定每个项目的满意度。在此基础上形成详尽的《乘客满意度调查报告》,明确指出乘客满意度现状、存在的问题及改进机会等。五是根据《乘客满意度调查报告》制定严格的整改措施,并对整改过程实施跟踪落实,持续提高乘客满意度。

专栏12-3:深圳巴士集团

深圳巴士集团近年来十分关注乘客需求和满意度。该公司建立了一套符合行业及企业实际的满意度调查模型和成熟的调查方式,每年组织两次全面、大型的满意度专项调查,了解广大市民需求,并形成满意度调查分析报告。深圳巴士集团参照ACSI模型,乘客满意度由乘客期望、感知质量、感知价值决定,结合公共交通企业的行业特点和行业第三方满意度调查,设计了深圳巴士集团乘客满意度调查模型。深圳巴士集团的乘客满意度模型由经济性、安全性、便捷性、有序性、舒适性、司乘服务六项指标构成,并通过在问卷设置"您对六项公共交通服务指标最关注的是什么?"的问题,采取共同度法确定各项指标的影响权重。

乘客满意度调查问卷每个问题均设置五个选项:很满意、满意、基本满意、不满意、很不满意,并对应设置分值为100、85、75、50、30(行业标准)。根据加权法计算出乘客满意度值。

$$CSI = \sum_{n=6}^{i=1} C_i N_i$$

式中:C_i——乘客满意度指标得分;

N_i——满意度指标权重。

在推进乘客满意度调查这项工作过程中,深圳巴士集团根据企业发展环境的变化和市民对于公共交通的需求变化,主动改进工作方式,持续、动态提升乘客满意度调查工作。近年来,深圳巴士集团乘客满意度调查改进轨迹如图12-2所示。

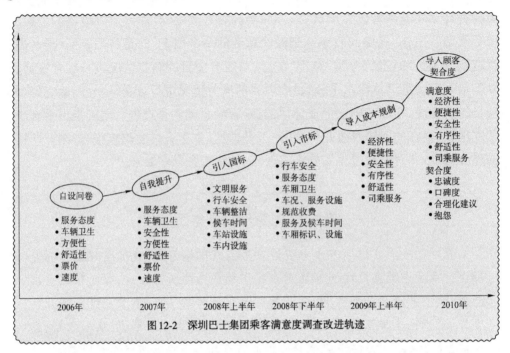

图12-2 深圳巴士集团乘客满意度调查改进轨迹

5. 服务质量监督

各地城市公共汽电车运营企业在推行标准化、规范化城市公共汽电车运营服务,持续提升城市公共汽电车运营服务水平的同时,也十分注重对城市公共汽电车运营服务质量的监督工作,不断拓宽城市公共汽电车运营服务质量监督渠道,推动企业与社会、乘客的良性沟通。具体包含以下几个方面的措施:①在城市公共汽电车、首末站公布服务监督电话,设置意见箱(簿);②在客流量大的首末站及集散点设置乘客意见咨询服务台;③推行"民意车厢"进社区活动;④聘请社会义务监督员,实地监督公共交通服务;⑤设置公共交通服务投诉处理机构、热线及网络化平台;⑥成立新闻办公室,设立新闻发言人,主动与媒体沟通;⑦成立"巴士之友",搭建企业与乘客的活动平台。

专栏12-4:公共交通企业乘客服务示范案例

北京公交集团公司于1999年12月10日正式开通"公交李素丽服务热线",实行24小时服务。热线坚持"乘客出行的向导、解答询问的智囊、质量监督的渠道、联系市民的桥梁"的服务宗旨,以其方便快捷的服务功能和有效的社会监督,受到了广大市民群众的欢迎和好评。热线开通至今,坚持实行规范化、科学化、人性化管理,以感情带队伍,树立团队精神,提高集体的凝聚力,营造团结友爱、充满亲情的大家庭氛围。几年来先后建立了《公交服务热线管理规定》《接线员工作程序及标准》等多项规章制度,使热线管理工作做到了有章可循。热线还设立了党员学习园地、团员学习园地、生活园地及通信报道园地,形成了良好的工作氛围。在全体接线员中,坚持长期开展"四个规范"(语言规范、行为规范、程序规范、管理规范)教育活动。在工作中,接线员做到面带微笑、态度热情、语气柔和、接听耐心、询问细致、解答清楚、记录完整。在实践中,热线还总结出"四股劲儿"的服务方法:对老年人要有一股亲热劲儿,对残疾人要有一股关心劲儿,对外地人要有一股耐心劲儿,对不讲理者要有一股感化劲儿。这些方法对服务质量的提高发挥了重要作用。

接线员还利用业余时间到公共交通沿线的宾馆、商厦、医院、学校、机关单位进行实地调查,用步幅计量换乘距离并做好记录,几年来,累计勘察了全市700多条公共交通线路,1000多个站点,积累了上万字的勘察记录,基本满足了咨询服务的要求。为了迎接2008年奥运会,为世界各地的宾客提供良好的服务,热线自编了基础英语20句,自学北京人英语300句,苦练外语服务的基本功。

绍兴市公交总公司推行了"乘客投诉处理回访制度",旨在进一步加强公共交通行风建设力度,提高乘客满意率,提升公共交通服务水平。乘客投诉处理回访制度由总公司行风办组织落实,是就所属分公司和相关部门已经处理的有关服务质量、线路班次准点率等热点难点投诉的处理情况,进行电话回访或上门回访,跟踪处理结果的一项行风管理制度。推行乘客投诉处理回访制度的意义在于:首先,投诉回访便于公司更好地了解掌握各部门投诉受理情况及乘客对处理结果是否满意,促进各分公司加强自身行风建设,为公司创新服务、减少乘客投诉积累宝贵的经验。其次,投诉回访能让乘客感受到公司对行风工作的重视,进一步拉近了乘客与公交的距离。最后,公司将乘客投诉作为改进工作的动力,通过投诉回访,更深入地了解乘客需求,积极引导司乘人员换位思考,增强服务观念、创新服务方式,促使公共交通服务质量和行业形象明显提升。

深圳巴士集团对标香港九龙巴士公司,率先在境内推出"民意车厢进社区"和"巴士之友"等活动,加强与市民的互动。其中,"巴士之友"是由热心社会公益和公共交通事业的人士组成,旨在搭建乘客相识平台,践行文明乘车、推己及人、服务公众的精神,提倡乘客在搭乘巴士时发挥自律及义务助人的精神,推广公民教育意识,鼓励会员参与社会公益服务及环保活动。

第十三章　企业安全管理

安全管理是城市公共汽电车运营企业日常管理的首要任务和基本责任，保障车辆的运营安全是安全管理的核心目标，也是实现城市公共汽电车运营企业社会效益和经济效益的前提和基础。近年来，城市公共汽电车运营企业不断强化安全管理责任意识，从制度上、组织上、机制上、技术上不断提升城市公共汽电车运营企业安全管理水平，特别加强了对重特大活动的安全管理研究与实践。

第一节　安全管理的含义和内容

1.安全管理的含义

安全管理是企业管理的重要组成部分，它是以安全生产为目的，履行有关安全工作的方针、决策、计划、组织、指挥、协调、控制等职能，合理有效地使用人力、财力、物力、时间和信息，为保障安全而进行的各种活动的总和。它是现代企业制度中管理科学的一个重要分支，主要运用现代安全管理原理、方法和手段，分析和研究各种不安全因素，从技术上、组织上和管理上采取有力的措施，解决和消除各种不安全因素，防止事故发生。从城市公共汽电车运营企业的行业特性和实际来看，安全管理主要包含运营安全管理、生产安全管理、治安保卫管理和消防安全管理四个方面。考虑到城市公共交通企业的特点，本书将着重阐述运营安全管理方面的内容。

2.运营安全管理的任务和内容

运营安全管理工作的主要任务是：做到依法依规，坚持"安全第一、预防管理、综合治理"的方针，坚持以人为本的科学发展观，建立全方位、全覆盖的运营安全管理责任制；以预防为主，贯彻科学有效的管理和切实有效的措施，将各类运营安全事故消灭在萌芽状态，确保乘客生命安全及财产不受损失。运营安全管理主要包含以下内容。

(1)根据安全生产相关法律法规，建立健全以运营安全责任制为核心内容的各项管理制度和规定，研究制定运营安全管理工作标准和安全操作规程。

(2)建立培训制度，研究制定安全管理人员及驾驶员、乘务员安全培训计划，努力提高相关人员的业务素质和管理水平。

(3)坚持预防为主的方针，抓好各类行车责任事故的预防工作，掌握安全行车规律，制定预防措施，定期组织安全教育及岗位练兵活动，关心和维护运营驾驶员的生活和切身利益。

(4)严格做好安全管理督查工作，定期或不定期对影响运营安全的薄弱环节及隐患进行全方位排查，开展经常性的专项整治工作，确保各类安全管理工作能够有效落实。

(5)构建运营安全责任体系，建立运营安全管理考核评价制度，层层签订运营安全管理目标责任书，将运营安全管理的各项指标与各级责任人及管理人员的工资相挂钩，做到有奖有罚，激发全员运营安全管理意识。

(6)按照事故"四不放过"（事故原因未查清不放过、责任人员未处理不放过、整改措施未落实不放过、有关人员未受到教育不放过）制度要求，做好事故的善后处理工作，把各类运营安全事故控制在最低限度。

(7)认真组织好各类运营安全情况的统计和上报工作，建立和完善运营安全基础管理台账和驾驶员（事故）档案管理制度，保障运营安全管理的制度化、规范化和科学化。

第二节　城市公共汽电车运营企业安全管理的主要指标

行车事故统计数据可以反映出一个企业安全行车情况，而且还可在与同行业安全行车情况的对比中反映企业安全行车水平。

1.城市公共交通企业事故统计指标项目

(1)事故总次数。事故总次数是指城市公共汽电车运营企业在报告期内发生的特大事故、重大事故、一般事故、轻微事故的次数（小事故只作处理不作统计）。

(2)责任事故次数。依据交通管理部门（人民法院）裁决，事故分为城市公共汽电车运营企业负全部责任、主要责任、双方责任和次要责任的行车事故等，分别进行统计。

(3)事故伤亡人数。事故伤亡人数是指由于行车事故造成的伤亡人数,包括因事故致伤亡的乘客、行人和城市公共汽电车运营企业职工数量。其中分为:受伤人数(造成重伤和轻伤的总人数)、重伤人数(因交通事故受伤致残人数)、死亡人数(因事故死亡的人数)。

(4)直接经济损失。直接经济损失是指城市公共汽电车运营企业车辆发生事故所造成的车辆、财物损失的费用和修理费、赔偿费等。

2. 按照百车计算(事故百车率)

事故频率(次/百车)= 事故次数/(平均运营车辆数÷100)

行车事故受伤率(人/百车)= 受伤人数/(平均运营车辆数÷100)

行车事故死亡率(人/百车)= 死亡人数/(平均运营车辆数÷100)

行车事故直接经济损失率(元/百车)= 直接经济损失额/(平均运营车辆数÷100)

3. 按照百万车公里计算(事故百万车公里率)

事故频率(次/百万车公里)= 事故次数/(总行程÷1000000)

行车事故受伤率(人/百万车公里)= 受伤人数/(总行程÷1000000)

行车事故死亡率(人/百万车公里)= 死亡人数/(总行程÷1000000)

行车事故直接经济损失率(元/百万车公里)= 直接经济损失/(总行程÷1000000)

第三节　城市公共汽电车运营安全管理重点

运营安全工作是一项涉及业务面广、工作责任心强的综合性管理工作,不仅要做到依法管理,建立和完善纵向到底、横向到边的安全管理机制和网络;还要结合企业的发展及管理实际,建立和健全行之有效的运营安全管理制度和工作标准。做好安全运营管理工作,要建立在科学管理的基础上,以预防工作为中心,掌握事故规律,制定监控防范措施,做到"关口前移,重心下移",要坚持"以人为本"的理念,建立和培养一支思想觉悟高、业务素质强、管理水平高的运营安全管理队伍。在此基础上,还需要重点做好以下五个方面的工作。

1. 严格落实运营安全管理制度和规定

制度和规定是要求企业全体人员共同遵守的办事规则和行为准则。要做好安全管理工作，全员均须严格执行各项制度和规定，从细节入手，确保各项安全管理工作能够有效地落实到位。

2. 抓好对驾驶员的安全教育和培训

通过对各类运营交通事故（包括车厢内乘客摔伤、车门夹伤人等服务事故）的统计分析表明：车辆行驶的安全与否，主要依靠驾驶员的安全意识、操作技能、生理及心理功能和职业道德素质。因此，抓好驾驶员的安全教育和培训，努力提高他们的职业素养和安全驾驶技能，既是运营安全管理的一项重要基础性工作，又是发挥驾驶员主观能动性、保证车辆安全运行的重要前提和基础。此项工作要结合企业实际，注重实效，要根据国家相关安全教育培训的要求，针对运营驾驶员必须掌握的道路交通安全法、安全操作规程、安全行车相关知识等，结合各类典型案例，编制经常性的安全教育和培训计划，按照计划步骤和要求有针对性地开展相关工作。

3. 严格路查制度，杜绝违法违规驾驶行为

从源头上杜绝各种违法违规驾驶行为，是保证城市公共汽电车安全运行的重要前提。驾驶员安全意识淡薄、遵纪守法观念不强以及不安全的驾驶行为，会导致各类违法违规驾驶行为。因此，严格路查制度，到运行路线和各个事故易发的路段、路口检查各种违法违规驾驶行为，是做好事故预防工作的最有效措施。各级安全管理部门和每个安全管理人员都要把路查制度作为运营安全管理的一项重要工作来抓，对查出的各种违法违规行为都要从严教育、从严处理。

4. 严格落实车辆安全设施检查制度，杜绝带病车上路

《中华人民共和国道路交通安全法》第二十一条明确规定："驾驶人驾驶机动车上道路行驶前，应当对机动车的安全技术性能进行认真检查；不得驾驶安全设施不全或者机件不符合技术标准等具有安全隐患的机动车。"从近年来我国出现的部分城市公共汽电车运行事故看，开带病车上路也是一个非常严重的安全隐患。因此，严格落实车辆设施安全检查制度，尤其对转向和制动（包括驻车制动器）的检查更要格外引起重视，这也是做好事故预防工作的有效措施。各级安全管理部门都要把车辆安全设施检查制度作为运营安全管理和事故预防工作的重点，抓好落实。

5. 实行严格的考核评价制度

实行考核评价是公共交通企业安全管理工作制度化、规范化、科学化和常态

化的必然要求,是有效落实各类安全管理制度、措施的保障。运营安全管理考核评价要逐级按月进行,考核评价的结果要及时通报各个单位。主要包括以下几个方面:

(1)制定运营安全管理考核评价的项目、内容、标准及处罚规定。

(2)查阅运营安全管理台账(事故档案)和各类原始资料,考核评价各项运营安全管理制度的落实情况。

(3)对当月发生的各类行车责任事故进行核实,考核评价各项运营安全控制指标的完成情况。

(4)通过运营安全管理台账,检查核实所属单位和部门对运营安全管理考核评价及处罚的落实情况。

第四节 城市公共汽电车运营企业安全管理实践

1.建立规范的安全管理制度与流程体系

各地城市公共汽电车运营企业根据国家及各地交通安全、消防安全、综合治理等方面的法律、法规和企业实际需求,制定了公司各个层级的安全管理制度、规定和流程,从安全管理各个环节包括教育培训、安全检查、隐患整改、事故报告及事故应急救援预案等全方位进行了明确规定;并对各级安全管理机构及安全责任人的职责、权限和义务进行了明确细致的规定,确保整体安全管理工作横向到边、纵向到底、无漏洞、无死角。从各地公共交通企业调研情况来看,目前运营安全管理制度主要包括:安全例会制度、路查制度、车辆安全设施检查制度、驾驶员分类制度、事故"四不放过"制度、事故报告制度、肇事驾驶员处理制度等。在完善制度基础上,公共交通企业还根据不同层级的职责和权限,制定了一系列操作规定及流程,确保安全管理到位。

2.健全组织机构,明确责任保障体系

部分城市公共汽电车运营企业设立安全管理委员会,由总经理担任主任,主管安全生产的副总经理担任副主任,成员由各职能部室负责人、运营生产单位的第一责任人及聘用的注册安全主任组成。由此构成了安全管理委员会、运营生产单位、基层单位的三级安全管理组织架构,各级安全管理机构履行相应的安全管理职责。

此外,城市公共汽电车运营企业还建立了安全生产目标管理责任制,根据上级下达的各项安全控制指标和工作任务,研究制定本层级的安全管理目标及工作任务总体规划,并对各项控制指标进行量化分解,落实到各具体单位和个人,做到层层签订《安全生产目标管理责任书》,形成安全生产逐级负责管理网络,保证责任到岗、责任到人。

3. 建立完善的闭环安全管理网络体系

各地城市公共汽电车运营企业依托健全的安全管理制度和长期积累的安全管理经验,借助先进的科学技术和扎实的安全管理基础工作,以"安全责任"为纽带,建立了"事前防范、过程监控、成效考核、持续改进"四个层次的安全管理网络体系,如图13-1所示。

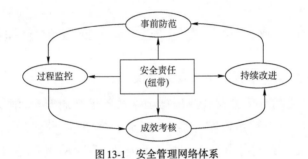

图13-1　安全管理网络体系

第十四章　企业车辆技术管理

车辆是城市公共汽电车运营企业生产运营的核心要素,车辆技术管理水平的高低对于城市公共汽电车运营生产的正常开展和公共交通服务质量的提升具有决定性影响。车辆技术管理必须严格落实政府部门对车辆的有关管理规定,按照"预防为主、强制保养、科学检测、养修结合"的原则,建立行之有效的车辆管理制度,将车辆的"管、用、养、修"有机结合起来。

第一节　车辆技术管理的含义和内容

1.车辆技术管理的含义

城市公共汽电车运营企业的车辆技术管理是指通过对运营车辆的全过程管理,最大限度地为运营服务提供安全、可靠的车辆,车辆技术管理主要包含车辆的"管、用、养、修"四个方面。

2.车辆技术管理的基本内容

(1)车辆技术管理必须紧紧围绕城市公共汽电车运营生产的中心任务,根据运营生产规模及计划提供技术管理保障。

(2)车辆技术管理要按照"预防为主、强制保养、科学检测、养修结合"的原则,对车辆实行全生命周期管理,减少机械故障,提高车辆完好率和机械可靠性,最大限度地为运营服务提供安全、可靠、性能稳定的运载装备。

(3)要加强车辆技术研究力度,不断提高车辆技术性能,特别是要强化对新能源、清洁能源车辆的研究及应用,大力发展绿色公共交通。

(4)技术管理人员及驾驶员、维修工应经常参加技术培训,及时掌握有关城市公共汽电车的各类新技术、新信息,城市公共汽电车运营企业应建立知识型技术管理团队。

(5)根据企业发展战略及目标,制定涵盖车辆维护修理技术、节能减排技术及新能源、清洁能源车辆应用的中远期发展规划,并组织实施。

第二节　车辆的全过程管理

车辆的全过程管理,可以简单地分为全生命周期管理、季节性管理、日常管理和重点管理。

1. 全生命周期管理

车辆的全生命周期管理是指从购置新车开始直至车辆报废的全过程管理。

(1)购置新车。应根据城市公共汽电车结构升级和市场的需要及车型管理的要求选择车辆。购置车辆后,车辆管理员应及时将车辆技术参数、主要总成参数、使用日期等有关资料以及发动机、大梁的复印件等立卡建档。

(2)保养维修。车辆投入运营后,根据车辆行驶里程和保养制度的规定,安排车辆各级车身、机电维修,并建立相应台账,实行质量监控、单车成本核算等。

(3)过程控制。车辆过程控制管理贯穿于车辆使用的全过程,控制内容视各企业管理模式而定,一般有车辆年检、节假日专项检查、日检例行维护、报废和季节性管理等。

(4)技术跟踪。对车辆技术状况进行跟踪,掌握其出现故障及损耗的规律,研究解决问题的办法,避免发生重复性质量事故,为以后车辆购置、车辆选型、参数确定及技术改造打好基础。特别是在新车型、新总成、新技术、新材料的应用初期,必须进行专项技术跟踪。

(5)报废更新。企业根据车辆使用年限、里程或者环保要求等因素报废更新车辆。报废更新车辆必须按照国家有关规定执行,报废时必须健全报废手续,及时统一处置报废车辆。

2. 季节性管理、日常管理和重点管理

(1)季节性管理。车辆应根据不同季节调整管理重点,加强检查。在不同的季节尤其是冬夏两季,车辆燃料消耗、机件磨损、润滑油品种、蓄电池电解液比重、轮胎气压等均有所不同。冬季要预热、保温、防冻、防滑等,夏季则要降温、防爆、防气阻等。

(2)日常管理。车辆除正常的维修保养外,还需加强每日的管理工作,主要是指车辆的例行保养。驾驶员必须在车辆起动前、起动后、行驶中、交接班以及进场后做好例行检查和保养,消除安全隐患。

(3)重点管理。重点管理是指企业年度和节假日专项检查管理。年度和节假日专项检查是由城市公共汽电车运营企业技术管理部门,根据相关的管理规定,统一布置、组织的车辆技术专项全面检查,例如春运前的车辆专项检查等。

3.车辆的保养制度

车辆保养是一项重要技术措施,其目的是保持车辆外观整洁,降低零部件磨损,主动查明故障,及时消除隐患,延长修理间隔里程,为运营服务提供安全可靠、性能良好的车辆。

(1)保养的目的与原则 车辆保养的目的是使车辆保持良好技术状况,车容整洁美观,设施齐全、可靠、有效,防止部件早期磨损,降低维修成本。保养工作应贯彻"预防为主、强制保养、科学检测、养修结合"的原则,公共交通企业可根据上述原则,结合本企业的运营特点、车辆档次、零部件耗损规律,合理安排保养周期和作业项目,采用计划预防、分级保养的方法,切实做好车辆保养工作。

(2)保养的种类 根据目前城市公共汽电车行业的保养制度,可将城市公共汽电车保养分为车辆机电保养、车身保养和空调保养三大类。

(3)车辆小修 执行分级保养时,城市公共汽电车运营企业技术管理部门应重视小修作业的内容、频率和车辆故障,综合分析各级保养间隔内维修项目的合理性,并及时进行调整,实行计划预防保养制度时,应允许有10%~15%的小修工作量。小修分为计划性和临时性两类,计划性小修应根据保修计划由修理厂制定作业时间,临时性小修是根据临时保修及保养中发现的小修项目,临时安排修理。

第三节　车辆技术管理的定额与计算方法

城市公共汽电车运营企业的技术经济定额是企业在一定的生产条件下,实行计划管理和推行经济核算的基础,是考核评价企业管理水平和运营水平的主要依据。

(1)完好车率。是指运营车辆的完好车日数与保管车总车日数之比,是考核技术部门是否以运营服务为中心的一项重要指标。完好车率反映了技术系统的工作效率及提供完好车辆的效果。

$$完好车率 = \frac{完好车日数}{保管车总车日数} \times 100\%$$

式中，完好车日数=保管车总车日数－正在维护、修理和暂时不具备运营条件的车日数。

（2）能源消耗水平。是指运营车辆平均行驶100km所消耗的电力、汽柴油、天然气、氢气等能源量，是考核各基层驾驶员是否合理使用能源的一项重要技术经济指标，应根据不同动力类型和不同车型分类统计。以纯电动车辆为例。

$$能源消耗水平 = \frac{耗电量}{行驶总里程} \quad (kW \cdot h/100km)$$

（3）车辆机件平均故障时间。是指运营车辆由于机件损坏或者失效而发生故障，影响正常运营的平均时间。

$$车辆机件平均故障时间 = \frac{机件故障总时间}{行驶总里程} \quad (h/100km)$$

（4）车辆平均故障次数。是指车辆在运营过程中，每行驶10000km所发生的影响正常运营时间的机件故障次数。

$$车辆平均故障次数 = \frac{机件故障总次数}{行驶总里程} \quad (次/10000km)$$

（5）轮胎平均报废里程。是指运营车辆使用的轮胎，自开始使用到报废为止（无论中间是否有翻新）的平均里程。在统计时应根据轮胎尺寸分组考核。轮胎平均报废里程=各条报废轮胎实际行驶里程总和/报废轮胎条数(km)。

（6）轮胎翻新率。是指经翻新使用后报废的轮胎数占全部报废轮胎数的比率。

$$轮胎翻新率 = \frac{报废轮胎中经过翻新的条数}{报废轮胎总条数} \times 100\%$$

（7）小修频率。是指运营车辆平均行驶1000km发生的小修次数。凡各级保养以外临时发生的故障，包括进出场例行保养中发现和行驶中发生的故障维修均应计算小修次数，凡结合各级保养进行的小修和驾驶员自行排除的故障维修不计入小修次数。

$$小修频率 = \frac{小修总次数 \, 行驶总里程}{196} \quad (次/1000km)$$

(8) 车辆高保返修率。是指车辆完成二级(含)以上保养后,投入运营临时发生故障,并返回维修的均计次数(包括进出场、例行保养和行驶中发生的高保项目故障)。

$$车辆高保返修率 = \frac{高保返修辆次}{二级(含)以上保养竣工总辆次} \times 100\%$$

(9) 保养、维修材料费。是指车辆在保养修理过程中每行驶1000km所消耗的材料费用(不含车辆送厂改型和发动机大修费用)。

$$保养维修材料费 = \frac{保养维修材料总费用}{车辆行驶总里程} \quad (元/1000km)$$

(10) 车间全员劳动生产率。是指在车辆保养、维修过程中,每辆车所需要的实际全员人数,是评定车间管理及保修生产效率的一项重要指标。

$$车间全员劳动生产率 = \frac{车间实际生产人员数 + 管理人员数}{保管车辆折算单车数} \quad (人/辆)$$

第四节 城市公共汽电车运营企业车辆技术管理实践

通过对国内部分城市公共汽电车运营企业的实地调研,近年来城市公共汽电车运营企业在车辆技术管理,尤其是新能源车辆的技术管理方面开发运用了一些新方法,积累了新经验。

1. 不断完善车辆管理技术体系

一个完善的车辆技术管理体系应由完善的制度规范、专业的技术人员、先进的技术装备和高效的运转机制共同构成。

在制度规范方面,需要通过管理制度和标准规范等明确车辆技术管理的目标、技术要求、工艺、职责划分等,为技术管理工作提供纲领和依据,提前发现安全隐患,有效减少车辆故障,节约车辆能源消耗,降低运营成本。城市公共汽电车运营企业应在传统公共汽电车技术管理规范的基础上,针对纯电动公交车、插电式混合动力公交车、氢燃料电池公交车的不同技术特点,出台专门的车辆维护、检测、诊断技术规范,明确极寒、高温、多雨等季节的特殊技术要求,通过制度落实定期车辆技术检查,按期进行车辆各级维护。

在人员培养方面,需要开展多种形式的岗位技能培训,围绕车辆驾驶、维修保养、使用管理、应急管理等方面开展技术培训,加强专业技能人才培养。培训应包括三类:新车运营前培训,即在新购车辆到位前,组织厂家对相关人员进行使用和检查的操作培训,保障新车运营安全;集中培训,针对工作中发现的修理、运营中存在的薄弱环节,及时对所有相关人员集中进行技能培训,全面提升整体技术水平;定期培训,即按期组织各类培训、交流活动,充分发挥优秀职工传帮带作用,互相学习、交流,共同进步。应严格执行持证上岗制度,组织技术管理人员及维修人员考取相关证书,车辆生产企业应负责对城市公共汽电车运营企业技术人员进行车辆使用、维保方面的专业技术培训。鼓励通过技能竞赛等形式促培训、促学习,激励和带动广大技术人员爱岗敬业、磨炼技能、精益求精,厚植工匠文化,培育更多"公交工匠"。

在技术装备方面,需要城市公共汽电车运营企业及时提升装备水平,积极应用信息化新技术提高车辆技术管理水平。技术实力强、维保任务重的公共交通企业可以勇于尝试自主研发专业装备来提升维保的速度和精度。有条件的公共交通企业可以建设车辆远程监控系统,在车辆生产企业配合下,通过车载无线数据终端实时上传车辆运行中的各类主要技术参数,加强对新能源车辆动力电池组、驱动电机等高压部件的安全监控,实现车辆故障的早发现、早预防,并利用手机App等形式,及时发现重要信息,快速响应维保任务。

在工作机制方面,城市公共汽电车运营企业需要逐步完善自身工作机制,并与整车企业和关键零部件企业紧密合作。城市公共汽电车运营企业应明确运营部门和机务部门各自的职责,例如,运营部门负责车辆日常维护检查、故障车辆报修,机务部门负责对报修的车辆进行维修,并做好车辆的各级维护保养工作,实行运修分离的专业化运作模式等。在维修网络建设中,应探索构建与生产厂家"共建共赢"的合作模式,以特约维修服务站等形式,变社会服务站事后维修为城市公共汽电车服务站事前预防模式,强化维修服务站功能,不断提高维护深度。

专栏14-1:郑州公交集团

郑州公交积极发挥高技能人才核心骨干作用,形成以"大师工作室"为抓手的模式,推动技术革新成果向生产转换,不断提高公共交通企业维保技能水平,有效保障新能源公交车可靠运营。

组建2个"大师工作室"作为专业维修技术保障团队,专门攻克新能源车辆出现的疑难杂症。同时,以点带面,形成了全公司善于发现问题、勇于攻关、勇于创新、攻坚克难、钻研技术的良好氛围,近年来围绕着新能源公交车取得了近百项技术革新成果,提高了整个企业维修人员的技术水平和维修保障能力。

自主建设"纯电动公交车全真模拟平台"(图14-1),高度还原企业最新8m纯电动公交车的原车尺寸和原车布局,能模拟设置高低压控制系统、电机电路、电除霜、电转向等各类纯电动系统常见故障,能够演示车辆的高低压控制逻辑和电流走向,具备整车及各大总成功能、结构、原理的3D动画演示功能,不仅承担公司职工纯电动公交车新技术培训工作,还为新能源车辆技术相关企业、大中专院校提供新技术培训和科研支持。

图14-1　自主建设的纯电动公交车全真模拟平台

企业还自主研发了便携式微电脑电机综合检测仪等设备,可实现就车检测电机性能,免于将电机从车上拆下,可直接在车上检测电机性能,实现电阻、电容ESR值、电感、二极管、集成块、光耦等电子元件的在线测量,也可检测B板、C板等电子元件有无老化、失效现象,大幅提升检测效率。

2. 合理制定车辆维保技术要求

车辆维保作业属于强制性、预防性作业,及时合理地进行维保作业,保证车辆处于良好技术状态,能有效消除安全隐患、减少故障发生,还对减缓电池劣化、延长车辆使用寿命等具有重要作用。

城市公共汽电车的日常维保应该符合相关的国家标准、行业标准、地方标准中的相关规定,相关标准主要有《机动车运行安全技术条件》(GB 7258)、《客车结构安全要求》(GB 13094)、《汽车维护、检测、诊断技术规范》(GB/T 18344)、《营运车辆综合性能要求和检验方法》(GB 18565)、《纯电动城市客车通用技术条件》(JT/T 1026)等,还应符合车辆生产厂家使用维修手册中的相关技术标准和要求,要能够适应城市公共汽电车的普及使用。

车辆维保作业的主要技术要求包括车辆维保的分级、作业周期、作业要求和质量保证等。维保分级主要有日常维护、一级维护、二级维护以及新车出厂后的首次维护等。日常维护即日常清洁、补给和安全检查作业;一级维护是以清洁、补给、润滑、紧固等为主,并对有关安全部件进行检查;二级维护是在完成一级维护作业项目的基础上,以检查调整为主,更换电动空压机机油、滤芯,对各高压接线端子进行紧固等作业;新车出厂后的首次维护则以清洁、检查为主,是新车实际运营前的首次维护,需要清除设备上的灰尘和油污,按技术要求检查各电气设备的性能,并测量整车高压电气设备的总绝缘等。各级维护的周期不同,一般一级维护每月不少于1次,二级维护每半年不少于1次。维护作业中,高一级维护应包含低一级维护的作业性质和技术要求。

在维护中对新能源公共汽电车的三电系统(电池、电机和电控)要格外重视。以对纯电动公共交通车辆的二级维护为例,对于电机部分,要检查更换润滑油、三相线的绝缘等;对电控部分,要诊断是否有故障码,存在故障码时要排除相关问题;对电池部分,要对动力电池系统进行检修,保证电池管理系统(BMS)工作正常、冷却系统水循环正常等,还要检查高压线束有无磨损、老化,连接处有无松动,整车的绝缘性能等。

对于新能源公共汽电车,还要在使用中持续关注动力电池的衰减情况。可以根据动力电池的日常监测数据进行判断和评级,并定期联合动力电池厂家开展专项技术评估,对在用电池进行返厂检修并出具检测报告,建立日常评估与重点检测相结合的电池评价机制。

3. 持续提升车辆技术管理数字化水平

近年来,各地城市公共汽电车运营企业纷纷推动数字化转型,通过应用数字化技术提升企业竞争力,降本增效并优化业务流程。企业数字化转型显著提升了车辆技术管理水平,具体体现在提升车载终端感知能力、增强数据通信和处理能力、发掘数据应用能力等几个方面。

一是提升车载终端感知能力。通过加装一体化车载终端设备,整合定位、显示调度、报警等功能,统一管理车载路牌、车载IC卡机、车载单元(OBU)、车内导乘屏、车内视频监控等通信对接,同时实现与车辆CAN总线数据的对接采集,将车辆CAN总线数据实时传输到管理平台。开展新能源公共汽电车数据采集,实现整车、仪表、动力、电池、电控和空调总成等详细数据传输,为大数据分析应用提供基础保障。

二是增强数据通信和处理能力。为保障网络通信能力,在原有网络架构基础上加快推进企业通信能力升级,应用物联网技术,铺设智能终端到城市公共汽电车云平台之间的数字化快车道,车载通信从原有的2G、3G通信升级到4G、5G物联网通信全覆盖,实现数据传输频率、容量、速度等全面升级。依托数字化云平台技术,建立数据管理平台和融合数据仓库,形成数据应用支撑体系,提升数字化集成能力、数据汇集与存储能力、数据计算与分析能力、数据共享能力、数据展示能力,支撑应用的快速迭代开发和业务融合应用。

三是发掘数据应用能力。在提升管理效率方面,通过搭建车辆综合管理平台,优化业务流程,推动车辆维修保养管理、物资管理、车辆抢修管理等业务的统筹管理,实现对保修生产作业各环节的实时监控,保修物资的精准管控,保修保养成本的实时结算;通过为企业管理人员和基层员工提供多终端系列管理软件,接入多类别业务数据,实现数据图形化、可视化的全局综合展示,辅助各专业人员开展工作。在深化数据分析方面,基于车辆运行时的CAN总线数据、充电及公共交通运营业务数据,进行能耗数据分析、车辆技术性能分析、驾驶员行为分析、充电安排合理性分析、新能源公共汽电车电池安全预警分析等。

专栏14-2:北京公交集团

北京市探索推动公共交通数字化转型发展,在车辆技术精细化管理等方面取得显著效果。

在数据采集处理能力建设方面,在纯电动公交车上加装了CAN数据采集模块,实现了整车、电池电控等1000余项状态数据秒级传送;试点安装了驾驶员异常行为分析设备,实现对驾驶员运营过程中驾驶行为的实时监测和异常报警;探索应用了物联网技术,车载通信升级到4G通信全覆盖,单车月度流量由500M升级到20G。

在数字化云基础平台建设方面,在公共交通领域首次构建了数字化混合云平台,为业务应用向云端迁移提供了基础能力支撑;设计构建北京公交数据中台(数据湖),建立了企业主数据管理平台和融合数据仓库,初步形成了北京公交集团数据集成与数据应用支撑体系。

在数字化管理和数据融合应用能力建设方面,通过智能调度系统的数字化升级,实现了行车计划自动化辅助编制和"一键诊断",支撑了区域集中调度模式下跨线路车辆综合使用场景下的实时调度指挥;面向企业管理人员和基层员工推出"智能公交"系列软件,实现了数据图形化、可视化的全局综合展示。发布了"北京公交"App,推出了新版定制公交出行服务平台,大大提升了城市公共交通运营服务质量;统一了不同客车生产企业的车辆CAN总线数据上传格式,在公共交通领域首次实现了新车数字化交付和数字证书的应用,保证了新车数据传输标准规范,有效跟踪整车生产与交付过程相关研究和实践成果支撑了中国道路运输协会发布《城市公共汽电车车辆CAN总线数据采集规范》系列团体标准;基于新能源公交车运营数据分析,实现零部件故障分析和识别、合理开展车型和零部件选型、合理调整充电策略和空调使用策略、改善驾驶员驾驶行为。

第十五章　企业财务管理

　　财务管理是企业经营管理的重要环节,主要是通过价值形式对企业的各项资源和生产经营过程进行全面组织、科学规划、合理控制、有效协调,以完成企业的生产经营目标。城市公共交通的公益性决定了公共汽电车运营企业的财务管理有别于一般性企业,须特别加强全面预算管理和企业资金管理。

第一节　财务管理的含义和内容

1.财务管理的含义

　　财务管理是在一定的整体目标下,关于资产的购置(投资),资本的融通(筹资)和经营中现金流量(运营资金),以及利润分配的管理。城市公共汽电车运营企业的财务管理是运用货币表现的价值形式,根据企业资金运动的规律,正确组织企业财务活动,处理企业同各个方面的财务关系,对城市公共汽电车运营生产活动进行综合性管理和监督的一项经济管理活动。

2.财务管理的主要内容

　　(1)筹资活动管理。在筹资过程中,企业一方面要确定筹资的总规模,以保证投资所需要的资金;另一方面要通过筹资渠道、筹资方式的选择,合理确定筹资结构,以降低筹资成本和风险,提高筹资效益。

　　(2)投资活动管理。企业在投资过程中,必须选择合理的投资规模、投资方向和投资方式,确定合理的投资结构,以提高投资效益,降低投资风险。

　　(3)资金运营管理。加速资金周转,提高资金利用效果,是资金运营管理的主要内容之一。另外,还需合理配置资金,妥善安排流动资产和流动负债的比例关系,既要防止流动资产的闲置,又要保证有足够的偿债能力。

　　(4)分配活动管理。财务活动的收益分配一方面要执行有关法律、政策、制度及事先确定的分配程序;另一方面,由于收益分配活动的复杂性以及收益分配活动对企业资金流转具有重要影响，收益分配时必须注重处理好企业内外各利益主体之间、收益分配与企业融资及企业长远发展之间的关系。

以上四部分内容是相互联系、相互依存的整体，资金筹集是企业资金运动的起点和条件；资金投资是资金筹集的目的和运用；资金的运营表明资金运用的日常控制；资金的分配则反映了企业资金运动状况及其最终成果，这四个相互联系又互有区别的方面就构成了完整的企业财务活动。

3. 城市公共汽电车运营企业财务管理的特点

城市公共汽电车运营企业财务管理特点主要体现在以下几个方面：

(1)点多、面广、流动、分散的运营生产过程，使城市公共汽电车运营企业的财务管理难度增大，一是财务管理人员队伍大，分布区域广，财务管理系统的灵活性、时效性难以保证；二是由于城市公共汽电车作业分散及乘客素质参差不齐，公共交通票款存在流失现象，特别是在早晚高峰期的大客流线路上，乘客投币、刷卡往往难以有效监管；三是票款收入的汇集工作难度较大，往往需要专门的收银车辆在线路收班后到各个总站进行统一汇集，既增大了工作难度，也带来一定的安全风险。

(2)城市公共汽电车运营组织水平及效率对城市公共汽电车运营成本的影响较大。一方面，城市公共汽电车运营成本受线路走向、道路环境、气候等因素影响较大，成本管理比较复杂；另一方面，在成本核算中，车辆空驶或者载客量少造成的成本消耗均要计入所有的客运周转量中，因此平低峰期的城市公共汽电车运营组织对于城市公共汽电车运营成本的控制有十分重要的意义。

(3)公共交通公益性特点决定了目前公共交通行业普遍采用低票价的方式减少市民的出行成本，从而提升公共交通出行分担率。然而，相对于城市公共汽电车票价的严格控制，城市公共汽电车运营企业在燃油、人工、车辆价格、零部件等方面支出的成本却按照市场价格变动，就导致企业的成本传导机制失效，这也给城市公共汽电车运营企业的财务管理造成了较大的影响。

(4)部分城市在落实公共交通优先发展战略方面，特别是对城市公共汽电车运营企业财政补贴方面的支持还不到位，导致部分城市公共汽电车运营企业在运营生产过程中往往面临着较大的资金压力，如何多渠道、多模式地开展资金筹集工作是摆在公共交通企业面前的一项十分重要的课题，这对于缓解企业现金流压力、保持企业正常运营起着决定性的作用。

4.城市公共汽电车运营企业的重点财务关系

城市公共汽电车运营企业在资金筹集、投资、运营和分配过程中,会与企业内外相关各方面产生关系,主要包含以下几个方面:

(1)企业同其所有者之间的财务关系。主要指企业的所有者向企业投入资金,企业向其所有者支付投资报酬所形成的经济关系。从我国目前城市公共汽电车运营企业的情况来看,所有者主要有国家、法人单位、外商和个人四类,其中大多数公共交通企业的所有者为国家。企业的所有者要按照投资合同、协议、章程的约定履行出资义务,以便及时形成企业的资本金。企业利用资本金进行经营,实现利润后,应按出资比例或合同、章程的规定,向其所有者分配利润。企业同其所有者之间的财务关系,体现着所有权的性质,反映着经营权和所有权的关系。

(2)企业同其债权人之间的财务关系。主要指企业向债权人借入资金,并按借款合同的规定按时支付利息和归还本金所形成的经济关系。企业除利用资本金进行经营活动外,还要借入一定数量的资金,以便降低企业资金成本,扩大企业经营规模。企业的债权人主要有:债券持有人、贷款机构、商业信用提供者、其他出借资金给企业的单位或个人。企业使用债权人的资金后,要按约定的利率,及时向债权人支付利息,债务到期时,要合理调度资金,按时向债权人归还本金。企业同其债权人的关系体现的是债务与债权的关系。

(3)企业同其被投资单位的财务关系。主要指企业将其闲置资金以购买股票或直接投资的形式向其他企业投资所形成的经济关系。企业向其他单位投资,应按约定履行出资义务,参与被投资单位的利润分配。企业与被投资单位的关系是体现所有权性质的投资与受资的关系。

(4)企业同其债务人的财务关系。主要指企业将其资金以购买债券、提供借款或商业信用等形式出借给其他单位所形成的经济关系。企业将资金借出后,有权要求其债务人按约定的条件支付利息和归还本金。企业同其债务人的关系体现的是债权与债务关系。

(5)企业内部各单位的财务关系。主要指企业内部各单位之间在生产经营各环节中相互提供产品或劳务所形成的经济关系。企业在实行内部经济核算制的条件下,企业相关部门以及运营生产单位之间,相互提供产品和劳务要进行计价结算。这种在企业内部形成的资金结算关系,体现了企业内部各单位之间的利益关系。

（6）企业与职工之间的财务关系。主要指企业向职工支付劳动报酬的过程中所形成的经济关系。企业要用自身的运营收入，向职工支付工资、津贴、奖金、社会保险等，按照提供的劳动数量和质量支付职工的劳动报酬。这种企业与职工之间的财务关系，体现了职工和企业在劳动成果上的分配关系。

（7）企业与税务机关之间的财务关系。主要指企业要按税法的规定依法纳税而与国家税务机关所形成的经济关系。任何企业，都要按照国家税法的规定缴纳各种税款，以保证国家财政收入，满足社会各方面的需要。及时、足额地纳税是企业对国家的贡献，也是对社会应尽的义务。因此，企业与税务机关的关系反映的是依法纳税和依法征税的权利义务关系。

国家实施城市公共交通优先发展战略，对城市公共汽电车运营企业实行了部分税费的优惠政策，城市公共汽电车运营企业要运用好这方面的政策。

第二节　城市公共汽电车运营企业财务管理目标

对于一般性的企业而言，企业财务管理的总目标应该是尽可能地提高经济效益，现代企业财务管理理论研究与实践对于企业财务管理的总目标有着不同的理解，其中以企业利润最大化、每股收益最大化和企业价值最大化三种表述最具代表性。

企业利润最大化的观点认为，利润是衡量企业经营和财务管理水平的标志，利润越大越能满足投资人对投资回报的要求。每股收益最大化的观点认为，每股收益是企业一定时期的税后利润额与普通股股数的比值，反映股东每股股本的盈利能力。对于非上市公司而言，一般可采用权益资本净利率（企业一定时期的税后利润额与权益资本总额的比值）反映企业权益资本的盈利能力。这种观点还认为每股收益是以净利为基础计算的，具有与利润最大化财务管理目标相同的优点，并能提示出投资收益的报酬率水平，更便于企业财务分析、预测和进行不同资本规模企业间的比较。企业价值最大化（或股东价值最大化）的观点是目前学术界普遍比较接受的观点。当一个企业经营业绩持续稳定和良好，资产负债结构合理，财务风险较小，预计未来有稳定回报及良好发展前景时，市场就会承认该企业有较高价值。现代财务管理理论与实务的研究表明：以企业价值最大化作为财务管理的目标是最科学合理的。

对于城市公共汽电车运营企业而言,由于其具有准公共产品的属性和公益性特性,因此其财务管理的目标与一般性企业而言也是有所不同的。城市公共汽电车运营企业在设立财务管理的目标时,必须从企业属性和社会公益性两个方面来考虑,既要保证城市公共汽电车运营企业能够长期、可持续地为市民提供优质的公共交通服务,积极履行社会责任;也要从企业本身属性出发,能够有持续稳定和良好的经济效益,只有这样,城市公共汽电车运营企业才能保持其发展的活力与动力。当前,我国经济发展进入新常态,城市政府财政压力凸显,部分城市难以足额拨付城市公共汽电车运营财政补贴。在此背景下,城市公共汽电车运营企业应努力降本增效,在确保运营安全和服务质量的基础上,通过精细化管理等手段严控运营成本,确保城市基本公共交通服务可持续。

第三节 城市公共汽电车运营企业财务管理实践

随着城市公共汽电车运营企业现代企业制度的构建,企业财务管理的内涵、外延、功能及地位发生了深刻的变化,强化企业财务管理已经成为现代城市公共汽电车运营企业良性运转和可持续发展的重要保障和关键环节。近年来,城市公共汽电车运营企业结合各地城市社会经济发展水平和企业实际,坚持不懈开展财务管理工作的优化和创新,以全面预算管理为财务管理的重要基础,以资金管理为财务管理的重要节点,做好成本费用控制和资金链管理。此外,城市公共汽电车运营企业还运用会计信息化工具建立精细的财务核算体系,并通过加强企业内部控制提高会计信息质量。

1. 建立精细化财务核算体系

针对重复性劳动多、数据共享欠缺、会计科目设置不统一以及信息传递时效性差等问题,部分城市公共交通企业在充分利用信息化工具的基础上,建立了精细的财务核算体系。具体体现在以下几个方面:

1)建立符合企业实际的会计制度

如财务核算方面制定了《主要会计政策、会计估计及合并会计报表编制方法》《固定资产管理制度》《资产减值准备管理办法》《票据管理规定》《差旅费管理规定》等会计制度,下属公司对应制定了相应的细则。此外,为明确会计信息化硬件及软件的管理和维护,确保电算化信息的安全,企业还制定了《会计电算化管理制度》。

2)统一会计科目设置,规范编制对外报送报表

自2007年实施新会计准则以来,城市公共汽电车运营企业统一了下属企业会计科目设置,并统一各科目核算内容。下属企业根据自身业务性质设置下级明细科目或核算项目,将收入、成本核算到线路,将盈亏状况精细化到线路。同时,规范编制对外报表,清晰反映股东所需了解事项,定期向股东报送正式报表及内部管理报表。

3)建立财务软件数据共享平台

适当运用会计信息化工具,在财务软件中编制对外报表及内部管理报表;设置严密的权限控制,可以在财务软件中即时浏览下属企业财务核算和报表编制情况,做到信息完全对称,避免了重复性填报数据及信息传递滞后的缺点。财务软件数据共享平台的建立还可以及时准确地向股东或主管部门报送其所需了解的财务信息。

2.加强内部控制,提高会计信息质量

企业在完善的法人治理结构下,通过建立内部会计控制体系、完善内部审计和监督、健全信息披露机制等措施来保证会计信息质量的真实性和可靠性。

1)建立科学的内部控制体系

为了保证会计信息真实可靠,企业要加强会计责权控制,按照内部会计控制的要求建立不相容职务相分离、授权批准控制等措施。公司在设计、建立内控制度时,一是明确不相容岗位;二是明确规定各个机构和岗位的职责权限,使不相容岗位和职务之间能够相互监督相互制约,形成有效的制衡机制;三是对于授权批准控制措施,按照相关财务制度明确办理各项经济业务的授权批准机制及程序,明确责任的分配和权利的授予,严禁越权操作,避免舞弊现象发生;四是从机构的设置上体现互相监督,互相制约。

2)完善内部控制的审计和监督

部分城市公共汽电车运营企业设立了监察审计部门,主要监督企业内部控制的执行情况,评价内部控制设计的合理性并承担风险管理。定期对公司各个业务板块的业务流程和风险点进行审核监控,对制度、流程、结果进行监审,定期出具监审报告。

3）健全信息披露机制

我国部分城市公共汽电车运营企业在改革过程中进行过公开上市的实践，虽然受各方面环境所限制，公共交通业务板块最终选择了"退市"，但是企业依然按照上市公司的相关要求进行内部信息披露。同时，充分发挥外部中介的审计监督作用，对年报审计、税务审计和各种专项审计结果形成提案报公司董事会甚至股东大会进行审议，定期向股东披露财务报告及相关内部控制报告。

3. 推广和实施全面预算管理

"凡事预则立，不预则废。"对于一个企业而言，做好计划和预算管理工作是其能否成功的关键环节，当前的全面预算管理已由最初的计划、协调，发展到现在的兼具控制、激励、评价等诸多功能于一体的一种综合贯彻企业经营战略的管理工具，对于推动企业发展和加强内部管控发挥着日益重要的核心作用。近年来，我国城市公共交通企业也在大力推广和实施全面预算管理，经过几年的探索与实践，取得了很好的成效，对于推动城市公共汽电车运营企业健康发展起到了十分重要的作用。

1）制定完善的全面预算管理办法和预算流程

部分城市公共汽电车运营企业制定了完善的全面预算管理办法和预算流程。全面预算管理办法对预算组织机构及职能、编制原则、基本内容、编制形式及其编制依据、编制程序、编制方法、执行与控制、预算管理的调整、分析与考核等方面作出了明确和详细的规定，是全面预算管理工作顺利开展和有效执行的重要的指导和操作规程。它从预算组织、预算内容、预算编制时间安排、预算控制、预算分析等方面进行了规定，对全面预算管理进行统筹安排，指导企业开展整体预算工作，清晰梳理工作层次和思路，形成符合公共交通企业自身实际的预算流程。

2）加强预算编制，注重全员参与性

预算编制采用自下而上、逐级汇总的程序，注重全员参与性。为使全面预算管理真正做到全面，城市公共交通企业在预算编制时考虑自身的实际情况，涵盖了财务预算、运营生产预算、投资预算、筹资预算、人力资源预算及机务成本预算等各个方面，下发的预算表格模板，将企业的经营活动、投资活动、筹资活动等全部予以数字化、价值化。

3）强化预算分析和过程控制

城市公共汽电车运营企业将预算管理工作的重点放在了过程控制上，避免使全面预算管理流于形式,使其真正为全年的责任目标服务。而在过程控制中预算分析发挥了极大的作用。全面预算方案的下发就标志着控制过程的开始。首先,在预算方案下发的同时,各部门、各下属企业就对预算方案进行分解,明确责任范围;其次,对重点指标执行情况进行阶段性监控,对超预算指标及时提出警告;最后,为确保顺利达成全面预算目标,要逐月分析预算执行情况、企业经营和项目建设的关键控制点、预算执行过程中的难点、预算控制工作节点、拟采取的重点工作措施和工作计划,将全面预算管理工作落实到位。

4)预算工作应"刚、柔"结合

在预算管理、目标分解、责任落实指标上,要强调预算的严肃性与刚性原则,特别是在费用控制上,预算内费用才允许开支,预算外开支则需进行重新审批。此外在预算责任认定上,明确了预算单位执行人要承担预算责任。然而,就整个预算管理体系而言,预算又具有一定的柔性。由于企业发展的内外部环境可能会发生一些重大变化,使得原有预算方案本身失去客观性。因此,可以根据预算管理规定调整预算,使新的预算更符合企业的经营发展要求,确保企业实现更长远的利益。

4. 动态和静态资金管理

城市公共汽电车运营企业受实施低票价政策及经营成本增加等因素影响,盈利能力降低,资金链的顺畅与否很大程度上依赖政府财政补贴能否及时到位,加之近年来各地城市公共汽电车运营企业不断提升车辆等级水平,导致企业存在较大资金缺口,因此,公共交通企业的资金管理工作就显得尤为重要。主要包含以下几个方面的工作。

1)实时监测资金动向,加强资金流动预测

为实现整体资金流动的均衡性,城市公共汽电车运营企业建立了实时监测保障机制。一是各下属企业每日上报银行存款资金余额,每周财务部门将审核汇总后的资金周报上报领导和相关股东审阅,为企业的经营决策提供有力的支持;二是各下属企业每周上报下一周资金收支计划,若存款定额不足以维持日常经营活动,财务部根据资金计划统筹安排资金;三是下属企业每月进行6个月滚动现金流预测。

2)加强资金的使用效率管理

主要包括以下三个方面:一是严格控制各项成本、费用支出,减少资金用量。

①人工费用方面,严控非生产人员的增长,做好人员结构优化工作;科学安排节假日加班排班,合理控制加班工资;优化盘活内部人力资源,合理减少相关费用开支。②优化油料配送,挖潜增效,加强与大石油公司的业务合作,缓解外部加油压力,降低用油成本。③在车辆技术状况许可条件下,树立预防式维修理念,以按需保养为原则,适度压缩维修项目与更换材料费用。④全体员工树立节俭意识、忧患意识。二是加强应收账款管理,提高资金回收效率。公共交通企业应收款项主要有事故款(含事故借款和保险公司事故赔款)、包车收入以及政府补贴款。三是加强应付款项管理。城市公共汽电车运营企业应付款项主要为应付供应商的车辆、设备、燃料及材料款项。在合同签订初期,合理利用商业信用,减轻资金压力。同时,城市公共汽电车运营企业车间材料大部分为"零库存"材料,自有资金材料仅占很小部分,资金占用量小。

3)抓好资金管理流程,严格把关资金支出

城市公共汽电车运营企业对应统一资金管理方面的制度制定相关的流程,各下属企业根据集团的制度制定相应的细则。资金付款审批时严格按照相关审批流程进行,对外支付资金及集团内部资金调动均按照各部门、各单位审批权限实行联签制度,实现资金付款流程中的每个节点均可控。

4)加强资金管理的内部监督

城市公共汽电车运营企业监审部门每月对资金实行集中审核、跟踪监控。监审部门定期对企业资金情况进行审核:一是核定货币资金收支的合法性及合理性;二是检查银行存款对账情况,对于未达账项异常的项目进行跟踪审查;三是检查现金结存的盘点结果、现金支付及存放的安全性;四是审查资金管理流程的合理性。

5)定期开展资金分析工作

做好财务分析工作是加强资金管理工作的基础。城市公共汽电车运营企业制定了月度财务分析报告制度,月度、季度和年度均编制经济运行分析报告。其中现金流量分析是财务分析报告中非常重要的一部分,在滚动的预测现金流量基础上展开下一步资金管理工作。同时,其他的营业收入、成本费用及投资的预算执行情况分析均是资金管理工作的基础,通过开展一系列定量和定性相结合的专业财务分析,有助于企业管理层作出合理的资金管理决策。

第十六章　企业人力资源管理

公共交通行业是劳动密集型行业,城市公共汽电车运营服务具有人多、面广、点散的特点。企业员工管理水平直接决定了企业员工团队的和谐与稳定,直接影响到企业运营生产的正常开展和企业的健康、可持续发展。为此,近年来各地城市公共汽电车运营企业本着以人为本的理念,以合同管理和企业规章制度为基础,建立了完善的选人、用人、育人、留人机制。此外,城市公共汽电车运营企业在运营成本逐年增加的压力下,应加强对员工的关怀,不断激励员工全身心投入运营生产过程中,真正为企业的发展贡献力量。

第一节　人力资源管理的含义和内容

人力资源这一概念是由管理大师彼得·德鲁克于1954年在其著作《管理实践》中首次正式提出并加以明确界定的,他认为人力资源是一种特殊的资源,必须通过有效的激励机制才能开发利用,并可以为企业带来可观的经济价值。

1. 人力资源管理的含义

人力资源是指能够推动社会和经济发展,能为社会创造物质财富和精神财富的体力劳动者和脑力劳动者的总称。这个定义包含了数量和质量两个概念,它不仅要求劳动者具有劳动能力,同时还要求其能够进行健康、创造性的劳动。

公共交通行业是最典型的劳动密集型行业之一,人是企业最重要的资产,城市公共汽电车运营企业的人力资源管理是依据组织和个人发展需要,对员工这一特殊资源进行有效开发、合理利用与科学管理的机制、制度、流程、技术方法的综合。城市公共汽电车运营企业建立现代企业管理制度后,人力资源部门已经由企业的成本中心转化为利润中心。

2. 人力资源管理的内容

人力资源管理的主要内容包括企业人力资源战略的制定、员工的招募与选拔、培训与开发、绩效管理、薪酬管理、员工关系管理、员工安全与健康管理、员工职业规划等。具体而言,就是运用现代管理方法,对人力资源的获取(选人)、使用(用人)、开发(育人)、保持(留人)等方面所进行的计划、组织、指挥、控制和协调等一系列活动。

第二节　城市公共汽电车运营企业人力资源管理目标

1. 人力资源的特征

(1)能动性。在价值创造过程中,人力资源总是处于主动的地位,是劳动过程中最积极、最活跃的因素。人作为人力资源的载体,和自然资源一样都是价值创造的客体,同时它还是价值创造的主体,处于支配地位,而自然资源则服务于人力资源。

(2)时效性。人是人力资源的载体,从事体力和脑力劳动,因此它与人的生命周期紧密相关。生命周期和人力资源的"U"型关系决定了人力资源的时效性,必须要在人的成年时期对其进行开发和利用。

(3)增值性。这是人力资源最明显特征。人的体力不会因为使用而消失,反而在某种程度上会因为使用而不断增强,当然这种增强是有限度的;人的知识、经验和技能也不会因为使用而消失,相反会因为不断使用而更有价值。也就是说,在一定范围内,人力资源是不断增值的,它所创造的价值会越来越多。

(4)可变性。人力资源的使用表现为人的劳动过程,而人在劳动过程中又会因为自身心理状态的不同而影响到劳动的效果。所以人力资源作用的发挥具有一定的可变性,在相同的外部条件下,其创造的价值大小可能会不同。

2. 城市公共汽电车运营企业人力资源管理的目标

从开发的角度看,人力资源管理不仅包括人的智力开发,也包括人的思想文化素质和道德觉悟的提高,不仅是对现有人力资源的充分发挥,也是对其潜在能力的挖掘。在城市公共汽电车运营企业发展总体目标之下,人力资源管理还有其特定的具体目标,包括以下四个方面:

(1)保证城市公共汽电车运营价值创造需要的人力资源数量和质量。

(2)为城市公共汽电车运营价值创造营造和谐、可持续的人力资源环境。

(3)保证管理层和基层员工工作绩效评价简洁、准确、有效。

（4）保证管理层和基层员工薪酬分配公平、合理，富有激励性。

第三节　城市公共汽电车运营企业人力资源管理实践

1.做好基于企业战略的人力资源规划

人力资源规划就是要在企业和员工的目标达成最大一致的情况下，使人力资源的供给和需求达到最佳平衡。这一职能包括的活动为：预测组织在一定时间内的人力资源需求和供给情况，并根据预测的结果做出平衡供需的计划。

人力资源规划要围绕公司发展目标，保障生产，以人为本，关爱员工，促进员工成长，保持企业协调发展，形成适应公司战略发展需要、专业结构配套、层次结构科学、人员素质优良、团队氛围和谐的员工队伍。城市公共汽电车运营企业人力资源规划的指导原则主要体现在三个方面：确保企业业务持续发展、巩固行业人才竞争优势、确保企业整体效益与人员规模经济。

2.建立公开规范的招聘录用体系

由于城市公共汽电车运营生产分散性的特点，驾乘人员的素质和服务水平直接决定了乘客对于公共交通企业服务品牌的认知程度。为此，各地城市公共汽电车运营企业专门成立相应部门，在遵循相关法律法规的基础上，制定了完备的员工招聘、考评及培训制度和流程，制定了诸如《驾乘维修人员招聘考评管理办法》《驾乘维修人员招聘考评程序及时间控制图》《招聘考评工作人员岗位职责》《招聘考评工作责任追究制度》《招聘考评员准入、使用和淘汰制度》等，确保员工招聘工作能够按照公平、公正、公开、客观、廉洁和择优录取的原则开展，为员工招聘工作提供了严密的制度保障。各地城市公共汽电车运营企业还根据当地实际情况和企业发展实际，制定了涵盖各个工种（驾驶员、乘务员、调度员、修理工等）的招聘条件。部分城市公共汽电车运营企业也尝试在区域内建立公共交通行业员工黑名单制度，将一些在公共交通行业发生过重大事故或者引发不良影响的员工纳入区域公共交通行业黑名单，确保招聘员工的总体素质。

此外，由于各方面因素影响，近年来各地城市公共汽电车运营企业都不同程度地出现了"招工难"的问题。为此，城市公共汽电车运营企业努力构建全国范围内驾乘修人员招聘网络，积极争取劳务输出大省的协助和支持；同时在革命老区开展定向扶贫招聘，与国内交通运输类大中专院校、职业学校、技工学校建立定向招工关系,确保招聘渠道可靠、畅顺和稳定。通过调研国内部分城市公共汽电车运营企业的实践,总结出以下几个方面的经验。

(1)加强与国家重点院校和研究机构的合作,选拔储备管理人才。

(2)创新驾乘修招聘模式,拓宽招聘渠道。驾乘修三大工种人数占公共交通企业总人数的80%以上,确保长期充足的员工数量是企业可持续发展的重要保证。

(3)以岗位胜任力素质模型为基础,建立人才素质测评平台。

(4)加强企业竞争上岗和组织调配相结合的内部选拔机制建设。

专栏16-1:深圳巴士集团

深圳巴士集团根据员工需求情况,结合所需员工技能、特点等多样化要求,针对不同岗位制定了针对性的员工招聘计划,形成了完整的招聘布局,如图16-1所示。

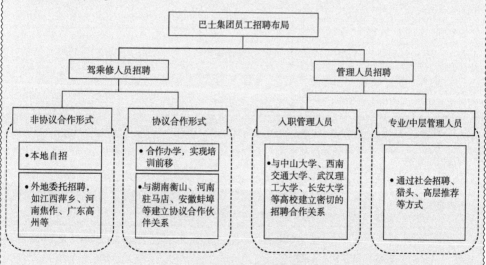

图16-1 新员工招聘布局

同时,公司按照ISO 9001质量管理体系标准,制定了《驾乘修人员招工计划审批流程》《驾乘修人员招聘考评流程》《驾乘修人员分配流程》《新员工入职程序流程》等一系列管理人员及生产人员的招聘、考评、录用流程,如图16-2所示。

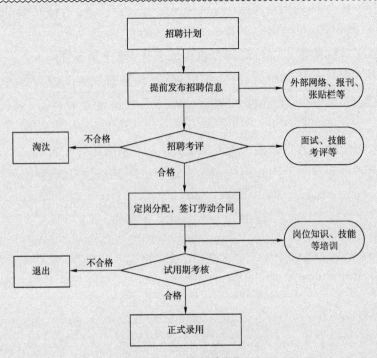

图 16-2　企业招聘流程

此外,为留住新员工,深圳巴士集团还建立了健全的留人机制,见表16-1。

企业留人机制　　　　　　　　　　　　表16-1

留人机制	采取措施
传授培训留人	推行师傅带徒教育方式,帮助新员工尽快掌握业务技能及知识,尽快进入工作角色及融入企业文化氛围
关爱氛围留人	新员工入职时安排住宿,提供免费工作餐,让新员工享受工会组织的各种关爱活动(如消暑活动、困难救济等),提升新员工归属感
职业发展留人	一线员工可通过竞聘,晋升为基层管理人员;管理岗位员工可凭借优秀工作绩效,获取晋升或者提薪机会
薪酬福利留人	除一般的岗位工资及绩效工资外,为员工提供过节费及礼品、星级或先进奖励、劳保用品、降温费等薪酬福利

3. 建立多层次的员工培训体系

城市公共汽电车运营企业要重点加强培训组织体系、制度体系、运营体系和资源体系建设,逐步建立以结果为导向、以绩效考评结果为依据的培训需求评价体系,重点开展内部培训开发,尤其是专业技术人才实践能力培训开发,建立内部培训考评认定机制,提升员工业务技能和总体素质。

一是制订员工总体培训计划和流程、方案,结合驾乘修岗位的实际技能及服务要求,实施集中培训,在严格的考评体系下,推进驾乘修员工全员持证上岗。二是规范培训需求分析、计划、实施、评估、改进、考核各环节的制度和流程;建立驾乘修人员培训档案,各培训管理部门在强化检查、严格考核的基础上,认真做好各类检查、考核资料的统计管理工作,加强培训质量的过程控制。三是注重培训形式多样化,开展包括传统授课、工作轮换、在职培训、BI演练、岗位练兵、职业技能竞赛、驾乘人员拓展、读书活动等多样化的培训。四是建立一支素质过硬的培训教师队伍,师资主要源于城市公共汽电车运营企业内部优秀培训师及外聘行业专家、教授。五是注重培训体系的多元化和多层次,主要分为岗前培训、在职培训和外送培训三类,每类培训又要根据企业实际情况分多个层级开展,确保培训效果有针对性。

4. 加快推进劳动、人事、分配制度改革

近年来,在建立和完善现代企业制度的过程中,深圳、济南、长春等城市公共汽电车运营企业全面推进"劳动、人事、分配"三项制度改革工作,通过理顺劳动合同关系实现员工"能进能出",通过竞争上岗、绩效管理实现员工岗位"能上能下",为现代企业制度的建立奠定了坚实的基础。

(1)健全机制,完善"能进能出"的用工制度。传统的国有公共交通企业员工普遍存在着"铁饭碗"的思想,然而随着社会经济的发展和现代企业制度的建立,抱有这种思想的员工已难以适应企业发展需求,"进来容易出去难"这种传统、固化的人力资源管理机制的弊端也日益显现。因此,部分城市公共汽电车运营企业通过改革,完善"能进能出"的用工制度,建立以劳动合同为核心的劳动管理制度,实现员工由"企业人"到"社会人"的身份转变。在全面实行全员劳动合同制的基础上,结合实际,进一步规范企业用工行为,依法进行分流安置等工作,避免劳动争议的发生。

(2)立足创新,实施"能上能下"的干部制度。在推行三项制度改革过程中,通过引入竞争机制,全面实施管理人员聘任制,实现管理职务的"能上能下",极大地提高了管理效率。在现代企业制度中,中层干部能力的强弱、素质的高低决定了企业能否按照既定的愿景和战略方向发展。因此，宁波、深圳等城市公共汽电车运营企业通过中层干部的竞聘上岗或合理调整，使一批具有公共交通专业理论背景、业务素质高、学习能力强、精力充沛的优秀干部走上关键岗位，并在工作中发挥了重要作用。

(3) 建立同工同酬、能升能降的薪酬体系。国内先进的城市公共汽电车运营企业已经逐步建立了以绩效考评为依据的分类分级的薪酬分配激励机制，以薪酬对外具有竞争力、对内具有公正性、对员工具有激励性为原则，建立以"因事设岗、以岗定薪、岗变薪变"为核心内容的企业薪酬管理制度，理顺了薪酬与岗位价值的关系，实现了薪酬能升能降的目标。主要体现在：

①持续完善薪酬优化方案。持续优化驾乘修三个工种的分配政策，按照劳动定额进行分配。逐步减少各分公司基层管理及后勤辅助人员薪酬分配政策的差异，保证内部公平性。

②按照一定的客观标准，对岗位相对价值进行系统衡量、评比和估价，以量值表现岗位特征。依据岗位价值建立分类分级的薪酬分配激励机制。

③持续推进市场化的薪酬动态调控机制建设，确保员工薪酬水平的竞争力和吸引力。

专栏16-2：安阳公交总公司、成都公交集团

安阳公交总公司从改革三项制度入手，为企业改革打开突破口，为企业快速发展铺平道路。首先，公司按照"精干、高效"的原则，砍机构、裁人员，将机关14个科室精简为10个，实行一人多岗、一岗多能、竞聘上岗和末位淘汰。其次，打破企业用工界限，逐步推行职工"能进能出，优胜劣汰"的用人新机制，建立了内部劳务市场和短期人事代理合同用工机制，对企业优化组合中分流出来的200余名富余职工，分批进行转岗培训，实行二次分流，没有将一个人推向社会，实现了职工零下岗纪录。面向社会公开招聘优秀管理人员和高素质司乘人员200余名，以此激励在岗职工的爱岗敬业精神和危机意识。第三，在工资分配上，打破"铁饭碗"，全部实行按岗定薪、岗变薪变、动态管理，并实行单车核算，把节油、节胎情况与收入挂钩；把安全事故损失、服务投诉率与收入挂钩，按月考核，奖罚分明。合理规范的分配机制，极大地

> 增强了职工责任意识。
> 　　成都公交集团于2009年10月14日召开全体副科级以上管理人员大会,以94.8%的高票率表决通过了《管理人员管理办法》(试行),从而确立了公司管理人员的"三定"管理和聘用任期制度,打破了国有企业长期以来形成的干部身份概念和"只能上,不能下"的任期终身制,有效地激发了各级管理人员工作的积极性、主动性和创造性,在成都公共交通改革的历史上具有非常重要的意义。

　　5.建立和谐的团队管理体系

　　员工关系管理主要是协调企业与员工的关系,通过建设企业文化等形式来保证企业员工队伍的稳定性,为实现企业目标营造良好的工作氛围。各地城市公共汽电车运营企业把员工当作内部顾客来经营管理,提升机关部门为基层服务的意识与能力,提高服务效率与质量,搭建和谐的员工关系管理体系,充分调动员工的工作积极性及主观能动性;此外还通过设立解困基金,建立基层民主管理及后勤保障等员工关爱机制,提高员工对企业的满意度和忠诚度,有效实现了员工团队的稳定和谐。

　　一是各地城市公共汽电车运营企业在面临巨大经营压力的情况下,努力提高员工薪酬待遇水平,按时足额发放工资,缴纳社会保险,建立城市公共交通从业人员工资收入正常增长机制,按不低于当地在岗职工平均工资确定员工工资收入水平。二是为员工提供晋升机制与职业发展规划,这样可以引导员工产生渐进式的发展目标,促进员工发展,并使员工队伍逐渐稳定与成熟。三是建立员工满意度调查机制,每半年开展一次大规模的不记名员工满意度调查分析,逐步改善管理机制、监督机制、上下级管理关系、工作环境,确保员工满意度逐年提升。四是通过开展消暑健康活动、拓展训练、文艺晚会、体育运动会等丰富多彩的关爱活动,搭建员工与企业、员工与员工之间的和谐沟通平台。五是广泛开展温暖活动,及时足额为符合条件的失业人员发放失业保险待遇,加大对困难从业人员的帮扶力度。组织从业人员积极参加"最美公交司机""最美地铁人"评选活动,弘扬劳模精神、劳动精神和工匠精神,提升从业人员职业自豪感和归属感,营造尊重关爱从业人员的良好氛围。六是推行基层民主管理,成立基层车队、车间民主管理委员会,并依照《基层民主管理工作规定》等有序开展工作,共同协商基层员工的排班、考核分配、违章违纪处理、人员晋升等问题,督促基层单位在工作中实施"内务公开"。七是尽可能地为员工提供有力的后勤保障,包括温馨舒适的员工宿舍、办公环境以及图书馆、体育馆等文体娱乐设施。同时,建设职工休息室、爱心驿站等,解决驾驶员就餐、休息等实际问题。确保员工能够以愉悦的心情投入到公共交通运营生产中去。八是部分城市公共汽电车运营企业建立了多种员工与企业沟通的渠道,推行"机关管理人员服务基层管理人员,基层管理人员服务一线员工"的服务理念,关注员工的工作、生活、心理及生理动态,增强员工归属感。

第四节 加强企业文化建设与员工思想管理

企业文化一般指企业中长期形成的共同理想、基本价值观、作风、生活习惯和行为规范的总称,是企业在经营管理过程中创造的具有本企业特色的精神财富的总和,对企业成员具有感召力和凝聚力,能把员工的兴趣、目的、需要以及由此产生的行为统一起来,是企业长期文化建设的反映。企业文化包含价值观、最高目标、行为准则、管理制度、道德风尚等内容。它以全体员工为工作对象,通过宣传、教育、培训、文化娱乐、交心联谊等方式,最大限度地统一员工意志,规范员工行为,凝聚员工力量,为企业总目标服务。

高度重视思想政治工作,并将思想政治工作、员工思想管理和企业文化建设有机结合起来,是近年来城市公共交通企业管理的一大特色。虽然企业文化建设和员工思想管理是不同的概念,但在企业实际管理中两者又有着十分密切的联系,在诸多方面是相同、相通和相容的。具体体现在以下几个方面:

(1)对象相同。研究对象都是人,都具有以人为本的特点,在培养人的高尚品质、塑造人的美好灵魂方面是完全一致的。

(2)方向一致。都属于意识形态范畴,都要为经济基础服务。

(3)目的相近。都是为提高企业和谐度,发展企业生产力,为实现企业战略目标服务。

(4)途径相通。为达到目的所采取的措施是相通的,例如开展丰富多彩的文体活动,构建良好的人际关系,树立企业先进典型模范等。

第十六章
企业人力资源管理

近年来,城市公共汽电车运营企业在建立现代企业制度的过程中,紧紧围绕运营生产和安全服务工作中心,通过强化党组织、工会组织、共青团组织和女工组织在企业中的作用,深入开展员工心理管理工作,实现了企业党风、政风和行风建设的全面发展。特别是,由于城市公共汽电车运营企业具有鲜明的劳动密集型特点,一些企业强化基层党建工作,通过开展"支部建在车队"、卓越班组建设等方式,不断提高党在基层车队、车间的向心力、凝聚力和战斗力。

在推进企业党建和思想政治工作的同时,各地城市公共汽电车运营企业在秉承传统城市公共汽电车运营企业优秀文化理念的基础上,一直把加强新时期企业文化建设作为企业发展过程中的一项重要课题,通过打造优秀的企业文化,持续提升企业竞争力。一是从意识上高度重视企业文化对于企业发展的重要意义,充分认识到企业文化在现代企业制度条件下对于打造企业核心竞争力日益重要的地位和作用,更加注重企业文化在企业发展中的导向功能、约束功能、凝聚功能、激励功能和辐射功能;二是成立了以企业"一把手"为首的企业文化建设领导团队,从组织架构上高度重视企业文化建设;三是紧密结合企业发展实际,继承和发扬企业优秀的文化理念,高度总结并提炼出富含公共交通行业特性和企业自身特点的系统理念,包括企业愿景、使命、核心价值观、宗旨等,并通过开展各类培训及体验活动等方式使广大员工接受并认同。四是在企业理念基础上,制定一整套行为规范,包括员工职业道德规范、管理干部行为准则、员工行为准则、沟通协调规范、礼仪服务规范及社会责任等。五是根据企业发展历程及城市特色,制定一套可以充分体现企业形象的视觉识别系统,包括企业标志、企业标准色、企业名片、企业旗帜等,提高企业的辨识度和品牌效应。

此外,部分城市公共汽电车运营企业通过编制《企业文化手册》等方式面向全员宣传贯彻企业文化,使广大员工能够全面了解企业发展的历程及企业文化,并以此不断激励员工积极工作。在推动企业文化建设过程中,公共交通企业还十分注重先进模范人物的培养,通过树立、宣传和推广企业先进典型,扩大城市公共汽电车运营企业文化和服务品牌的影响力,进而不断赢得社会各界和广大乘客对企业的关心、理解和支持。目前公共交通行业已涌现出北京公交李素丽、天津公交范霞、济南公交吴倩等一批先进模范人物。

第五节　加强驾驶员安全运营教育

安全是运输服务的首要前提和基础，安全生产是每一位驾驶员需要坚守的准则。每一位驾驶员应当深入理解并严格贯彻《中华人民共和国安全生产法》有关安全生产的规定，同时要熟识《中华人民共和国劳动合同法》及其实施条例的有关内容，在运营生产过程履行好相应职责。

(1) 遵守城市公共汽电车运营企业有关安全生产的规章。

(2) 正确使用安全设施。公共汽电车上配置的各类安全设施是预防和减少安全事故的重要设施，驾驶员要熟练掌握每项安全设施的使用规则。一是正确使用安全带，二是掌握车载灭火器的使用方法，三是正确使用安全锤，四是正确使用警告标志。此外，驾驶员还要掌握安全门、安全顶窗等设施的开启和使用方法。

(3) 发现安全隐患及时汇报处理。影响公共汽电车安全运行的因素较多，包括驾驶员自身条件和心理状态、车辆状况、行驶环境、企业安全管理等方面。驾驶员发现身体状况不适、车辆存在故障隐患及企业管理出现漏洞等问题时，要及时汇报处理。驾驶员在运营生产中遇治安事件、火灾事故、乘客疾病、公共卫生事件等突发事件时，掌握一些正确的应急处置措施，可以最大限度地降低突发事件带来的危害，为自身和乘客争取更大的生存机会。应加强对恐怖嫌疑人、可疑爆炸物的识别能力和应急处置能力。

附录　国内部分城市公共交通优先发展政策、制度选编

城市公共交通条例

（中华人民共和国国务院令第793号）

第一章　总　　则

第一条　为了推动城市公共交通高质量发展，提升城市公共交通服务水平，保障城市公共交通安全，更好满足公众基本出行需求，促进城市现代化建设，制定本条例。

第二条　本条例所称城市公共交通，是指在城市人民政府确定的区域内，利用公共汽电车、城市轨道交通车辆等公共交通工具和有关系统、设施，按照核定的线路、站点、时间、票价等运营，为公众提供基本出行服务。

第三条　国家实施城市公共交通优先发展战略，综合采取规划、土地、财政、金融等方面措施，保障城市公共交通发展，增强城市公共交通竞争力和吸引力。

国家鼓励、引导公众优先选择公共交通作为机动化出行方式。

第四条　城市公共交通工作应当坚持中国共产党的领导，坚持以人民为中心，坚持城市公共交通公益属性，落实城市公共交通优先发展战略，构建安全、便捷、高效、绿色、经济的城市公共交通体系。

第五条　城市人民政府是发展城市公共交通的责任主体。

城市人民政府应当加强对城市公共交通工作的组织领导，落实城市公共交通发展保障措施，强化对城市公共交通安全的监督管理，统筹研究和协调解决城市公共交通工作中的重大问题。

国务院城市公共交通主管部门及其他有关部门和省、自治区人民政府应当

加强对城市公共交通工作的指导。

第六条　城市人民政府应当根据城市功能定位、规模、空间布局、发展目标、公众出行需求等实际情况和特点，与城市土地和空间使用相协调，统筹各种交通方式，科学确定城市公共交通发展目标和发展模式，推动提升城市公共交通在机动化出行中的分担比例。

第七条　承担城市公共交通运营服务的企业（以下简称城市公共交通企业）由城市人民政府或者其城市公共交通主管部门依法确定。

第八条　国家鼓励和支持新技术、新能源、新装备在城市公共交通系统中的推广应用，提高城市公共交通信息化、智能化水平，推动城市公共交通绿色低碳转型，提升运营效率和管理水平。

第二章　发展保障

第九条　城市综合交通体系规划应当明确公共交通优先发展原则，统筹城市交通基础设施建设，合理配置和利用各种交通资源，强化各种交通方式的衔接协调。城市人民政府根据实际情况和需要组织编制城市公共交通规划。

建设城市轨道交通系统的城市应当按照国家有关规定编制城市轨道交通线网规划和建设规划。

城市综合交通体系规划、城市公共交通规划、城市轨道交通线网规划和建设规划应当与国土空间规划相衔接，将涉及土地和空间使用的合理需求纳入国土空间规划实施监督系统统筹保障。

第十条　城市人民政府有关部门应当根据相关规划以及城市发展和公众出行需求情况，合理确定城市公共交通线路，布局公共交通场站等设施，提高公共交通覆盖率。

城市人民政府应当组织有关部门开展公众出行调查，作为优化城市公共交通线路和场站布局的依据。

第十一条　新建、改建、扩建居住区、交通枢纽、学校、医院、体育场馆、商业中心等大型建设项目，应当统筹考虑公共交通出行需求；建设项目批准、核准文件要求配套建设城市公共交通基础设施的，建设单位应当按照要求建设相关设施并同步投入使用。

城市公共交通基础设施建设应当符合无障碍环境建设要求，并与适老化改造相结合。

第十二条　城市人民政府应当依法保障城市公共交通基础设施用地。城市公共交通基础设施用地符合规定条件的,可以以划拨、协议出让等方式供给。

在符合国土空间规划和用途管制要求且不影响城市公共交通功能和规模的前提下,对城市公共交通基础设施用地可以按照国家有关规定实施综合开发,支持城市公共交通发展。

第十三条　城市人民政府应当根据城市公共交通实际和财政承受能力安排城市公共交通发展所需经费,并纳入本级预算。

国家鼓励、引导金融机构提供与城市公共交通发展相适应的金融服务,加大对城市公共交通发展的融资支持力度。

国家鼓励和支持社会资本依法参与城市公共交通基础设施建设运营,保障其合法权益。

第十四条　城市公共交通票价依法实行政府定价或者政府指导价,并建立动态调整机制。鼓励根据城市公共交通服务质量、运输距离以及换乘方式等因素,建立多层次、差别化的城市公共交通票价体系。

制定、调整城市公共交通票价,应当统筹考虑企业运营成本、社会承受能力、交通供求状况等因素,并依法履行定价成本监审等程序。

第十五条　城市公共交通企业在保障公众基本出行的前提下,可以开展定制化出行服务业务。定制化出行服务业务可以实行市场调节价。

第十六条　城市人民政府应当组织有关部门,在对城市公共交通企业开展运营服务质量评价和成本费用年度核算报告审核的基础上,综合考虑财政承受能力、企业增收节支空间等因素,按照规定及时给予补贴补偿。

第十七条　城市人民政府可以根据实际情况和需要,按照统筹公共交通效率和整体交通效率、集约利用城市道路资源的原则,设置公共交通专用车道,并实行科学管理和动态调整。

第三章　运营服务

第十八条　城市人民政府城市公共交通主管部门应当通过与城市公共交通企业签订运营服务协议等方式,明确城市公共交通运营有关服务标准、规范、要求以及运营服务质量评价等事项。

城市公共交通企业应当遵守城市公共交通运营有关服务标准、规范、要求等，加强企业内部管理，不断提高运营服务质量和效率。

城市公共交通企业不得将其运营的城市公共交通线路转让、出租或者变相转让、出租给他人运营。

第十九条　城市公共交通企业应当按照运营服务协议或者城市人民政府城市公共交通主管部门的要求配备城市公共交通车辆，并按照规定设置车辆运营服务标识。

第二十条　城市公共交通企业应当通过便于公众知晓的方式，及时公开运营线路、停靠站点、运营时间、发车间隔、票价等信息。鼓励城市公共交通企业通过电子站牌、出行信息服务系统等信息化手段为公众提供信息查询服务。

第二十一条　城市公共交通企业应当加强运营调度管理，在保障安全的前提下提高运行准点率和运行效率。

第二十二条　城市公共交通企业不得擅自变更运营线路、停靠站点、运营时间或者中断运营服务；因特殊原因需要临时变更运营线路、停靠站点、运营时间或者暂时中断运营服务的，除发生突发事件或者为保障运营安全等采取紧急措施外，应当提前向社会公告，并向城市人民政府城市公共交通主管部门报告。

第二十三条　因大型群众性活动等情形出现公共交通客流集中、正常运营服务安排难以满足需求的，城市公共交通企业应当按照城市人民政府城市公共交通主管部门的要求，及时采取增开临时班次、缩短发车间隔、延长运营时间等措施，保障运营服务。

第二十四条　乘客应当按照票价支付票款；对拒不支付票款的，城市公共交通企业可以拒绝其进站乘车。

城市公共交通企业应当依照法律、法规和国家有关规定，对相关群体乘坐公共交通工具提供便利和优待。

第二十五条　城市公共交通企业应当建立运营服务质量投诉处理机制并向社会公布，及时妥善处理乘客提出的投诉，并向乘客反馈处理结果；乘客对处理结果不满意的，可以向城市人民政府城市公共交通主管部门申诉，城市人民政府城市公共交通主管部门应当及时作出答复。乘客也可以直接就运营服务质量问题向城市人民政府城市公共交通主管部门投诉。

第二十六条　城市人民政府城市公共交通主管部门应当定期组织开展城市

公共交通企业运营服务质量评价,并将评价结果向社会公布。

第二十七条　未经城市人民政府同意,城市公共交通企业不得终止运营服务;因破产、解散终止运营服务的,应当提前30日向城市人民政府城市公共交通主管部门报告,城市人民政府城市公共交通主管部门应当及时采取指定临时运营服务企业、调配运营车辆等措施,确保运营服务不中断;需要重新确定承担城市公共交通运营服务企业的,城市人民政府或者其城市公共交通主管部门应当按照规定及时确定。

第四章　安全管理

第二十八条　城市公共交通企业应当遵守有关安全生产的法律、法规和标准,落实全员安全生产责任,建立健全安全生产管理制度和安全生产责任制,保障安全经费投入,构建安全风险分级管控和隐患排查治理双重预防机制,增强突发事件防范和应急能力。

第二十九条　城市公共交通建设工程的勘察、设计、施工、监理应当遵守有关建设工程管理的法律、法规和标准。

城市公共交通建设工程涉及公共安全的设施应当与主体工程同步规划、同步建设、同步投入使用。

第三十条　城市公共交通企业投入运营的车辆应当依法经检验合格,并按照国家有关标准配备灭火器、安全锤以及安全隔离、紧急报警、车门紧急开启等安全设备,设置明显的安全警示标志。

城市公共交通企业应当按照国家有关标准对车辆和有关系统、设施设备进行维护、保养,确保性能良好和安全运行。

利用城市公共交通车辆或者设施设备设置广告的,应当遵守有关广告管理的法律、法规,不得影响城市公共交通运营安全。

第三十一条　城市公共交通企业直接涉及运营安全的驾驶员、乘务员、调度员、值班员、信号工、通信工等重点岗位人员(以下统称重点岗位人员),应当符合下列条件:

(一)具有履行岗位职责的能力;

(二)无可能危及运营安全的疾病;

(三)无暴力犯罪和吸毒行为记录;

(四)国务院城市公共交通主管部门规定的其他条件。

除符合前款规定条件外,城市公共汽电车驾驶员还应当取得相应准驾车型机动车驾驶证,城市轨道交通列车驾驶员还应当按照国家有关规定取得相应职业准入资格。

第三十二条　城市公共交通企业应当定期对重点岗位人员进行岗位职责、操作规程、服务规范、安全防范和应急处置基本知识等方面的培训和考核,经考核合格的方可上岗作业。培训和考核情况应当建档备查。

城市公共交通企业应当关注重点岗位人员的身体、心理状况和行为习惯,对重点岗位人员定期组织体检,加强心理疏导,及时采取有效措施防范重点岗位人员身体、心理状况或者行为异常导致运营安全事故发生。

城市公共交通企业应当合理安排驾驶员工作时间,防止疲劳驾驶。

第三十三条　城市公共交通企业应当依照有关法律、法规的规定,落实对相关人员进行安全背景审查、配备安保人员和相应设施设备等安全防范责任。

第三十四条　城市公共交通企业应当加强对客流状况的日常监测;出现或者可能出现客流大量积压时,应当及时采取疏导措施,必要时可以采取临时限制客流或者临时封站等措施,确保运营安全。

因突发事件或者设施设备故障等原因危及运营安全的,城市公共交通企业可以暂停部分区段或者全线网运营服务,并做好乘客疏导和现场秩序维护等工作。乘客应当按照城市公共交通企业工作人员的指挥和引导有序疏散。

第三十五条　乘客应当遵守乘车规范,维护乘车秩序。

乘客不得携带易燃、易爆、毒害性、放射性、腐蚀性以及其他可能危及人身和财产安全的危险物品进站乘车;乘客坚持携带的,城市公共交通企业应当拒绝其进站乘车。

城市轨道交通运营单位应当按照国家有关规定,对进入城市轨道交通车站的人员及其携带物品进行安全检查;对拒不接受安全检查的,应当拒绝其进站乘车。安全检查应当遵守有关操作规范,提高质量和效率。

第三十六条　任何单位和个人不得实施下列危害城市公共交通运营安全的行为:

(一)非法拦截或者强行上下城市公共交通车辆;

(二)非法占用城市公共交通场站或者出入口;

(三)擅自进入城市轨道交通线路、车辆基地、控制中心、列车驾驶室或者其他禁止非工作人员进入的区域;

(四)向城市公共交通车辆投掷物品或者在城市轨道交通线路上放置障碍物;

(五)故意损坏或者擅自移动、遮挡城市公共交通站牌、安全警示标志、监控设备、安全防护设备;

(六)在非紧急状态下擅自操作有安全警示标志的安全设备;

(七)干扰、阻碍城市公共交通车辆驾驶员安全驾驶;

(八)其他危害城市公共交通运营安全的行为。

城市公共交通企业发现前款规定行为的,应当及时予以制止,并采取措施消除安全隐患,必要时报请有关部门依法处理。

第三十七条 城市人民政府有关部门应当按照职责分工,加强对城市公共交通运营安全的监督管理,建立城市公共交通运营安全工作协作机制。

第三十八条 城市人民政府城市公共交通主管部门应当会同有关部门制定城市公共交通应急预案,报城市人民政府批准。

城市公共交通企业应当根据城市公共交通应急预案,制定本单位应急预案,报城市人民政府城市公共交通主管部门、应急管理部门备案,并定期组织演练。

城市人民政府应当加强城市公共交通应急能力建设,组织有关部门、城市公共交通企业和其他有关单位联合开展城市公共交通应急处置演练,提高突发事件应急处置能力。

第三十九条 城市人民政府应当健全有关部门与城市公共交通企业之间的信息共享机制。城市人民政府城市公共交通主管部门、城市公共交通企业应当加强与有关部门的沟通,及时掌握气象、自然灾害、公共安全等方面可能影响城市公共交通运营安全的信息,并采取有针对性的安全防范措施。有关部门应当予以支持、配合。

第四十条 城市人民政府应当将城市轨道交通纳入城市防灾减灾规划,完善城市轨道交通防范水淹、火灾、冰雪、雷击、风暴等设计和论证,提高城市轨道交通灾害防范应对能力。

第四十一条 城市轨道交通建设单位组织编制城市轨道交通建设工程可行性研究报告和初步设计文件,应当落实国家有关公共安全和运营服务的要求。

第四十二条 城市轨道交通建设工程项目依法经验收合格后,城市人民政府城市公共交通主管部门应当组织开展运营前安全评估,通过安全评估的方可投入运营。城市轨道交通建设单位和运营单位应当按照国家有关规定办理建设和运营交接手续。

城市轨道交通建设工程项目验收以及建设和运营交接的管理办法由国务院住房城乡建设主管部门会同国务院城市公共交通主管部门制定。

第四十三条　城市人民政府应当组织有关部门划定城市轨道交通线路安全保护区,制定安全保护区管理制度。

在城市轨道交通线路安全保护区内进行作业的,应当征得城市轨道交通运营单位同意。作业单位应当制定和落实安全防护方案,并在作业过程中对作业影响区域进行动态监测,及时发现并消除安全隐患。城市轨道交通运营单位可以进入作业现场进行巡查,发现作业危及或者可能危及城市轨道交通运营安全的,应当要求作业单位采取措施消除安全隐患或者停止作业。

第四十四条　城市人民政府城市公共交通主管部门应当定期组织开展城市轨道交通运营安全第三方评估,督促运营单位及时发现并消除安全隐患。

第五章　法律责任

第四十五条　城市公共交通企业以外的单位或者个人擅自从事城市公共交通线路运营的,由城市人民政府城市公共交通主管部门责令停止运营,没收违法所得,并处违法所得1倍以上5倍以下的罚款;没有违法所得或者违法所得不足1万元的,处1万元以上5万元以下的罚款。

城市公共交通企业将其运营的城市公共交通线路转让、出租或者变相转让、出租给他人运营的,由城市人民政府城市公共交通主管部门责令改正,并依照前款规定处罚。

第四十六条　城市公共交通企业有下列行为之一的,由城市人民政府城市公共交通主管部门责令改正;拒不改正的,处1万元以上5万元以下的罚款:

(一)未遵守城市公共交通运营有关服务标准、规范、要求;

(二)未按照规定配备城市公共交通车辆或者设置车辆运营服务标识;

(三)未公开运营线路、停靠站点、运营时间、发车间隔、票价等信息。

第四十七条　城市公共交通企业擅自变更运营线路、停靠站点、运营时间的,由城市人民政府城市公共交通主管部门责令改正;拒不改正的,处1万元以上5万元以下的罚款。

城市公共交通企业擅自中断运营服务的,由城市人民政府城市公共交通主管部门责令改正;拒不改正的,处5万元以上20万元以下的罚款。

城市公共交通企业因特殊原因变更运营线路、停靠站点、运营时间或者暂时中断运营服务,未按照规定向社会公告并向城市人民政府城市公共交通主管部门报告的,由城市人民政府城市公共交通主管部门责令改正,可以处1万元以下的罚款。

第四十八条　城市公共交通企业违反本条例规定,未经城市人民政府同意终止运营服务的,由城市人民政府城市公共交通主管部门责令改正;拒不改正的,处10万元以上50万元以下的罚款。

第四十九条　城市公共交通企业有下列行为之一的,由城市人民政府城市公共交通主管部门责令改正,可以处5万元以下的罚款,有违法所得的,没收违法所得;拒不改正的,处5万元以上20万元以下的罚款:

(一)利用城市公共交通车辆或者设施设备设置广告,影响城市公共交通运营安全的;

(二)重点岗位人员不符合规定条件或者未按照规定对重点岗位人员进行培训和考核,或者安排考核不合格的重点岗位人员上岗作业的。

第五十条　在城市轨道交通线路安全保护区内进行作业的单位有下列行为之一的,由城市人民政府城市公共交通主管部门责令改正,暂时停止作业,可以处5万元以下的罚款;拒不改正的,责令停止作业,并处5万元以上20万元以下的罚款;造成城市轨道交通设施损坏或者影响运营安全的,并处20万元以上100万元以下的罚款:

(一)未征得城市轨道交通运营单位同意进行作业的;

(二)未制定和落实安全防护方案的;

(三)未在作业过程中对作业影响区域进行动态监测或者未及时消除发现的安全隐患。

第五十一条　城市人民政府及其城市公共交通主管部门、其他有关部门的工作人员在城市公共交通工作中滥用职权、玩忽职守、徇私舞弊的,依法给予处分。

第五十二条　违反本条例规定,构成违反治安管理行为的,由公安机关依法给予治安管理处罚;构成犯罪的,依法追究刑事责任。

第六章　附　　则

第五十三条　用于公共交通服务的城市轮渡,参照本条例的有关规定执行。

第五十四条　城市人民政府根据城乡融合和区域协调发展需要,统筹推进城乡之间、区域之间公共交通一体化发展。

第五十五条　本条例自2024年12月1日起施行。

河北省人民政府办公厅关于推进城市公共交通高质量发展的意见

(冀政办字〔2023〕119号)

为深入实施城市公共交通优先发展战略,推进全省城市公共交通高质量发展,经省政府同意,结合我省实际,现提出如下意见。

一、总体要求

以习近平新时代中国特色社会主义思想为指导,深入贯彻党的二十大精神,锚定加快建设交通强省目标,全面落实城市公共交通优先发展战略,夯实城市公共交通发展基础,推动行业发展提质增效,更好满足人民群众高品质、多元化的城市公共交通出行需求,为奋力谱写中国式现代化建设河北篇章提供坚强的运输服务保障。

到2025年,全省建成4个以上国家公交都市建设示范城市,大城市公共交通机动化出行分担率不低于40%,中小城市绿色出行比例不低于60%,城市公交进场率达到100%,新增无障碍城市公交站台设置比例不低于80%,全省公交专用道总里程提升20%,城市轨道交通车站100米范围内公交站点全覆盖,新增和更新新能源城市公交车比率不低于90%,新增和更新低地板及低入口城市公交车比例不低于20%,设区的市100%建立健全政府购买城市公共交通服务制度,城市公共交通运营补贴到位率达到100%,城市公共交通服务满意度不低于85%。

到2027年,全面建成安全便捷、高效顺畅、绿色低碳的多模式、一体化现代城市公共交通系统。

二、主要任务

（一）加快完善城市公共交通发展基础条件。

1.发挥规划先导作用。建立公共交通引领城市发展（TOD）模式，科学制定城市公共交通专项规划，适度超前编制城乡公共交通规划，强化国土空间总体规划对专项规划的指导约束作用，建立以轨道交通、城市公交为主导，出租汽车为补充，自行车、步行等慢行交通为延伸的城市综合运输体系，推进城市与城际、城乡公交的协调发展。合理确定城市公共交通场站布局、结构和用地规模，纳入国土空间规划"一张图"。城市控制性详细规划应与城市综合交通规划和公共交通规划相互衔接，根据规划确定的城市公共交通线路走向和场站选址，做好用地控制和预留。强化城市中心区公共交通场站、大型客流集散场所配套公共交通设施等用地保障。〔省自然资源厅、省交通运输厅、省发展改革委按照职责分工负责。各市（含定州、辛集市，下同）政府、雄安新区管委会落实，以下均需各市政府和雄安新区管委会落实，不再列出〕

2.加大基础设施建设力度。优先保障城市公共交通基础设施用地，加快公交枢纽站规划建设。新建居住区、大型办公区、商业区、高校园区等重点区域时，应根据规划人口聚集规模和空间分布，合理配套建设公交首末站、枢纽站及新能源公交车充电站，做到同步规划、同步建设、同步交付使用。持续完善城市公共交通站点候乘设施，灵活设置微循环公交、定制公交等停靠站点。（省交通运输厅、省发展改革委、省自然资源厅按照职责分工负责）

3.加大优先路权保障力度。加大城市中心区公共交通路权保障力度，推进公交线路较为集中的道路设置公交专用道，鼓励在城市快速路设置公交专用道，实现公交专用道连续成网。根据实际通行需求合理设置公交专用时段，强化公交专用道使用监管，依法规制机动车违规使用专用车道行为，切实保障公交优先通行权，提升公交正点率和运营时速。（省公安厅、省交通运输厅按照职责分工负责）

（二）加快推动城市公共交通服务提质增效。

1.优化公交线网。建立完善城市公交线网优化调整机制，定期开展公交线网优化评估，根据公众出行规律和客流特征，优化公交线网布局，完善社区公交等微循环公交网络。加强城市公交线路对枢纽场站的客流衔接，在夜间运营时刻、运力安排组织调度等方面加强协同。鼓励各地因地制宜推动公交服务向城市周边延伸，有序推动客运班线公交化改造，逐步扩大城乡公交线网通达深度和覆盖范围。促进城市公交与轨道交通、互联网租赁自行车等出行方式在线网、站点及运营层面的衔接融合。(省交通运输厅、省住房城乡建设厅、省公安厅按照职责分工负责)

2. 拓展多样化公交服务。支持运营企业根据客流特点，开通通勤、就医等定制公交线路，按客流需求及高峰小时特征适度加密运行班次，满足高品质公交出行需求。鼓励运营企业优化车型结构，发展小型化车辆，构建以城市交通轨道站、高铁站、社区为依托的微循环公交网络。整合利用现有的城乡公交线路和车辆资源，持续开展农村客货邮融合服务，支持乡镇客运站拓展邮政快递、货运物流等服务功能。支持发展"公交+旅游"服务模式，适度加密主要客运枢纽至城市景区景点的公交线路，支持城市公共交通枢纽场站拓展旅游服务功能。持续提高无障碍公交站台设置比例，打造敬老爱老公交线路，支持新增和更新公交车时优先选用低地板及低入口车辆，优化社会保障卡(含电子社保卡)在公共交通领域的应用环境。(省交通运输厅、省文化和旅游厅、省邮政管理局、省住房城乡建设厅、省人力资源社会保障厅按照职责分工负责)

3. 加快城市公共交通绿色装备技术应用。稳步提高城市新能源公交车比例，支持氢能源公交车示范应用。加快公交车充换电、加氢等基础设施规划布局和建设。积极推动"碳普惠、碳积分"工作，制定绿色低碳出行等方法学，积极探索城市公共交通"碳普惠、碳积分"应用场景，开拓多层次碳普惠核证减排量消纳渠道，积极激励和引导低碳绿色出行。(省交通运输厅、省工业和信息化厅、省生态环境厅、省发展改革委、省住房城乡建设厅按照职责分工负责)

4. 加快公共交通数字化转型。推进城市公共交通与大数据、云计算、5G通信等新技术深度融合，全面推进公交智能化系统建设，实现智能调度、客流分析、智能排班等功能。推进在公交站牌、互联网信息平台(含手机应用软件)等公布公交线路的发车(候车)时间、本站首末车时间等信息，提供实时到站信息发布或者查询服务。推广普及交通一卡通互联互通和移动支付等服务，实现数字人民币在公交、地铁等主要公共交通出行领域的应用。(省交通运输厅负责)

5. 提升运营安全水平。压实城市公共交通企业安全生产主体责任，全面开展企业主要负责人和安全生产管理人员安全考核，督促企业健全落实全员安全生产责任制，建立安全风险分级管控和隐患排查治理双重预防机制，保障安全经费投入。加强安全教育培训,提高驾驶员安全驾驶技能和应急处置能力。加强公交停保场、车辆定期检验检测和充电安全管理。完善城市公共交通应急预案体系,定期开展应急演练,增强极端天气、突发事件等防范和应急处置能力。建立城市公共交通行业运行监测和研判机制,及时化解行业运行风险。(省交通运输厅、省公安厅按照职责分工负责)

(三)加快完善城市公共交通持续发展机制。

1.强化财税支持力度。各市、县政府和雄安新区管委会要将城市公共交通纳入公共服务体系,落实财政支出责任,加大对城市公共交通场站建设和改造、新能源车辆运营和购置、充换电设施建设、信息化建设、适老化改造等方面的支持力度。全面落实城市公共交通企业依法享受的减征或免征有关税费政策。

2.落实运营补贴补偿制度。各市、县政府和雄安新区管委会要加快建立健全政府购买城市公共交通服务制度。在确定服务标准并开展服务质量评价的基础上,制定实施公共交通企业运营成本核算和补贴补偿联动制度,平等对待不同所有制运营主体。综合考虑城市经济发展水平、群众出行需求等因素,合理确定城市公共交通线路设置、配车数量、发车间隔等标准,按照本地城市公共交通企业成本规制及财政补贴补偿办法,及时给予公共交通企业足额补贴补偿。(省交通运输厅、省财政厅按照职责分工负责)

3.建立完善价格机制。坚持社会公益性,按照公众可承受、财政可负担、运营可持续的原则,充分考虑运营成本、政府补贴和居民消费价格指数变动因素,建立完善科学合理、公开透明的公共交通价格动态调整机制。每年开展成本调查或监审,评估测算现行价格水平。依法履行价格听证等相关程序,及时优化调整公共交通价格,形成不同交通方式、不同车型档次及不同线路类型的合理比价关系和多层次、差异化的价格体系。公共交通价格调整周期原则上不超过5年,调整幅度一般不高于当地人均可支配收入增长幅度。(省发展改革委、省交通运输厅按照职责分工负责)

4.支持企业挖掘自身资源效益。鼓励各地城市公共交通企业充分发挥品牌价值,拓展主业相关经营业务,改善财务状况。鼓励拓展站台、车身、车厢内等广告业务,在保障安全运营的前提下,面向社会开放加气、加油、充电、维修等服务。支持城市公共交通企业发挥自身优势,积极承接停车管理等城市服务。(省交通运输厅负责)

5.加强用地综合开发。支持城市公交枢纽、首末站、停保场和城市轨道交通车站、车辆基地等,在优先保障场站交通服务基本功能、符合国土空间规划和确保安全的前提下,依法依规利用场站内部闲置设施开展社会化商业服务,充分利用地上、地下空间进行立体综合开发,分层设立建设用地使用权,建设具有商业功能的城市公共交通综合体。以划拨方式取得土地的城市交通用地在《划拨用地目录》范围内拓展服务功能的,可依法办理改变土地用途手续,在《划拨用地目录》范围外拓展服务功能的,鼓励依法适当提高容积率、增加一定比例的商业设施,并补缴相应土地出让价款。城市交通用地综合开发的收益用于反哺城市公共交通企业经营和建设城市公共交通基础设施,增强城市公共交通可持续发展能力。(省交通运输厅、省自然资源厅按照职责分工负责)

(四)加强城市公共交通从业人员权益保障。

1.保障从业人员工资待遇。各市、县政府和雄安新区管委会要建立城市公共交通从业人员工资收入正常增长机制。落实企业工资支付制度,督促企业按时足额发放工资,及时足额缴纳社会保险,职工平均收入不低于当地在岗职工平均工资。(省人力资源社会保障厅、省交通运输厅、省发展改革委按照职责分工负责)

2.关心关爱从业人员。各市、县政府和雄安新区管委会要指导城市公共交通企业不断改善从业人员生产环境,推进职工休息室、爱心驿站等建设,妥善解决从业人员就餐、休息等实际问题。加强从业人员劳动保护,定期开展体检和心理健康辅导,保障从业人员身心健康。广泛开展送温暖活动,加大对困难从业人员的帮扶力度。组织开展"最美公交司机"等推选活动,营造尊重关爱从业人员的良好氛围。(省人力资源社会保障厅、省总工会、省交通运输厅、省发展改革委按照职责分工负责)

三、保障措施

(一)加强组织领导。省级层面建立交通运输部门牵头,发展改革、工业和信息化、公安、财政、人力资源社会保障、自然资源、住房城乡建设、生态环境、文化和旅游、工会、邮政等部门和单位为成员的城市公共交通高质量发展联席会议制度,协调解决行业发展遇到的困难和问题,联席会议办公室设在省交通运输厅。各市政府和雄安新区管委会要切实履行城市公共交通优先发展主体责任,参照建立城市公共交通高质量发展联席会议制度,加强政策和资金保障,2024年6月底前制定本地具体实施方案,出台城市公共交通企业成本规制及财政补贴补偿办法,完成公交行业欠薪欠保问题治理。

(二)加强评估评价。省联席会议办公室负责制定城市公共交通高质量发展水平评估指南,指导各市政府和雄安新区管委会每年开展自评。综合利用评价结果,对于评价结果较好的城市在项目、资金、政策上给予倾斜支持。各市政府和雄安新区管委会要组织所辖县(区、市)对城市公共交通高质量发展水平开展评估。

(三)加强多方共治。各市、县政府和雄安新区管委会要将城市公共交通运营信息纳入政府公开信息目录,接受社会公众监督。充分发挥行业协会作用,加强行业自律。建立公众参与公共交通出行环境、服务品质等测评和监督机制。

(四)加强示范引领。国家公交都市创建城市、省级优先发展公共交通示范城市要在规划建设、服务创新、政策保障等方面先行先试,及时总结推广创建典型经验做法,发挥示范引领作用。

(五)加强宣传引导。各地要围绕城市公共交通热点难点问题,做好行业运行监测和分析研判,坚持正面宣传,加强舆论引导。组织开展绿色出行宣传月和公交出行宣传周等主题活动,营造优选公交、绿色出行的良好社会氛围。

杭州市城市公共交通专项资金管理办法(试行)

(杭政办函〔2008〕302号)

为加快推进城市公交优先体系的构建,解决市民"出行难",实现城市公共交通"便捷、安全、舒适、经济"的目标,根据建设部、国家发展和改革委、财政部、劳动和社会保障部《关于优先发展城市公共交通若干经济政策的意见》(建城〔2006〕288号)和中共杭州市委、杭州市人民政府《关于构建"城市公交优先"体系解决市民"出行难"问题的实施意见(试行)》(市委发〔2004〕34号)及财政专项资金管理的有关规定,制定本办法。

一、资金来源

以市区(不含萧山、余杭区)土地出让金收入5%筹集的城市管理资金的

50%为来源,由市本级财政预算安排用于杭州市城市公共客运交通系统建设。

二、安排原则

杭州市城市公共交通专项资金(以下简称公共交通专项资金)按照"乘客优先、百姓优先""专款专用、讲求效益"的原则进行安排。

三、使用范围

公共交通专项资金的使用范围:
(一)公共汽(电)车、旅游观光车、水上巴士的场站(码头)建设;
(二)出租车公益性综合服务设施建设;
(三)公共交通车辆、水上巴士及其设施装备购置与更新的补助;
(四)轨道交通建设;
(五)综合换乘枢纽建设;
(六)市政府确定的其他公共交通事业。
地块改造区域内公交首末站和候车场站由土地出让金的收益主体负责出资建设。

四、预算管理

公共交通专项资金纳入政府预算,实行专项计划管理。

凡需列入公共交通专项资金计划的项目,在公共交通专项资金来源确定的额度内,由市财政局会同市发改委、建委进行审核,报市政府批准后,列入市城市维护建设专项资金计划。

公共交通专项资金计划一经确定,各使用单位必须严格按照经批准的建设内容、项目和标准实施,不得随意调整和变更。确需调整和变更的,各使用单位应按照管理权限报市财政局、发改委、建委按有关程序办理。

五、资金使用

各使用单位应根据年度资金使用计划,按预算和工程建设进度向市财政局申请拨款。市财政局对拨款申请表、相关资料以及项目实施进度进行审核后及时拨付资金。

公共交通专项资金必须专款专用,如有年度结余,全部结转下一年度使用,各级财政和各使用单位不得以任何方式挤占、挪用。各使用单位要严格按照国家统一的会计准则和制度进行会计核算,保证会计信息的真实、可靠、完整、及时,并严格控制开支范围和标准,努力提高资金使用效益。

六、监督管理

有下列情形之一的,财政等有关职能部门应责令其改正,调整有关会计账目,追回被截留、挪用、骗取的国家建设资金,没收违法所得,核减或者停止拨付资金:

(一)截留、挪用公共交通专项资金;

(二)以虚报、冒领、关联交易等手段骗取公共交通专项资金;

(三)擅自改变公共交通专项资金项目内容;

(四)违反规定超概算投资或擅自提高支出标准;

(五)虚列投资完成额;

(六)其他违反国家投资建设项目有关规定的行为。

各使用单位应按照《财政性投资建设项目预决算审价报审管理办法》(杭财基〔2000〕字364号)的要求,及时向财政部门办理预决算的报审手续;项目竣工后三个月内应完成工程决算和竣工财务决算的编制上报工作。

对决算后应上缴的结余资金,各使用单位必须在竣工财务决算批复后30日内上缴财政部门。

公共交通专项资金的使用,接受财政、审计部门的监督和检查。

七、绩效评价

市财政局、发改委、建委将不定期地对项目实施情况、公共交通专项资金使用情况实施跟踪问效,将结果及时报市政府及有关部门,并逐步建立绩效评价制度。

八、本办法由市财政局负责解释

广州市公共汽车电车行业管理考评办法

(穗交运规字〔2024〕1号)

第一章 总 则

第一条 为加强广州市公共汽车电车行业管理,规范公共汽车电车企业经营行为,提升公共汽车电车行业服务质量,根据《中华人民共和国安全生产法》《城市公共汽车和电车客运管理规定》《广州市公共汽车电车客运管理条例》《广州市机动车排气污染防治规定》等有关规定,结合本市实际,制订本办法。

第二条 本办法适用于广州市市级管理的公共汽车电车线路经营企业及公交站点(场)经营企业的服务质量评价。花都区、番禺区、南沙区、从化区、增城区等区级管理的公共汽车电车线路经营企业及公交站点(场)经营企业的服务质量评价可以参照本办法。

第三条 广州市交通运输局负责组织实施本办法。广州市客运交通管理处负责本办法的具体实施。

第四条 公共汽车电车行业管理考评以一个自然年为考核周期,考评分为线路经营企业考评和公交站点(场)经营企业考评。

第二章 线路经营企业考评

第五条 线路经营企业考评结合公共汽车电车线路经营企业在该自然年内的运营管理、安全管理、服务提升、企业履行社会责任及完成政府指令性保障任务等情况,对公共汽车电车线路经营企业的服务质量作出评价。

第六条 线路经营企业考评包括线路服务、车辆管理、驾驶员管理等方面考评。

第七条 线路服务考评应当包括线路的营运调度、投诉处理、卫生保洁、社会评价等项目。线路服务考评按季度和年度开展。

第八条 车辆管理考评应当包括运营车辆的档案管理、车辆技术管理、车辆营运设备管理、车辆运行数据接入、节能环保等项目。车辆管理考评按年度开展。

第九条 驾驶员管理考评应当包括专题培训、违章再教育培训、重点驾驶员监管等项目。驾驶员管理考评按年度开展。

第十条 线路经营企业考评采取百分制进行考核评定,得分低于60分的,认定为公共汽车电车线路经营企业考评不达标。

第十一条 一个考核周期内,公共汽车电车线路经营企业发生下列情形之一,直接认定为年度考评不达标:

(一)线路服务考评的年度考评结果被评为"不合格"的线路占企业开行线路总数百分之五以上的。

(二)被责令整改的车辆次数占企业运营车辆总数的百分之十以上的。

(三)擅自将线路经营权以转让、出租、融资、挂靠、承包、质押、委托等方式经营的。

(四)发生一次及以上较大、重大、特别重大责任事故,或两次及以上致人死亡的一般事故且负主要责任及以上责任的。

(五)拒绝接受交通运输主管部门监督检查或者考核考评的。

(六)企业在考评过程中提供不实或者虚假材料,拒不改正的。

(七)企业未按要求完成政府指令性任务,导致公交运输保障不到位,造成不良影响的。

(八)因侵犯企业职工合法权益或者管理不善,发生不稳定事件的。

(九)发生性质特别严重、社会影响特别恶劣的其他事件。

对考评结果不达标的公共汽车电车线路经营企业,由广州市交通运输局责令其对考评发现问题限期整改。

第十二条 线路经营企业考评结果与市公交行业政策性补贴分配挂钩,并对考评结果不达标的公共汽车电车线路经营企业扣减相应比例的补贴资金,具体分配方式和扣减比例由广州市交通运输局另行制定公交行业政策性补贴分配细则进行明确。

第十三条 线路经营企业考评结果与公共汽车电车线路招投标挂钩,纳入下一年度新开公共汽车电车线路评标标准。

第十四条 线路服务考评结果与公共汽车电车线路延续经营挂钩。上一经营期限内公共汽车电车线路服务考评平均得分为80分及以上的,方可准予延续;经营期限内,年度线路服务考评两次为"不合格"的,或一年内线路发生两次及以上较大责任事故(负主要责任及以上的,下同)、一次及以上重大责任事故、特别重大责任事故的,不予延续经营。法律法规等有新的规定的,按照新的规定执行。

第三章 公交站点(场)经营企业考评

第十五条 公交站点(场)经营企业考评结合公交站点(场)经营企业在该自然年内运营管理、安全管理、服务提升、企业履行社会责任及完成政府指令性保障任务等情况,对公交站点(场)经营企业的服务质量作出评价。

第十六条 考评按季度和年度开展。年度考评以季度考评结果为主要依据并综合相关情况进行确定。

第十七条 公交站点(场)经营企业考评采取百分制进行考核评定,得分低于60分的,认定为公交站点(场)经营企业考评不达标。

第十八条 一个考核周期内,公交站点(场)经营企业发生下列情形之一,直接认定为年度考评不达标:

(一)发生一次及以上较大、重大、特别重大责任事故,或两次及以上致人死亡的一般事故且负主要责任及以上责任的。

(二)擅自改变站场的使用性质和功能,造成不良影响的。

(三)拒绝接受交通运输主管部门监督检查或者考核考评的。

(四)企业在考评过程中提供不实或者虚假材料,拒不改正的。

(五)企业未按要求完成政府指令性任务,造成不良影响的。

(六)因侵犯职工合法权益或者管理不善,发生不稳定事件的。

(七)发生性质特别严重、社会影响特别恶劣的其他事件。

对考评结果不达标的公交站点(场)经营企业,由广州市交通运输局责令其对考评发现问题限期整改。

第十九条 考评结果作为行业管理的重要参考依据。

第四章 附 则

第二十条 广州市客运交通管理处应当根据本办法的规定,结合行业管理实际情况及行业发展需要,制订具体的年度考评方案。

第二十一条 本办法自印发之日起施行,有效期5年。

郑州市人民政府关于郑州市推进公交场站综合开发的实施意见

(郑政文〔2021〕61号)

一、总体要求

(一)任务目标

以习近平新时代中国特色社会主义思想为指导,以创建"公交都市"、助力郑州建设国家中心城市为目标,以破解公交场站投融资难、资金回收慢等问题为导向,坚持以人民为中心、公共交通优先发展、建设用地综合开发的城市建设理念,学习借鉴先进城市的经验做法,按照市场化运作、复合化利用、集约化用地的基本原则,增加公交场站用地兼容性指标,将公交场站建设内容纳入土地出让条件,实施"带方案"供地,鼓励社会资本参与,减轻政府财政负担,以综合开发收益弥补公交场站建设资金不足,推动城市公共交通场站建设高质量、可持续发展。

(二)基本原则

公交优先原则。以保证公共交通功能为基本要求,采取公共交通导向的城市发展模式,推进公交场站用地综合开发,促进城市与交通协调发展。

综合开发原则。在保证公交场站主体功能的前提下,结合区域周边城市功能需求,对满足一定条件的公交场站配套部分居住、商业服务业、公共服务设施等用地开发功能,实现公交场站用地在平面和立体布局的综合开发。

规划统筹原则。按照规划引领、区域统筹的原则,通过对公交场站及周边用地、交通、基础设施等关系分析,落实上位规划、专项规划及各项建设要求,强化城市设计要素引导,提升城市风貌和品质。

持续发展原则。按照市场化运作模式,通过公交场站综合利用,将可开发物业收益反哺公交场站投资建设,逐步实现公交场站综合开发与常规建设的整体投资收益平衡。

二、强化规划引领

(一)开展专项规划研究

按照国土空间规划编制要求,同步开展《郑州市公共交通专项规划(2015—2030年)》修编工作,结合最新规划研究成果,优化完善公交场站用地及公交线网规划布局,加强公交场站综合开发选址方案、综合开发指标、土地供应方式及建设模式研究,为控制性详细规划编制提供上位规划支撑。

(二)创新规划条件管控

增加用地功能。实施综合开发的公交场站用地,在符合规划且不改变用途的前提下,可兼容居住、商业服务业、公共管理与公共服务以及仓储、社会停车场等单一或多种用地功能。

控制兼容比例。公交场站用地兼容其他用地功能的比例应小于50%。兼容居住功能的项目,应满足项目周边区域教育、医疗、文化、体育等公共服务设施配建要求。

提高开发强度。在满足消防、日照要求前提下,综合开发的公交场站整体用地的容积率、建筑高度、建筑密度、绿地率等指标,可适当放宽,具体结合总体规划分区开发强度、专项规划要求、项目投资收益分析等研究确定;不实施综合开发的公交场站用地,可适当提高容积率用于立体停车楼及配套设施建设。开发利用地下空间,主要用于人防工程、机动车、非机动车停放、市政配套设施等。建设内容包括公交枢纽、公交首末站且兼容非居住功能的项目,机动车、非机动车停车位配建比例可酌情降低,但不得低于80%。

整合周边用地。与城市大棚户区改造、老旧小区整治提升、城市有机更新等工作相结合,对项目相邻的交通运输用地或不宜独立开发建设的边角余地进行整合,在落实相邻交通设施原有功能的前提下纳入综合开发项目进行连片改造,完善提升综合服务功能。

(三)加强前期方案设计

实施综合开发的公交场站项目,由做地主体先期开展项目策划定位、兼容业态分析、可行性研究等工作,确定公交场站公交线路、公交停车位数量和建设规模等具体建设要求,结合投资收益分析,进行综合开发一体化概念方案设计。

概念方案设计要突出以确保公交场站功能和运营安全为前提,充分利用地上地下空间,科学合理进行功能布局,强化交通组织衔接。

设计方案应与相关总体规划、专项规划及城市设计做好衔接,经市自然资源和规划局研究审定后,作为确定控制性详细规划用地指标的依据。

(四)编制、修改控制性详细规划

综合开发的公交场站项目控制性详细规划,应依据上位规划及相关专项规划、城市设计要求,结合已审定的概念设计方案成果进行编制,合理规定各项用地指标并将公交场站设施部分的建设指标及相关要求纳入控制性详细规划内容。其中,将公交停车位数量纳入控制性详细规划强制性内容,将公交场站建筑面积纳入控制性详细规划规定性内容,必要时还应明确公交首末站、公交枢纽、停车设施的平面和竖向位置及交通组织等相关要求。

如已批控制性详细规划不满足综合开发条件的,按法定程序启动控制性详细规划修改工作。

采用上盖物业方式进行综合开发的公交场站用地,参照《郑州市轨道交通段(场)及站点上盖物业综合开发控制性详细规划编制细则》的相关规定进行控制性详细规划编制。

三、加强审批监管

(一)政府主导

实施综合开发的公交场站用地,原则上采取市级做地模式实施,相关程序和要求按照《中共郑州市委办公厅郑州市人民政府办公厅关于进一步深化土地储备制度改革加强储备土地综合开发的意见》(郑办〔2020〕17号)、《郑州市人民政府办公厅关于印发郑州市储备土地综合开发实施细则(试行)等3个文件的通知》(郑政办〔2020〕51号)规定执行。现状已建成公交场站需进行综合开发改造的,实施国有土地收购(或国有土地上房屋征收)、拆迁安置补偿等工作后,由做地主体申请列入年度土地储备、做地和供应计划并实施做地。

(二)实施带方案供地

综合开发的公交场站用地,应将经审定的公交场站设施部分的建设方案(停车位数量、建筑面积等指标及相关要求)纳入建设用地规划设计条件、土地供应条件和国有土地使用权出让合同(国有土地划拨决定书)。其中,兼容居住、商业服务业的用地,以挂牌出让方式供地;兼容公共管理与公共服务以及仓储、社会停车场等用地性质，符合划拨用地目录的，以划拨方式供地，不符合划拨用地目录的，以出让方式供地；不实施综合开发的公交场站用地，以划拨方式供地。

(三)相关建设要求

综合开发的公交场站项目，坚持公交场站设施部分与综合开发部分建筑同步设计、同步报批、同步建设、优先交付使用的原则，加强对规划许可审批、验线核实等环节的审查把关，确保公交场站的主体功能。

开发主体必须严格落实公交场站设施各项建设要求，经验收合格后，按照土地出让合同相关约定，将公交设施产权移交公交运营单位，移交应缴税费由开发主体承担；验收不合格或未交付的，要及时整改到位，否则不予办理销售、租赁等经营手续。

四、制定保障措施

(一)加强组织领导

成立郑州市公交场站综合开发领导小组，组长由主管副市长兼任，成员单位由市发改革委、财政局、城建局、交通局、资源规划局等市直各相关部门及公交集团、做地主体等单位组成。

领导小组建立联席会议制度，研究审定公交场站年度建设计划、选址建设方案，审议做地实施方案、相关配套政策措施，选取确定试点项目，协调解决项目推进过程中重点难点问题。经联席会议研究确定的综合开发公交场站项目，各相关职能部门须严格落实，积极推进。

(二)实施试点先行

在具备综合开发条件的公交场站用地中，按建设时序及不同类型选取试点项目，经市公交场站综合开发领导小组同意后，列入市重点项目进行管理，同时启动综合开发公交场站控制性详细规划编制或修改程序。探索"概念设计方案编制—带方案供地—项目许可审批—建成移交运营"的全过程开发建设模式，总结积累经验，为出台相关政策规定打好基础。

(三)加强政策配套

针对公交场站综合开发项目在规划、土地、建设、运营全流程、各环节工作，市直各相关部门要按照目标要求，细化职责分工，及时研究存在的问题，研究制定出台相关配套政策、措施、实施细则。鼓励社会资本企业单独或与场站建设主体联合设立开发主体。对城市公交基础设施建设免缴城市配套费,对公交停车位、充电桩建设给予奖补。

五、适用范围

郑州市金水区、中原区、二七区、管城回族区、惠济区及郑州航空港区、郑东新区、郑州经开区、郑州高新区范围内公交场站综合开发项目适用本意见,本市其他行政区域可参照本意见执行。

六、附则

本意见自公布之日起施行,如有文件与本意见不一致的,以本意见为准。

参考文献

[1] 江玉林,韩笋生,彭虓,等.公共交通引导城市发展:TOD理念及其在中国的实践[M].北京:人民交通出版社,2009.

[2] 郭继孚,毛保华,刘迁,等.交通需求管理:一体化的交通政策及实践研究[M].北京:科学出版社,2009.

[3] 中国可持续交通课题组.城市交通可持续发展:要素、挑战及对策[M].北京:人民交通出版社,2008.

[4] 杨涛.城市交通的理性思索[M].北京:中国建筑工业出版社,2010.

[5] 韩印,范海雁.公共客运系统换乘枢纽规划设计[M].北京:中国铁道出版社,2009.

[6] 杨兆生.交通运输系统规划[M].北京:人民交通出版社,1998.

[7] 梁雪峰,王广州,刘宝义,等.城市巴士交通规制政策的理论与实践[M].哈尔滨:哈尔滨工业大学出版社,2007.

[8] 瑟夫洛.公交都市[M].宇恒可持续交通研究中心,译.北京:中国建筑工业出版社,2007.

[9] 陆锡明,陈小雁.客运规划与城市发展[M].上海:华东理工大学出版社,1996.

[10] 毛保华,王明生,牛惠民,等.城市客运管理[M].北京:人民交通出版社,2009.

[11] 袁立平,钱璞,刘波.城市公共交通管理[M].北京:中国发展出版社,2007.

[12] 詹运溯.城市客运交通政策研究及交通结构优化[M].北京:人民交通出版社,2001.

[13] 毛保华.城市轨道交通[M].北京:科学出版社,2001.

[14] 中国中心城市交通改革与发展研讨会学术委员会,交通部科学研究院城市交通研究中心.中国中心城市可持续发展年度报告(2008)[M].北京:人民交通出版社,2008.

[15] 周干峙.发展我国大城市交通的研究[M].北京:中国建筑工业出版社,1997.

[16] 陆化普,朱军,王建伟,等.城市轨道交通规划的研究与实践[M].北京:中国水利水电出版社,2001.

[17] 孙章,何宗华,徐金祥,等.城市轨道交通概论[M].北京:中国铁道出版社,2000.

[18] 马强.走向"精明增长":从"小汽车城市"到"公共交通城市"[M].北京:中国建筑工业出版社,2007.

[19] 陆锡明.城市交通系统战略[M].北京:中国建筑工业出版社,2006.

[20] 张泉,黄富民,杨涛,等.公交优先[M].北京:中国建筑工业出版社,2010.

[21] 季令,张国宝.城市轨道交通运营组织[M].北京:中国铁道出版社,1998.

[22] 刘镇阳,张秀媛,徐进,等.城市智能公共交通系统[M].北京:中国铁道出版社,2005.

[23] 杨晓光.城市道路交通设计指南[M].北京:人民交通出版社,2003.

[24] 毛保华.城市轨道交通规划与设计[M].北京:人民交通出版社,2006.

[25] 肖云.城市基础设施投资与管理[M].上海:复旦大学出版社,2004.

[26] 叶霞飞,顾保南.城市轨道交通规划与设计[M].北京:中国铁道出版社,1999.

[27] 毛保华.城市轨道交通系统运营管理[M].北京:人民交通出版社,2006.

[28] 何宁,顾保南.城市轨道交通对土地利用的作用[J].城市轨道交通研究.1998,1(4):32-36.

[29] 严海,严宝杰.中国城市公共交通发展的定位与实现[J].长安大学学报(自然科学版),2004,20(1):72-73.

[30] 陈阳.基于智能调度系统的公交线路调度优化研究[D].南京林业大学,2009.

[31] 张守军.城市BRT系统规划理论与方法研究[D].北京:北京交通大学.2007.

[32] 周小梅.重构城市公共交通行业的管制政策体系[J].中国物价,2006(11):44-47.

[33] 王俊豪.我国市政公用事业管制机构的设立与职能[J].经济管理,2006(23):22.

[34] 蒋柔刚,翁坚超.对城市公共交通管理主体的探讨[J].交通企业管理,

2009(12).

[35] 管驰明,崔功豪.公共交通导向的中国大城市空间结构模式探析[J].城市规划,2003(10).

[36] 朱军,宋键.城市轨道交通资源共享探讨[J].城市轨道交通研究,2003.

[37] 戴晴.深圳公共交通行业发展模式研究[D].上海:同济大学,2007.

[38] 张巧玲.城市轨道交通:建设热背后的冷思考[N].科学时报,2007.

[39] 王衡,李克平,孙剑.我国公共交通管理体制现状研究及建议:借鉴国内外成功经验进行实例研究[J].交通标准化,2007(11):31-35.

[40] 刘小明,沈龙利,杨孝宽.城市客运枢纽综合评价指标体系研究[J].中国公路学报,1995,(S1):97-102.

[41] 杨涛.公共交通:在公益性中用好市场手段[J].城市公共交通,2007(3):96-98.

[42] GOOSSENS J,HOESEL C,KROONL G.A branch and cut approach for solving line Planning Problems[J].Transportation Seienee,2004,38:379-393.

[43] GIOVANNI L, HEILPORN G, LABB'E M.Optimization models for the delay management Problem in Public transportation[J].EuroPean Journal of Operational Researeh,2006.

[44] COSTA A.The organization of urban public transport systems in western European metropolitan areas[J].Transportation Research A,1996,30(5):349-359.

[45] SAMPAIO B R,NETO O L,SAMPAIO Y.Efficiency analysis of public transport systems:Lessons for institutional planning[J].Transportation Research Part A,2008,42:445-454.

[46] HENSHER D A,STANLEY J.Performance-based quality contracts in bus service provision[J].Transportation Research Part A,2003,37:519-538.

[47] GAMUT.Integrated Management of Sustainable Urban Passenger Transport Systems in Dispersed Cities:A Review of Successful Institutional Interventions[A].A Volvo Research Foundation Project.Australia,2008.

[48] PATTNAIK S B,MOHAN S,TOM V M.Urban Bus Transit Route Netork Design Using Genetie Algorithm[J].Journal of Transportation Engineering,1998,124(4):368-375.

[49] SULLIVAN D, MORRISON A. Using Desktop GIS for the Investigation of Aeeessibility by Public TransPort: An Isoehrone Approach[J].Geographical Information Seienee,2002,14:12-15.

[50] PUCHER J.Renaissance of Public Transport in the United States[J]. Transportation Quarterly,2002,56(1):33-49.

[51] MATTHEW G, KARLAFTIS,MECARTHY P.Cost strueture of Publictransit system: A Panel analysis[J].Transportation researeh-E(the logistics and transportation review),2002,38(1):25-28.

[52] DITTMAR, HANK, GLORIA.The New Transit Town: Best Practice in Transit Oriented Development [M].Washington:Island Press,2004.

[53] FOO T S.An Advanced Demand Management Instrument in Urban Transport: Elec- tronic Road Pricing in Singapore[J].Cities, 2000, 17(1).

[54] FAISHAL I M.Improvements and Intrgration of a Public Transport System: the Case of Singapore[J].Cities, 2003, 20(3).

[55] MAY A D.Singapore: The Development of a World Class Transport System[J]. Transportation Reviews, 2004, 24(1).

[56] CMAPBELL S A.Transit oriented development: an overiew[D].Baltimore:Morgan State University,2002.